FIRE FORCE

Atsushi Ohkubo

29

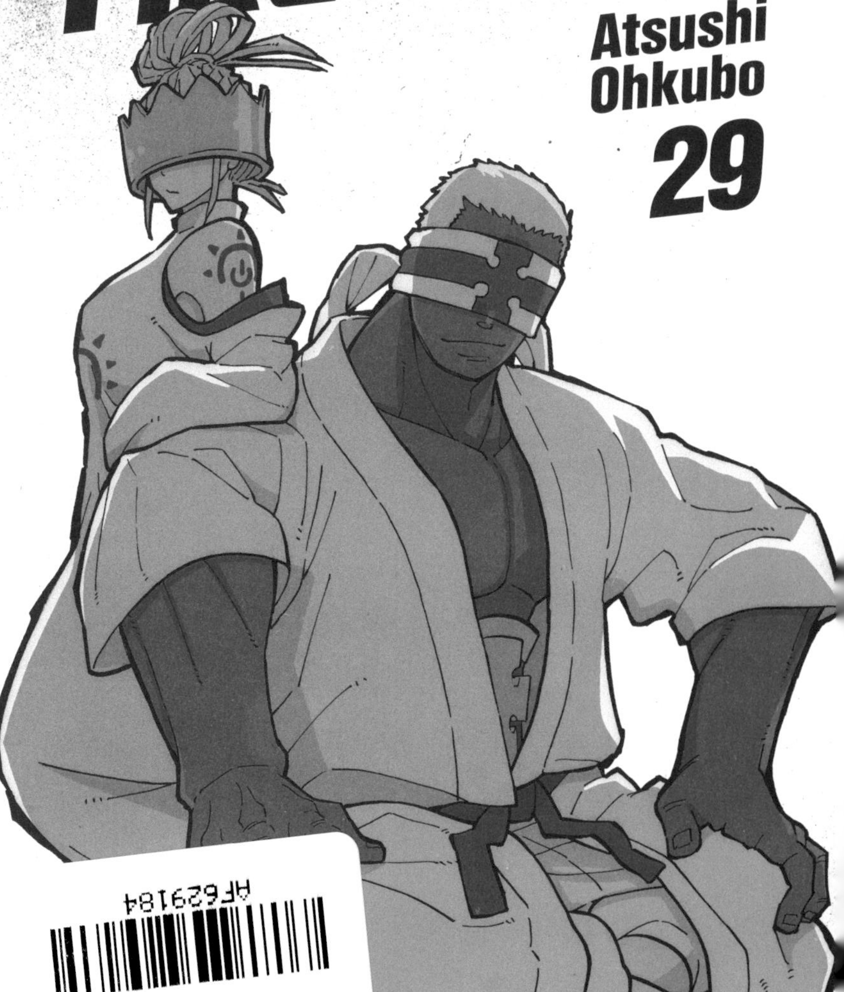

TOKYOPOP®

Band 29

Atsushi Ohkubo

DESP
of
HO

FIRE FORCE

Die 8. Sondereinheit der Feuerwehr

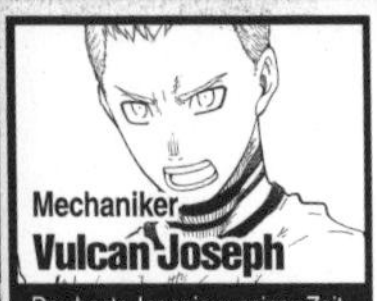

Mechaniker
Vulcan Joseph

Der beste Ingenieur seiner Zeit, wird als »Gott des Feuers und der Schmiedekunst« bezeichnet. Schlägt der achten Einheit die Untersuchung des Amaterasu vor.

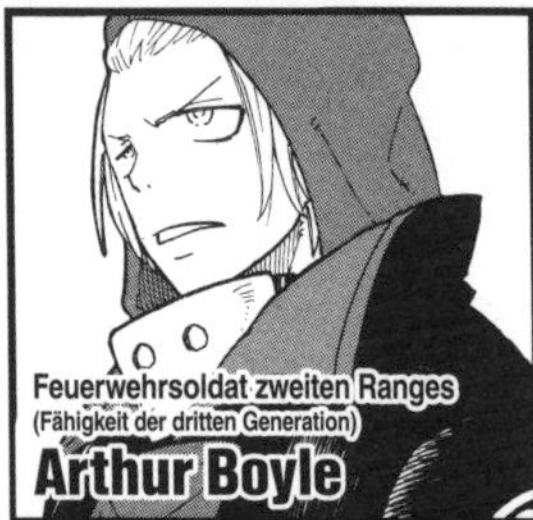

Feuerwehrsoldat zweiten Ranges
(Fähigkeit der dritten Generation)
Arthur Boyle

Besuchte mit Shinra die Ausbildungsschule. Nennt sich selbst »Ritterkönig« und praktiziert auf seine Art das Rittertum. Ein Vollidiot, dem zu viel Kopfarbeit nicht liegt. Komischer Kerl, der durch Wahnvorstellungen stärker wird. Entdeckt den Schlächter Dragon unter den Weißen Kapuzen, die sich am Amaterasu versammeln.

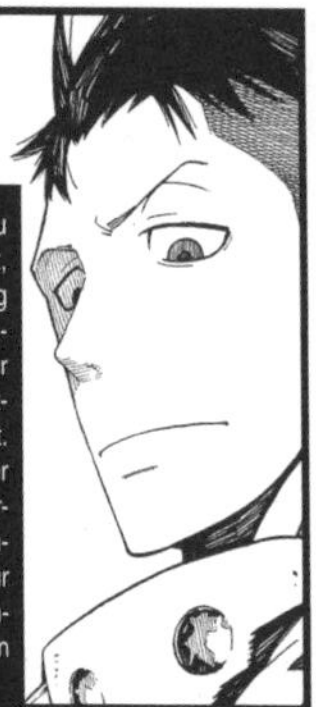

Kommandeur
(ohne Fähigkeit)
Akitaru Obi

Der freundliche Chef der neu gegründeten achten Einheit, deren Ziel die Überwachung der anderen Sondereinheiten und die Enthüllung der Wahrheit über das Selbstentzündungsphänomen ist. Auch ohne Pyrokinese hat er mit seinem gestählten Körper die Kraft und Persönlichkeit, die einem Kommandeur gebührt. Nach Shos Nachricht eilt er mit der achten Einheit zum Amaterasu.

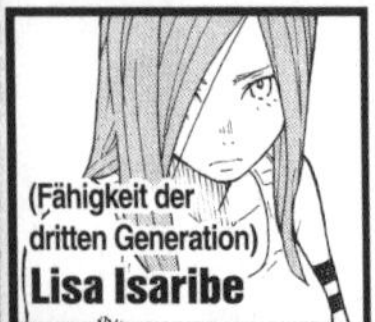

(Fähigkeit der dritten Generation)
Lisa Isaribe

Ehemals eine von Dr. Giovanni eingeschleuste Spionin, gehört jetzt zur achten Einheit. Kontrolliert Flammententakel.

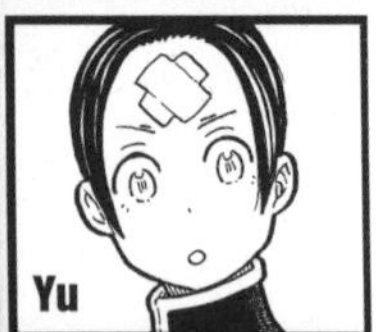

Yu

Bezeichnet sich selbst als Vulcans Lehrling. Dr. Giovanni hat sich seines Körpers bemächtigt.

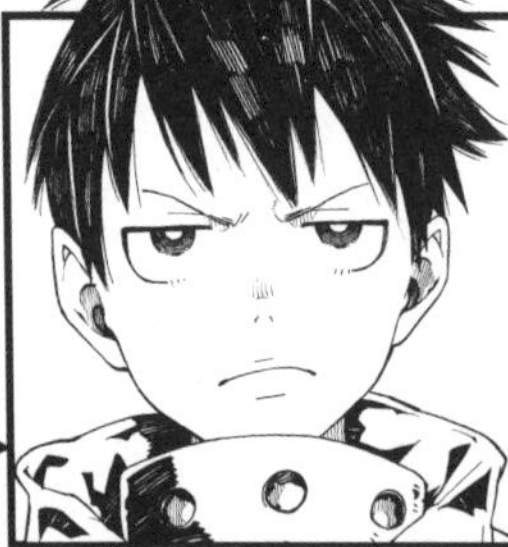

Feuerwehrsoldat zweiten Ranges
(Fähigkeit der dritten Generation)
Shinra Kusakabe

Will ein Held werden, der die Menschheit vor dem Selbstentzündungsphänomen rettet! Seine Waffe sind Flammenkicks. Trägt die besondere Flamme »Adora Burst« in sich. Obwohl er Raffles I. vor der Tama-Bucht besiegt, wird er von den Bürgern als »Teufel« verleumdet, woraufhin er plötzlich verschwindet.

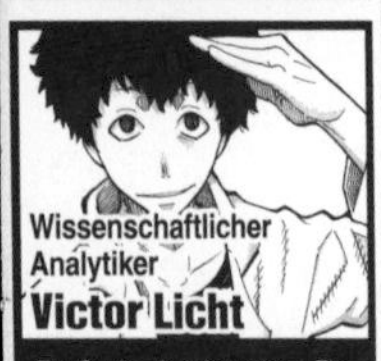

Wissenschaftlicher Analytiker
Victor Licht

Ein Genie, das der achten Einheit von Haijima als Chemiker zugewiesen wurde. Hat gestanden, ein Spion zu sein.

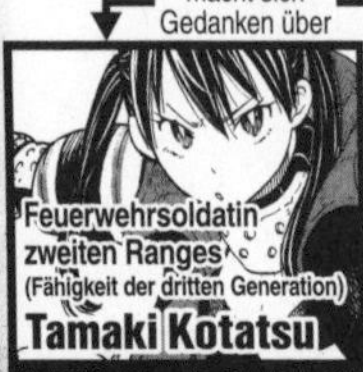

Feuerwehrsoldatin zweiten Ranges
(Fähigkeit der dritten Generation)
Tamaki Kotatsu

War Mitglied der ersten Sondereinheit, dient nun bei der achten. Ihre Flamme hat die Form einer Nekomata.

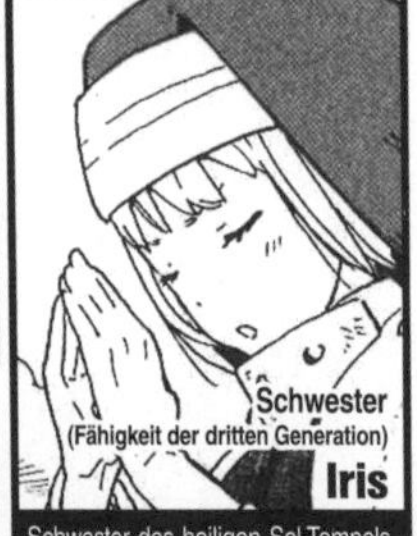

Schwester
(Fähigkeit der dritten Generation)
Iris

Schwester des heiligen Sol-Tempels, deren Gebete bei den Seelenmessen für die Flammenwesen unentbehrlich sind. Bei ihr zeigen sich pyrokinetische Fähigkeiten. Ist gleichzeitig mit Shinra verschwunden.

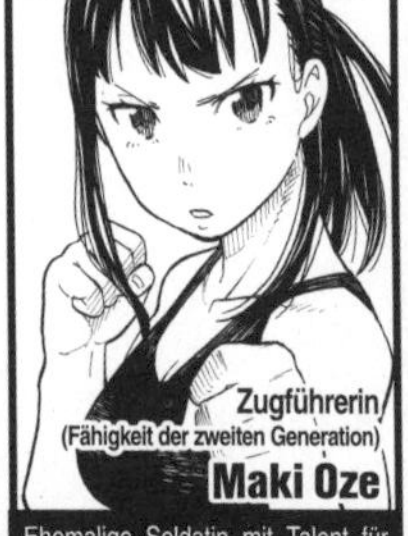

Zugführerin
(Fähigkeit der zweiten Generation)
Maki Oze

Ehemalige Soldatin mit Talent für die Manipulation von Flammen und für die Kampfkunst. Wirkt cool, ist aber eigentlich hoffnungslos romantisch mit einer Schwäche für Liebesgeschichten.

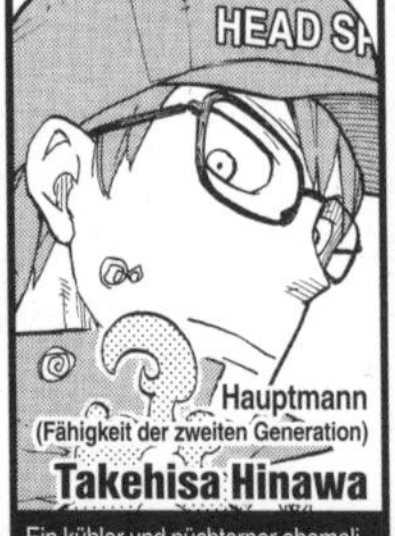

Hauptmann
(Fähigkeit der zweiten Generation)
Takehisa Hinawa

Ein kühler und nüchterner ehemaliger Soldat, der von den Neulingen wegen seiner Strenge gefürchtet wird. Seine Lieblingspistole ist ein Andenken an einen guten Freund, der sich in ein Flammenwesen verwandelte.

Beziehungen:
- Akitaru Obi → Arthur Boyle: beaufsichtigt
- Arthur Boyle → Akitaru Obi: vertraut
- Arthur Boyle ↔ Shinra Kusakabe: »Idiot!!«
- Akitaru Obi → Shinra Kusakabe: beaufsichtigt
- Shinra Kusakabe → Akitaru Obi: vertraut
- Akitaru Obi ↔ Takehisa Hinawa: starke Verbindung
- Shinra Kusakabe → Iris: liebes Mädchen
- Iris → Shinra Kusakabe: findet ihn bei Einsätzen cool
- Shinra Kusakabe → Maki Oze: findet sie stark, aber komisch
- Maki Oze → Shinra Kusakabe: »Streng dich an, Neuer!«
- Shinra Kusakabe → Takehisa Hinawa: fürchtet
- Takehisa Hinawa → Shinra Kusakabe: strenge Führung
- Victor Licht → Tamaki Kotatsu: macht sich Gedanken über
- Iris ↔ Maki Oze: Mädchenklub
- Maki Oze → Takehisa Hinawa: respektiert

● Der heilige Sol-Tempel & der Prediger

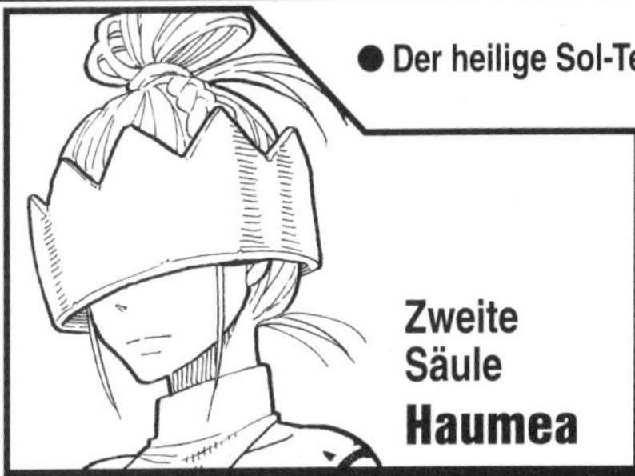

Zweite Säule
Haumea

Gehört zu den Weißen Kapuzen. Hat die Fähigkeit, sich in das Bewusstsein anderer einzuklinken und sie so zu kontrollieren. Loses Mundwerk.

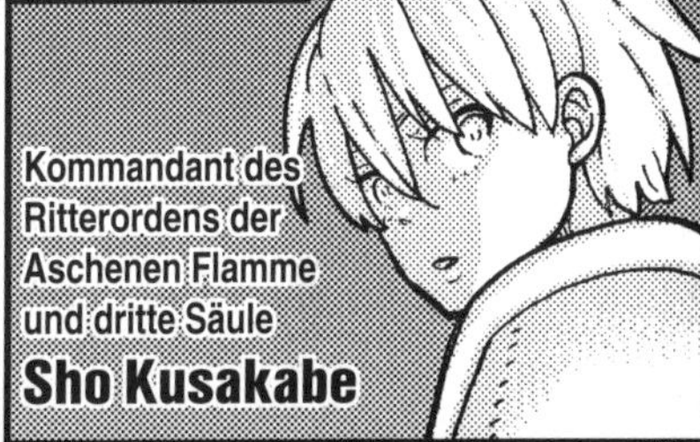

Kommandant des Ritterordens der Aschenen Flamme und dritte Säule
Sho Kusakabe

Shinras kleiner Bruder, der getrennt von diesem aufwuchs und einen Ritterorden des Predigers leitet. War Haumeas Puppe, floh jedoch, als er durch den Adora Link die Wärme seines Bruders spürte. Nachdem er die Wahrheit über seine Familie erfahren hat, glaubt er an seinen Bruder als Helden und bekämpft den Untergang der Welt.

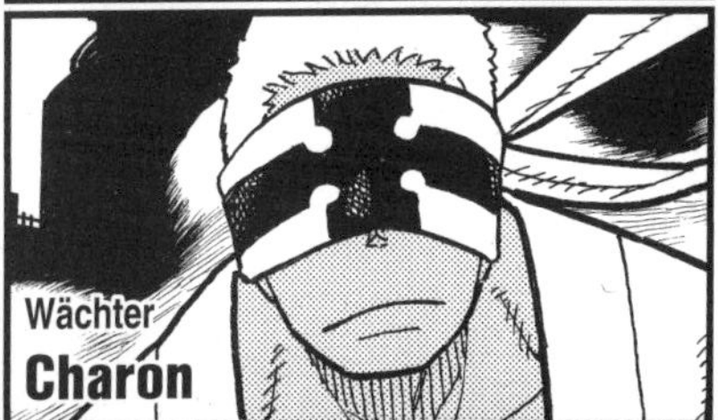

Wächter
Charon

Eine Weiße Kapuze. Ein gesprächiger Mann, der andere mit Fragen bombardiert. Hat die Fähigkeit, Explosionen auszulösen, sowie eine beeindruckende Ausdauer.

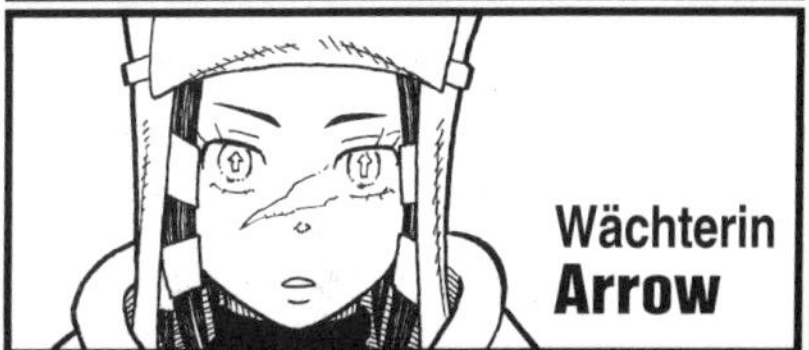

Wächterin
Arrow

Eine Weiße Kapuze und Shos Wächterin. Kämpft mit Pfeil und Bogen aus Flammen. Kontaktiert auf Shos Wunsch die achte Einheit.

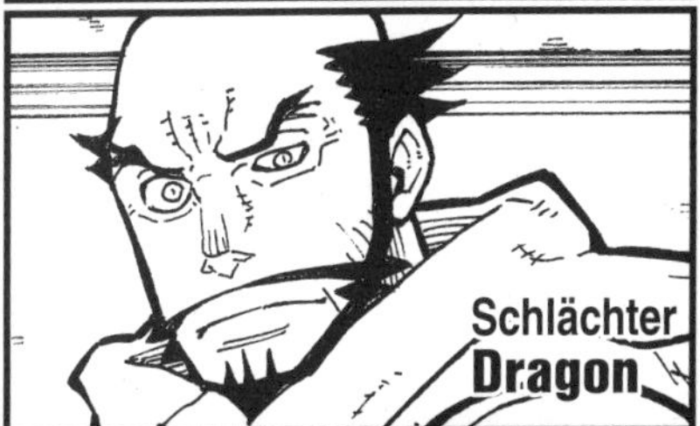

Schlächter
Dragon

Eine monströse Aura, flammender Atem, harte Schuppen – mit den seinem Namen gebührenden Kräften eines Drachen führte er einen harten Kampf gegen Arthur. Was wird dieses Mal geschehen?

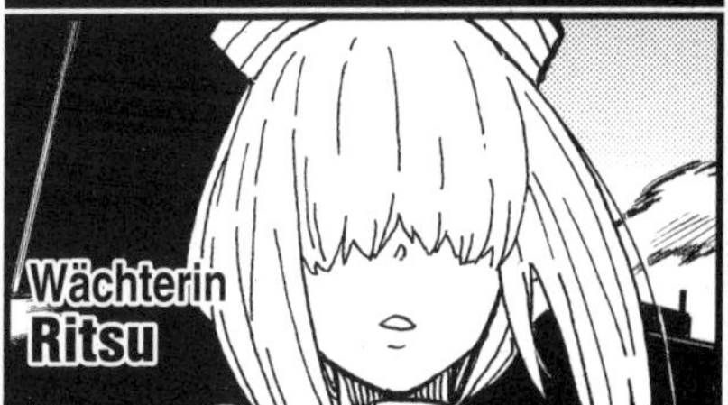

Wächterin
Ritsu

Eine Weiße Kapuze. Hat die Fähigkeit, Leichen zu kontrollieren und gigantische Flammenriesen zu erschaffen.

Was bisher geschah ...

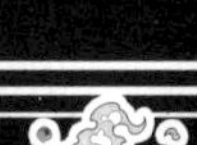

Shinra und die anderen Säulen sind nach Adora verschwunden. Um den Untergang der Welt zu verhindern, eilen die achte Einheit und Ogun zum Amaterasu, wo sich das »Zündschloss« der großen Katastrophe befindet. Dort tauchen auch die Weißen Kapuzen auf. Ogun kämpft erbittert gegen Charon, wird aber durch Hinawas Eingreifen gerettet. Als Dragon erscheint, entbrennt ein schicksalhafter Kampf zwischen diesem und Arthur. Vulcan, Lisa und Yu dringen derweil in das Amaterasu ein, um den Startknopf der Katastrophe vor Zugriff zu schützen, doch Dr. Giovanni stellt sich ihnen in den Weg. Nachdem er Vulcan die Wahrheit über das Amaterasu offenbart hat, ergreift er durch ein Insekt Besitz von Yus Körper und ist nun im Begriff, den Schlüssel zum Beginn der großen Katastrophe ins Schloss zu stecken ...

FIRE FORCE 29
INHALT

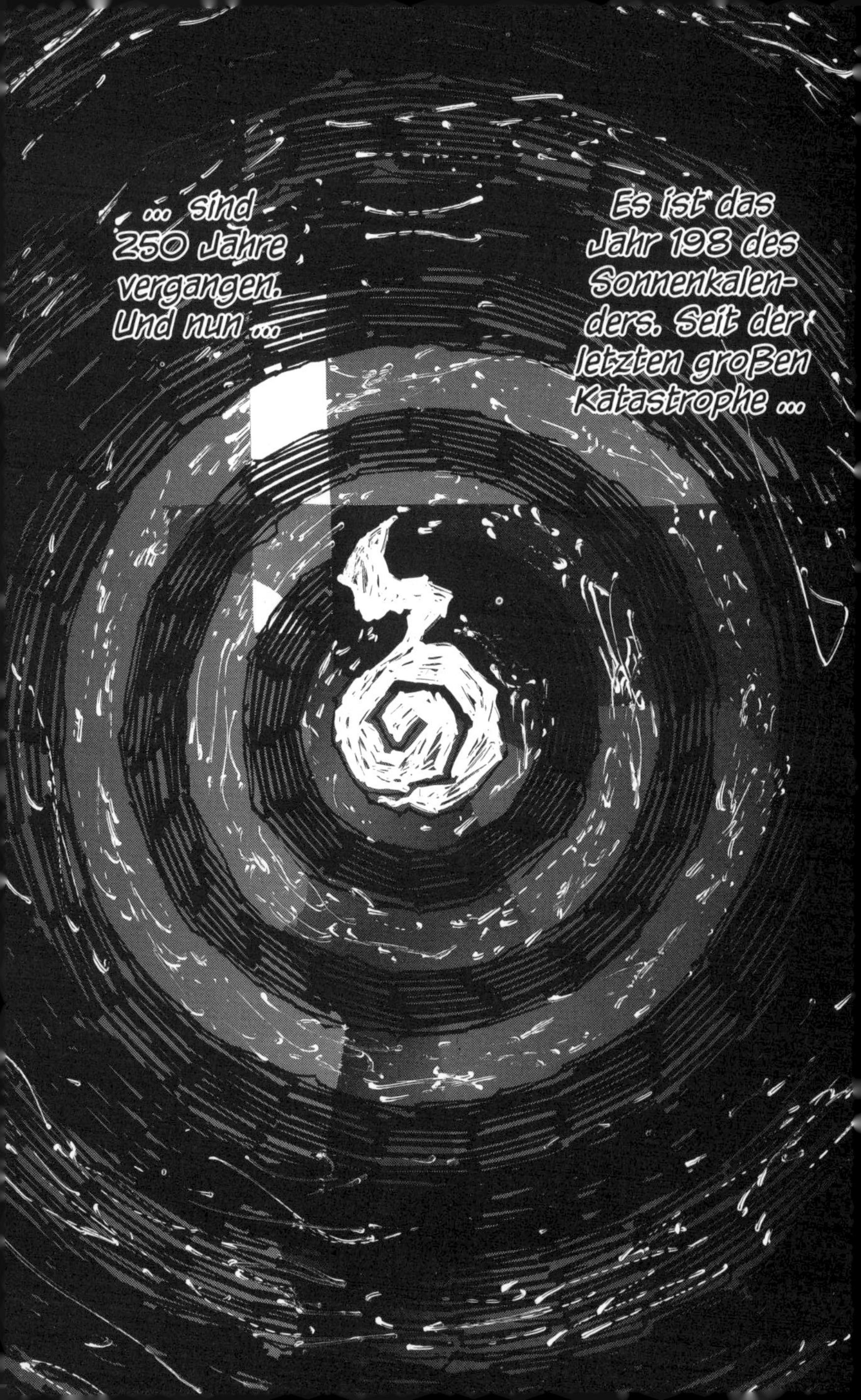
Es ist das Jahr 198 des Sonnenkalenders. Seit der letzten großen Katastrophe ...
... sind 250 Jahre vergangen. Und nun ...

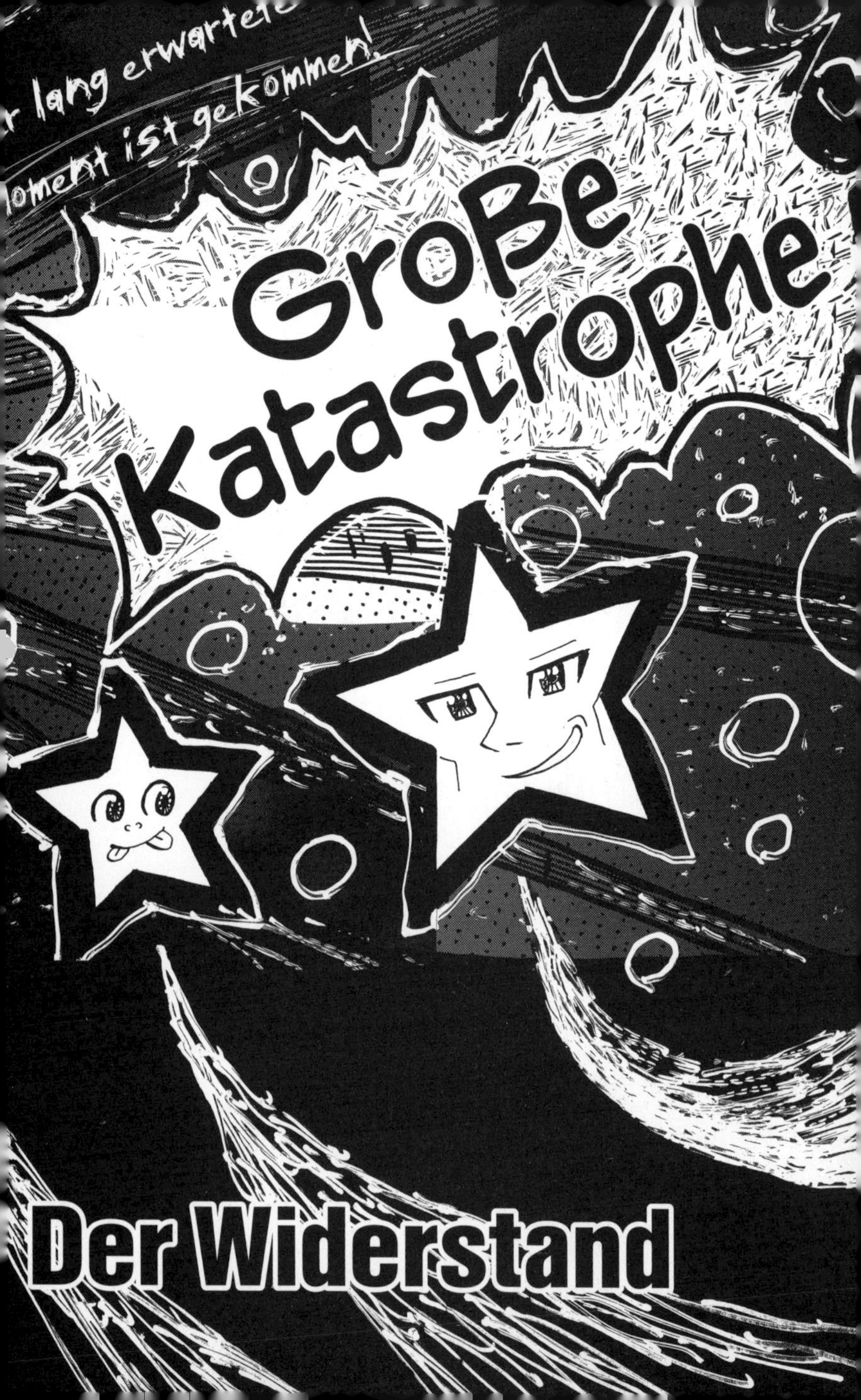
Große Katastrophe
Der Widerstand

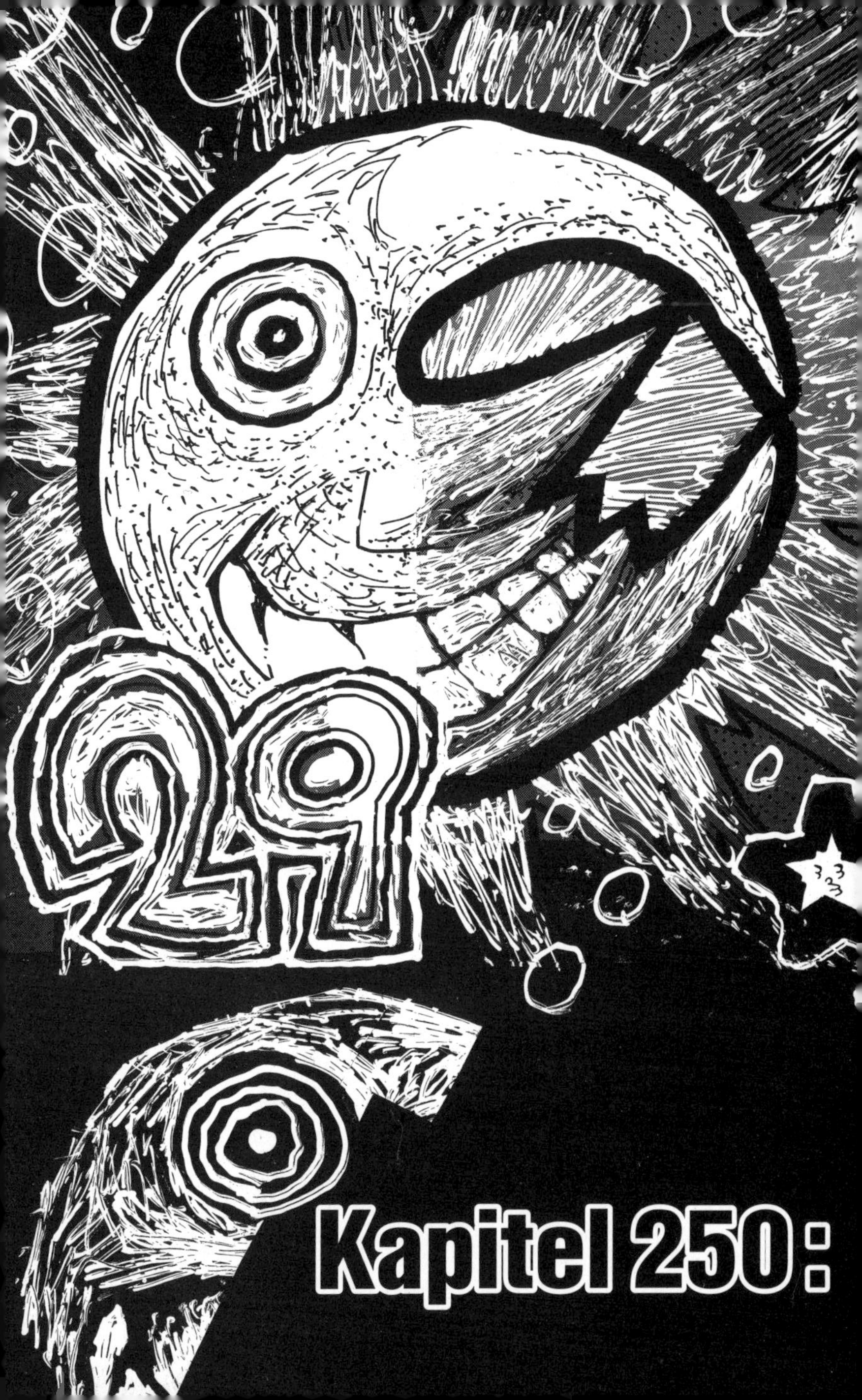

Kapitel 250:

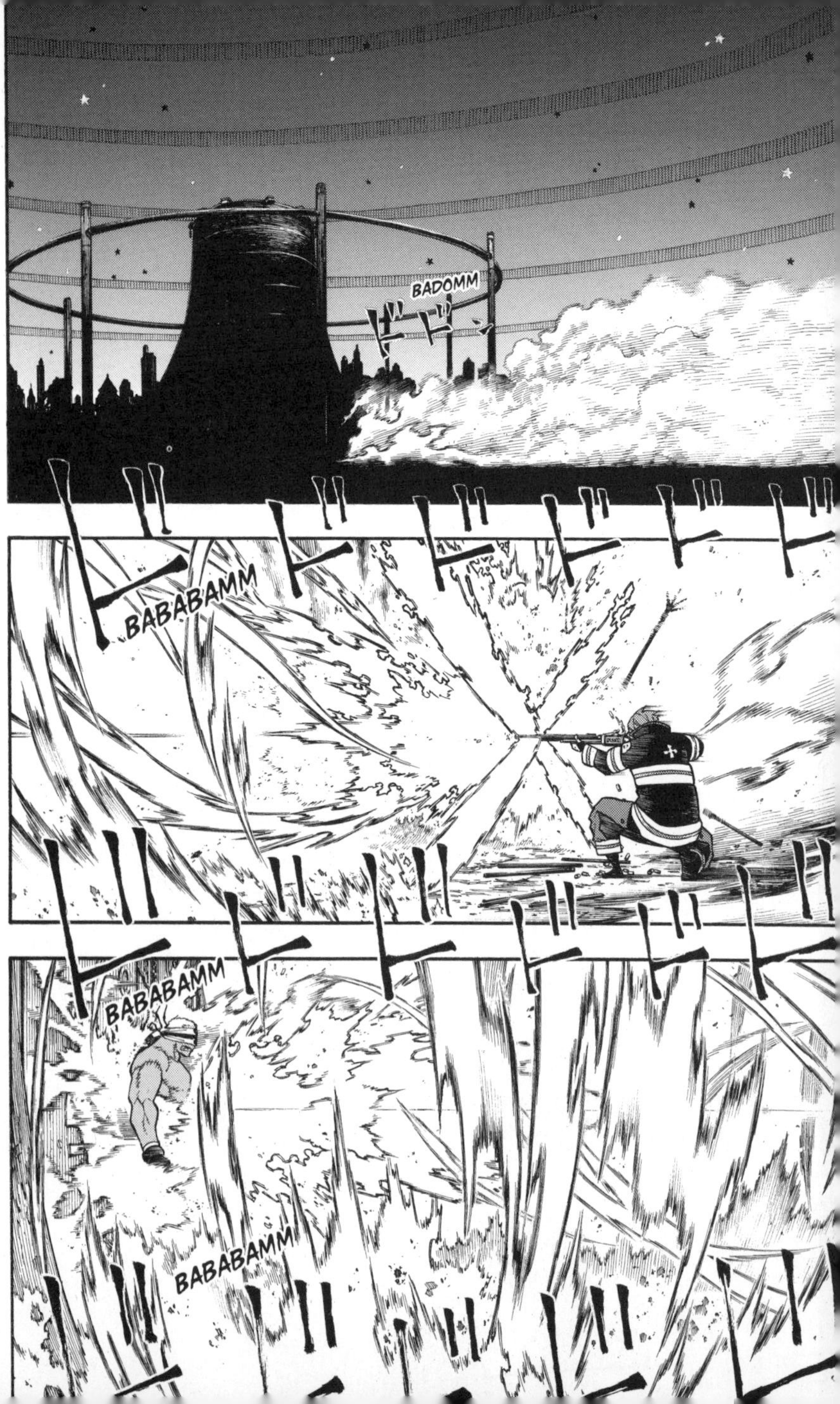
BADOMM
BABABAMM
BABABAMM
BABABAMM

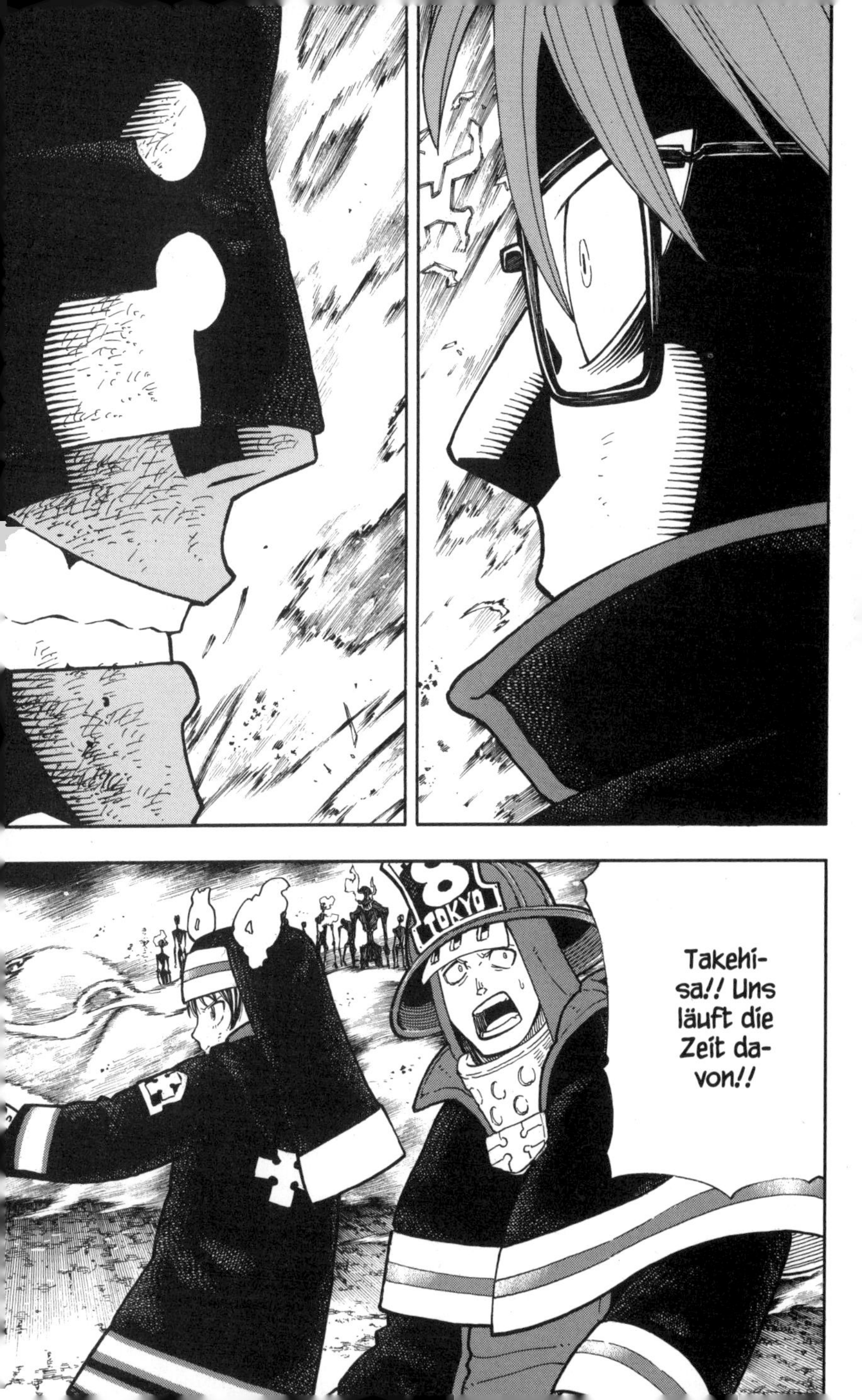
TOKYO
Takehi-
sa!! Uns
läuft die
Zeit da-
von!!

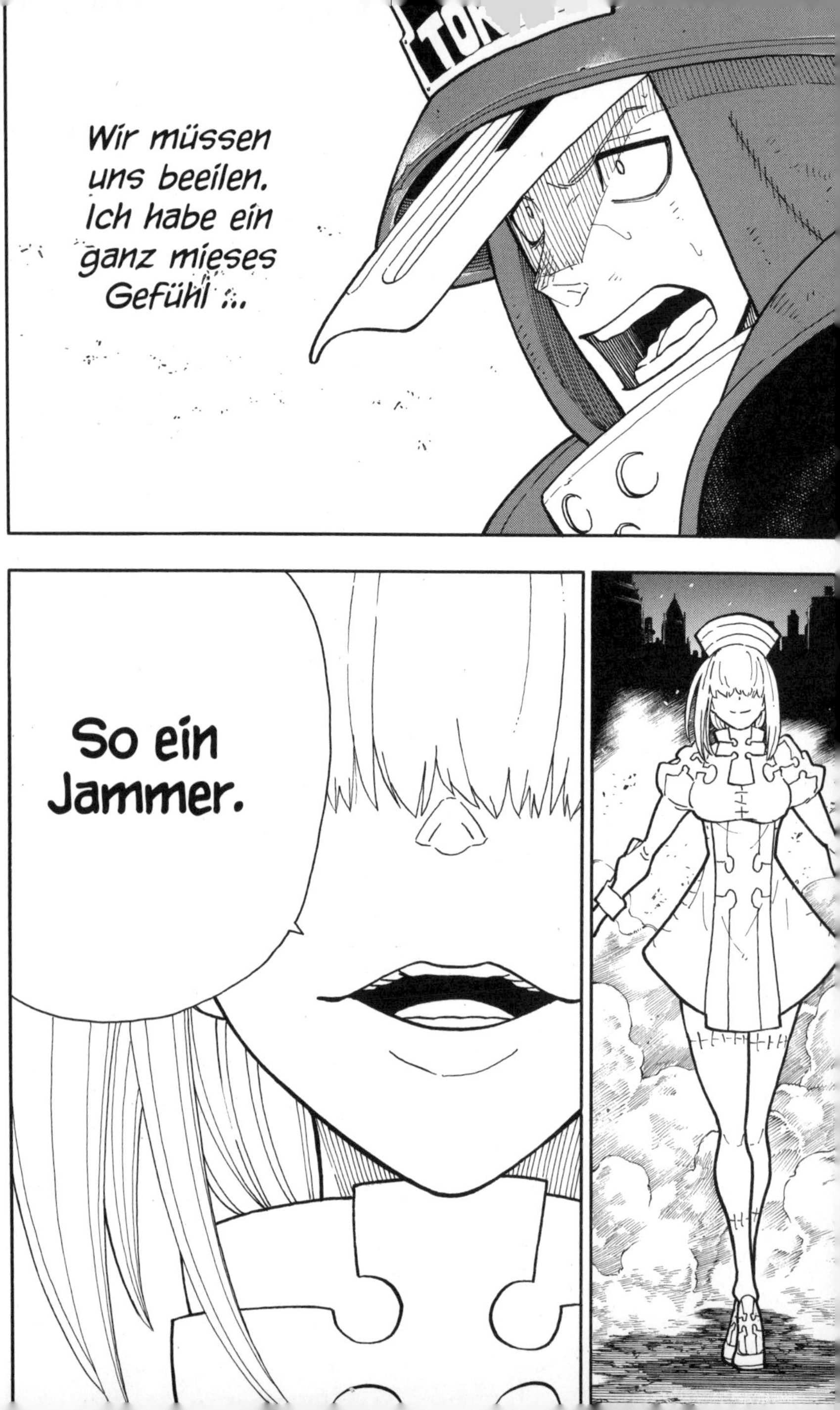
Wir müssen uns beeilen. Ich habe ein ganz mieses Gefühl ...
So ein Jammer.

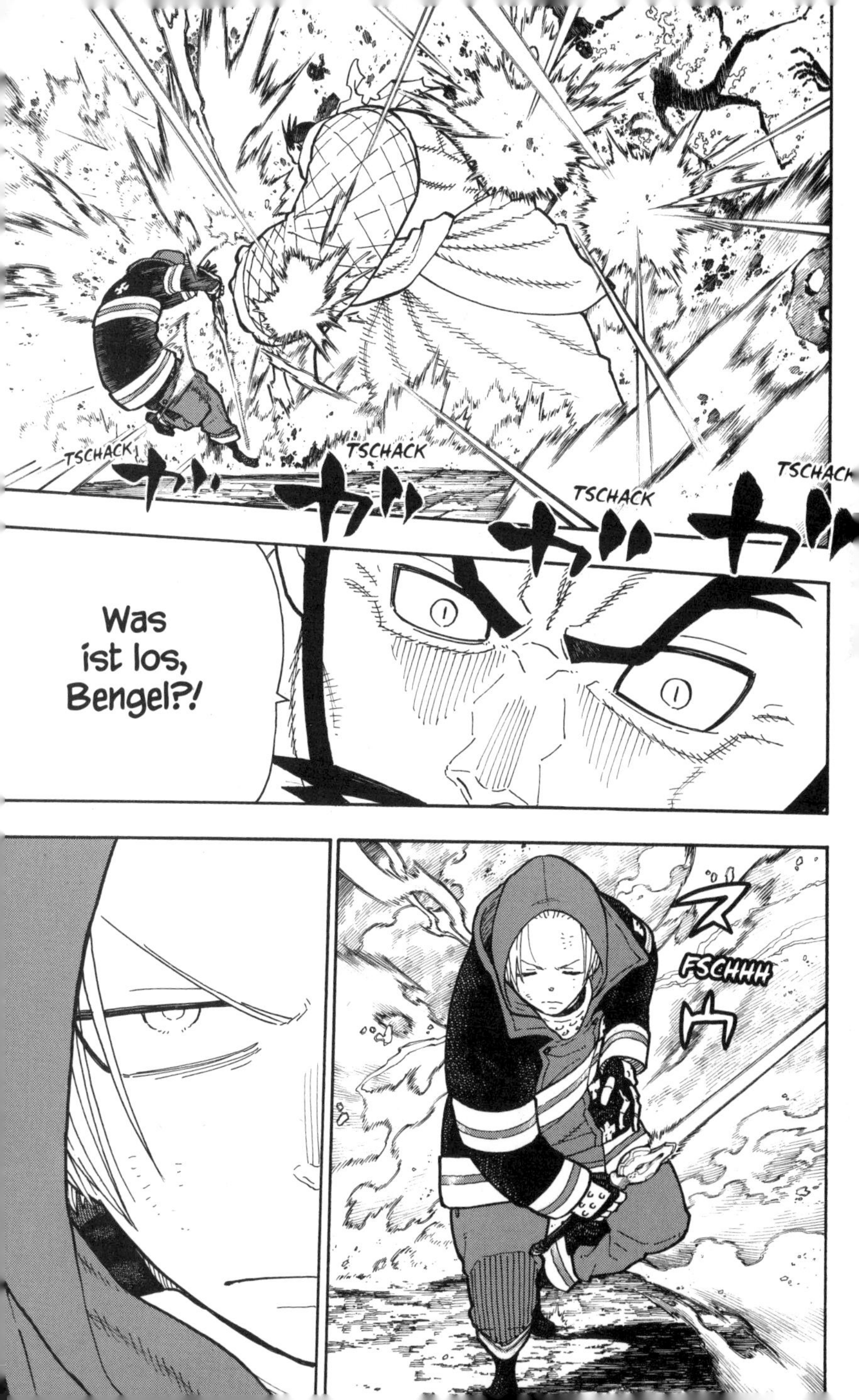
TSCHACK
TSCHACK
TSCHACK
TSCHACK
Was ist los, Bengel?!
FSCHHH

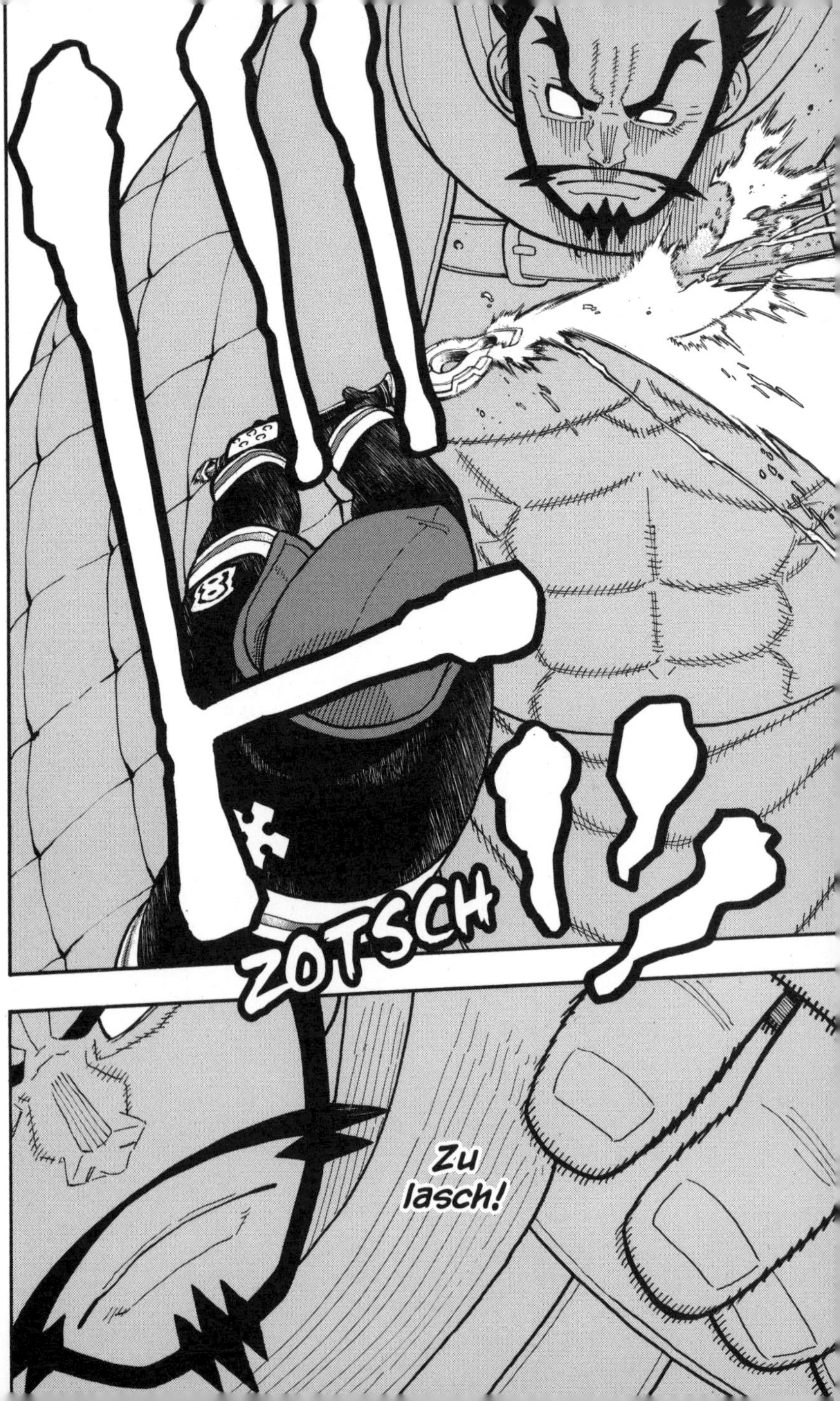
ZOTSCH
Zu lasch!

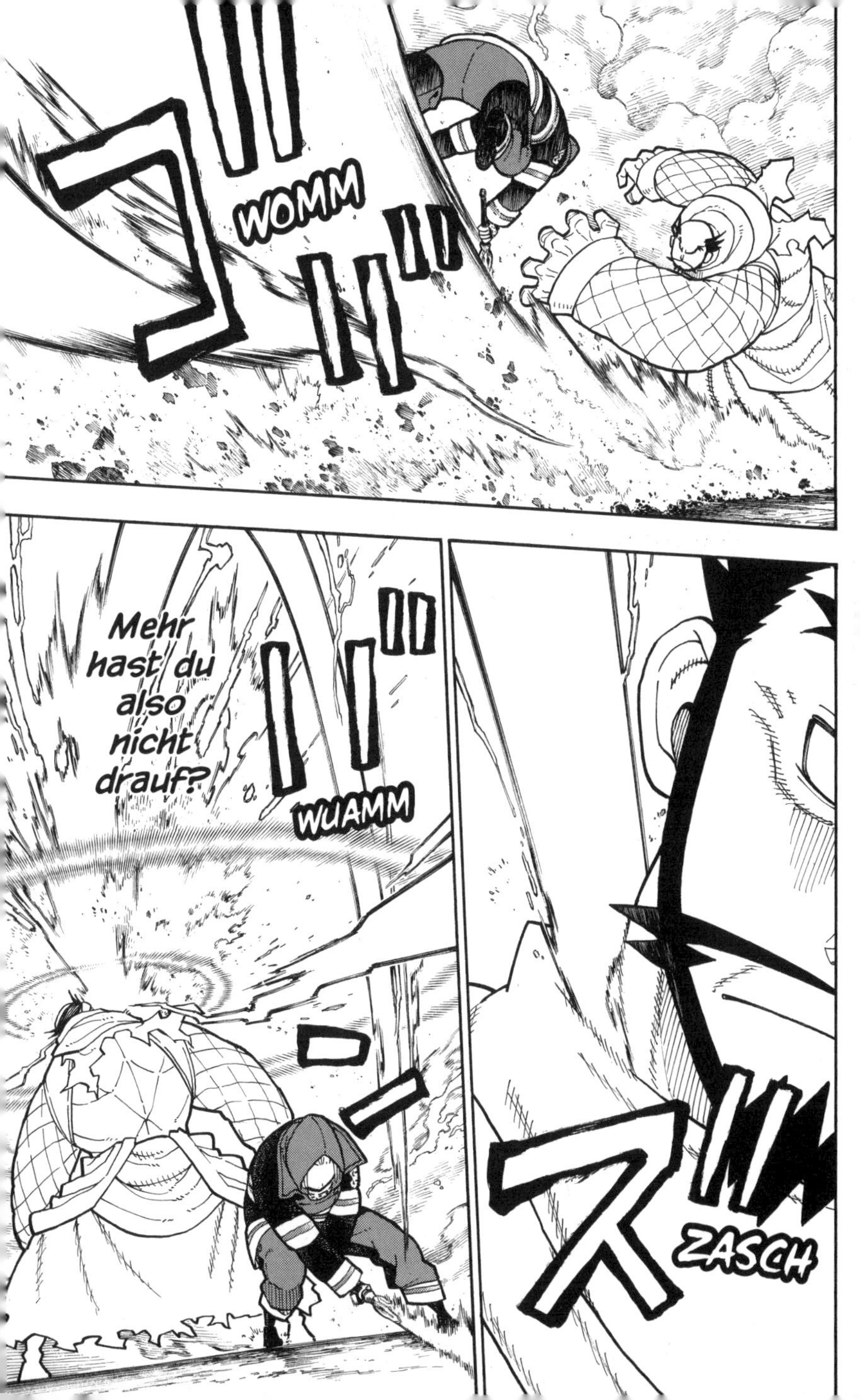
WOMM
ZASCH
WUAMM
Mehr hast du also nicht drauf?

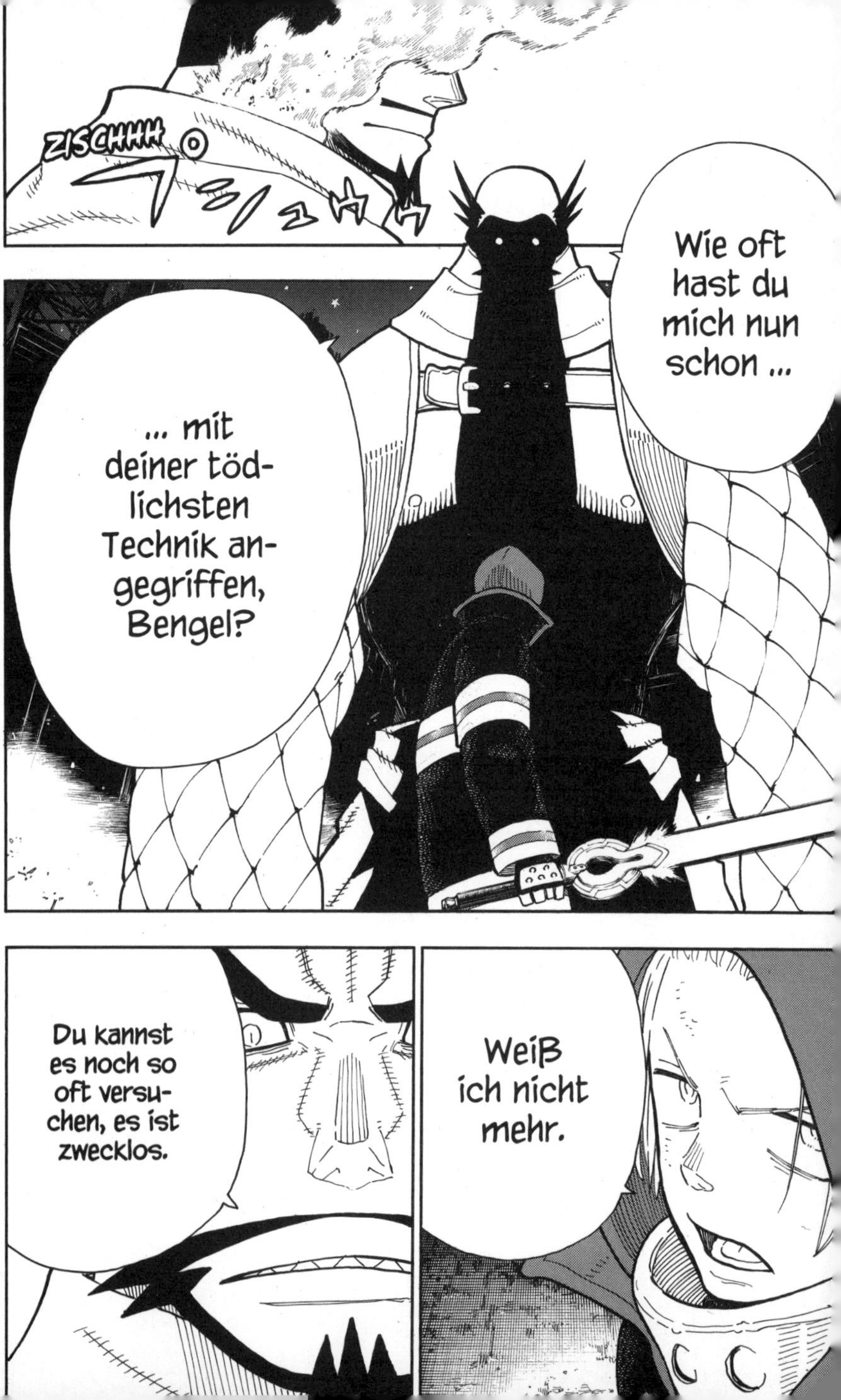
ZISCHHH
Wie oft hast du mich nun schon ...
... mit deiner tödlichsten Technik angegriffen, Bengel?
Weiß ich nicht mehr.
Du kannst es noch so oft versuchen, es ist zwecklos.

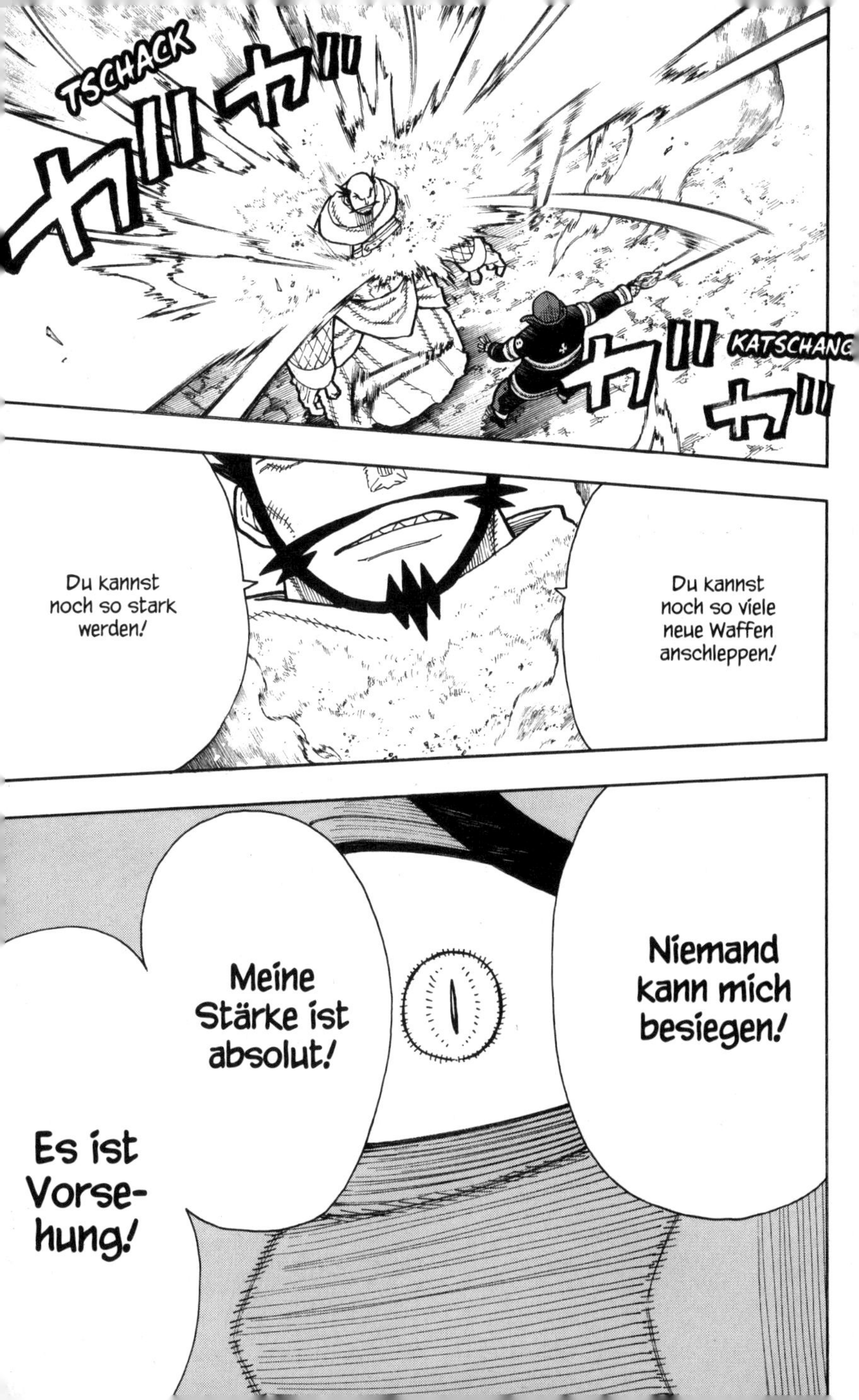
KATSCHANG
TSCHACK
Du kannst noch so viele neue Waffen anschleppen!
Du kannst noch so stark werden!
Niemand kann mich besiegen!
Meine Stärke ist absolut!
Es ist Vorsehung!

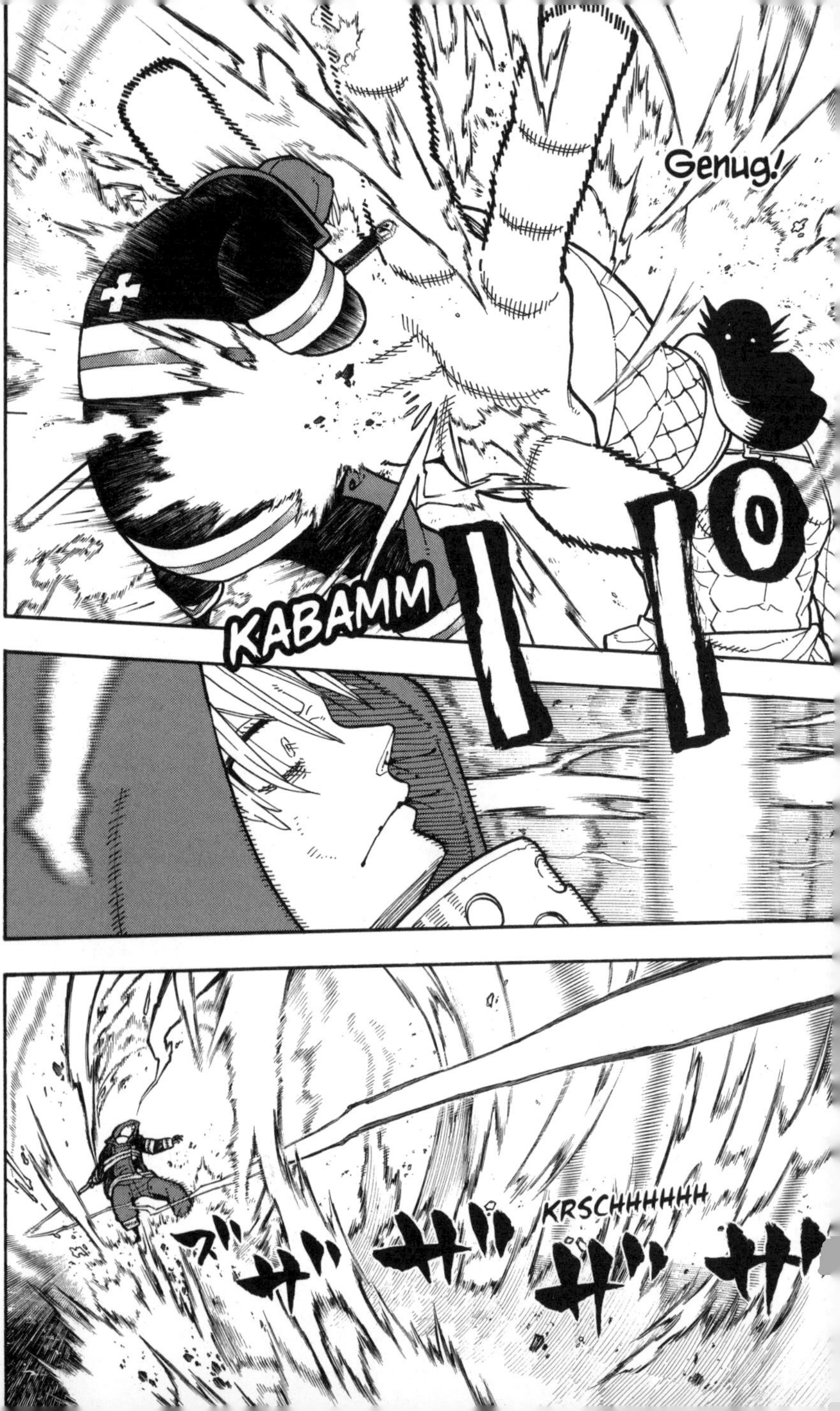
Genug!
KABAMM
KRSCHHHHHH

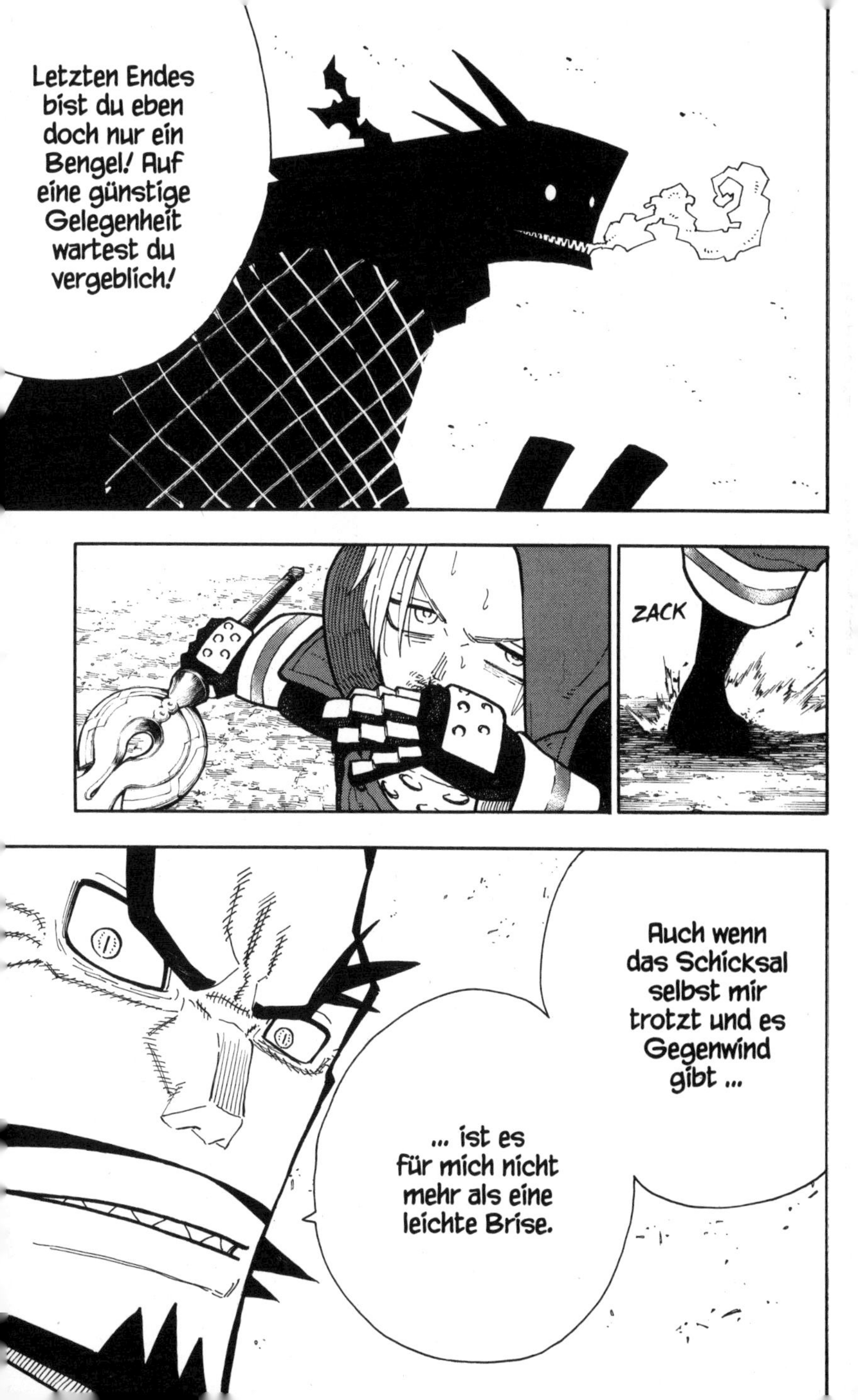
Letzten Endes bist du eben doch nur ein Bengel! Auf eine günstige Gelegenheit wartest du vergeblich!
ZACK
Auch wenn das Schicksal selbst mir trotzt und es Gegenwind gibt ...
... ist es für mich nicht mehr als eine leichte Brise.

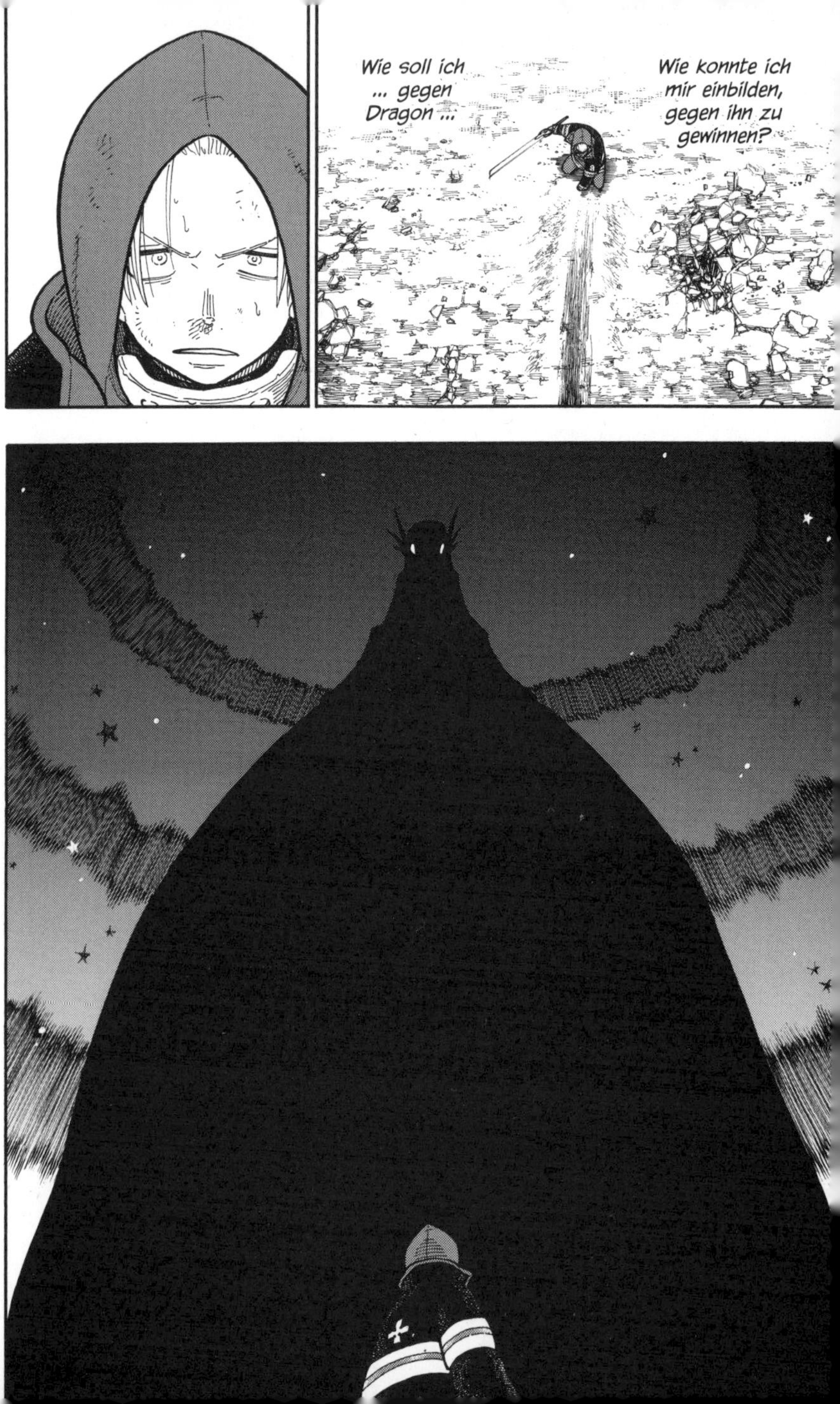
Wie konnte ich mir einbilden, gegen ihn zu gewinnen?
Wie soll ich ... gegen Dragon ...

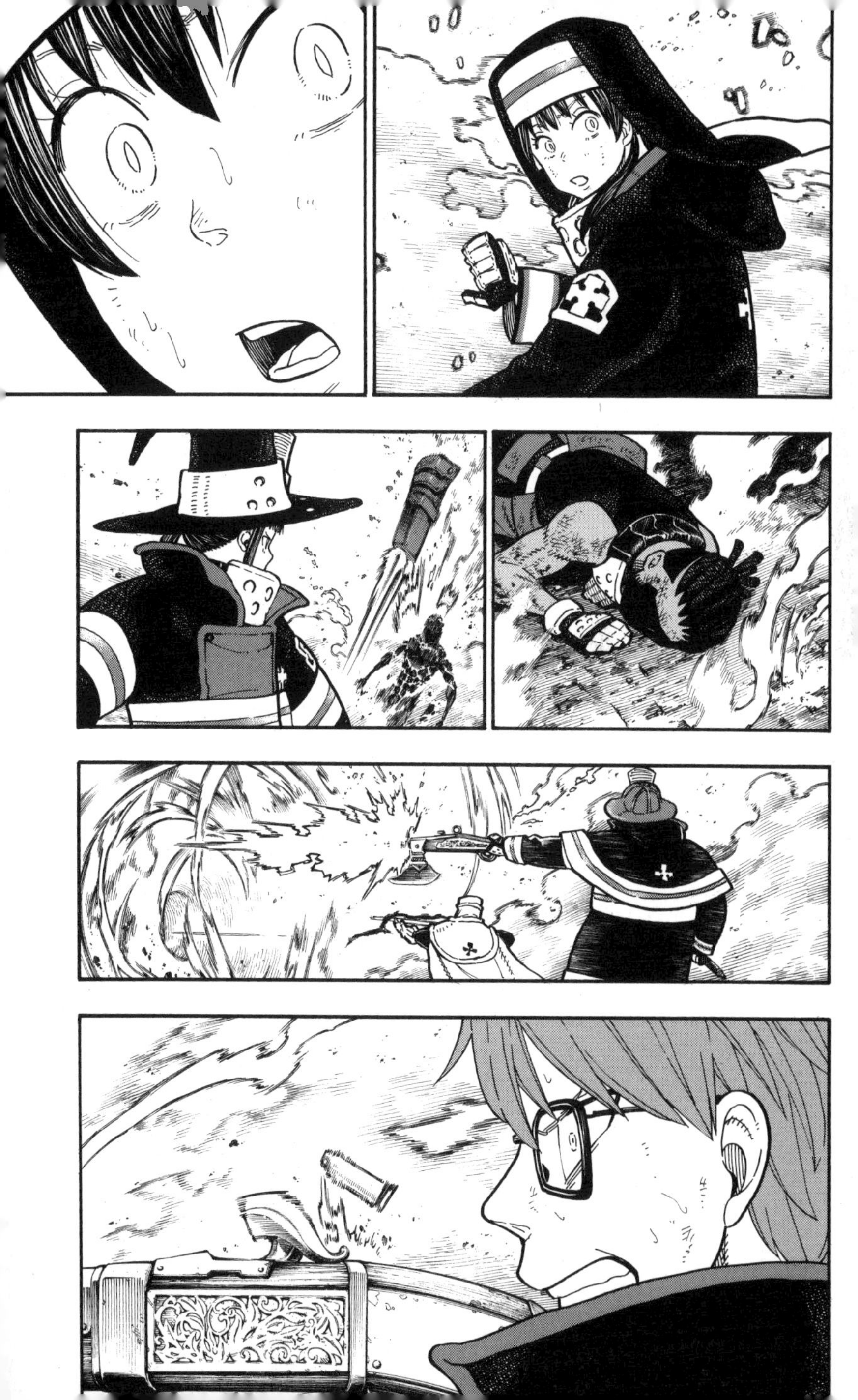

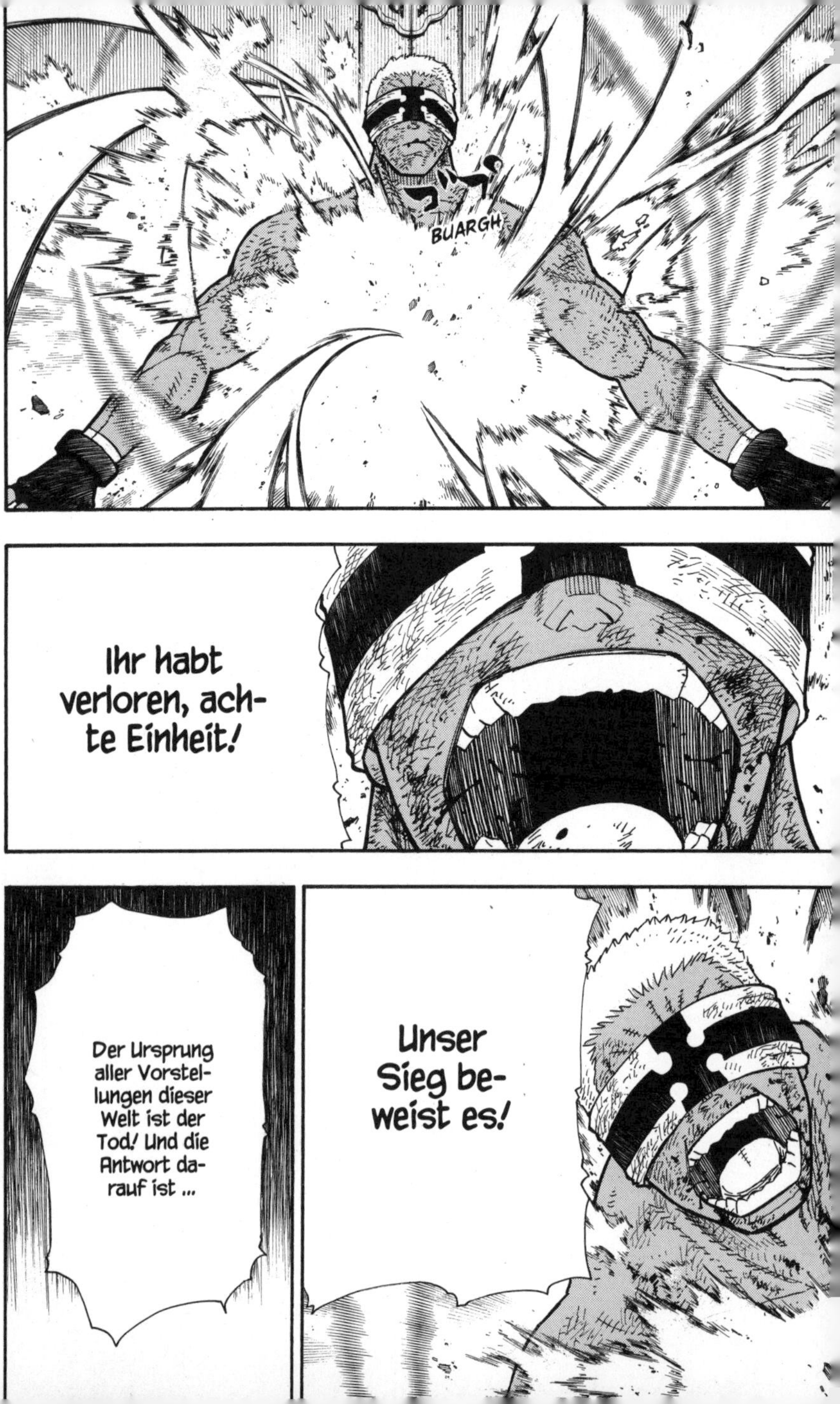
BUARGH
Ihr habt verloren, achte Einheit!
Unser Sieg beweist es!
Der Ursprung aller Vorstellungen dieser Welt ist der Tod! Und die Antwort darauf ist ...

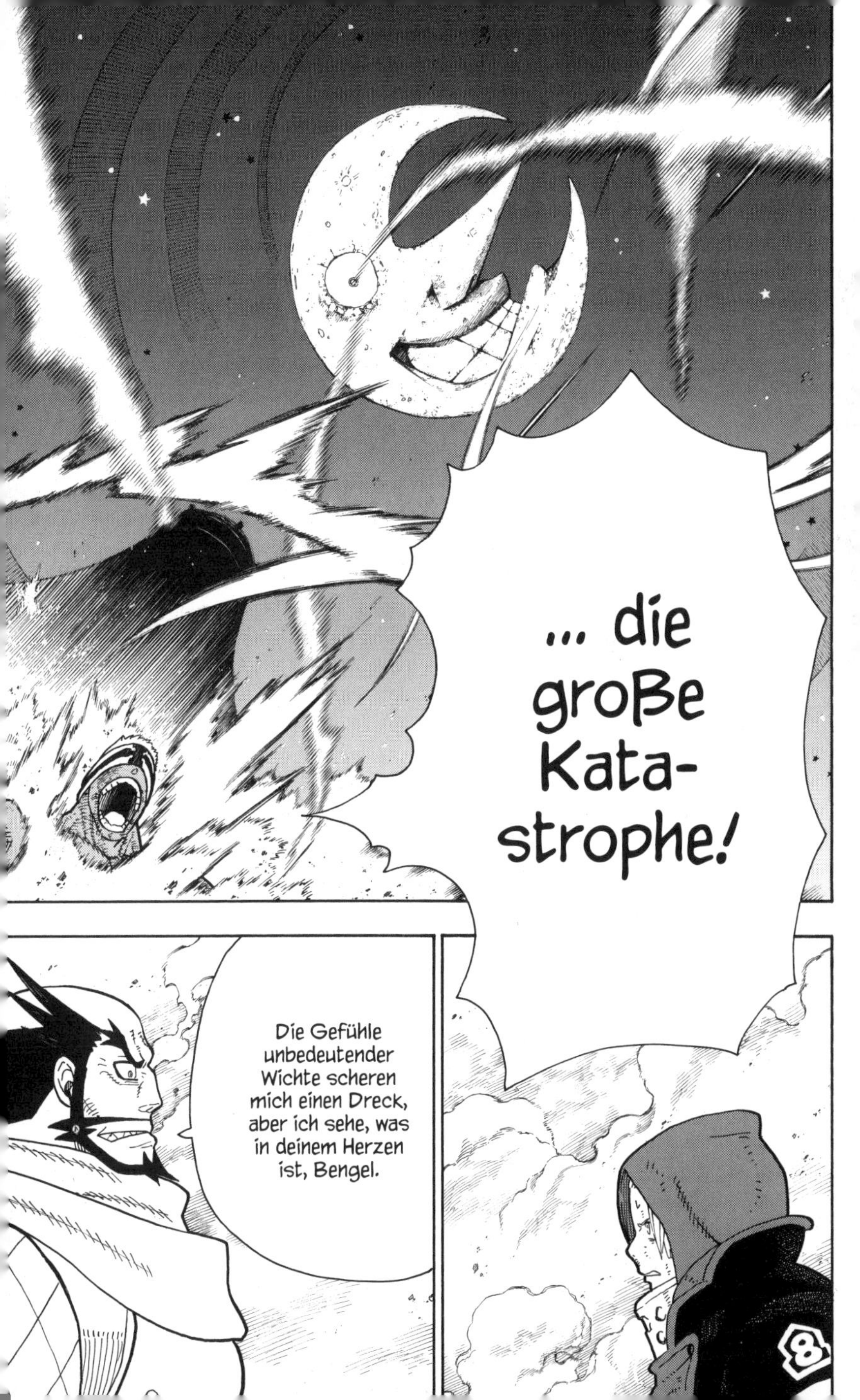
... die große Katastrophe!
Die Gefühle unbedeutender Wichte scheren mich einen Dreck, aber ich sehe, was in deinem Herzen ist, Bengel.
8

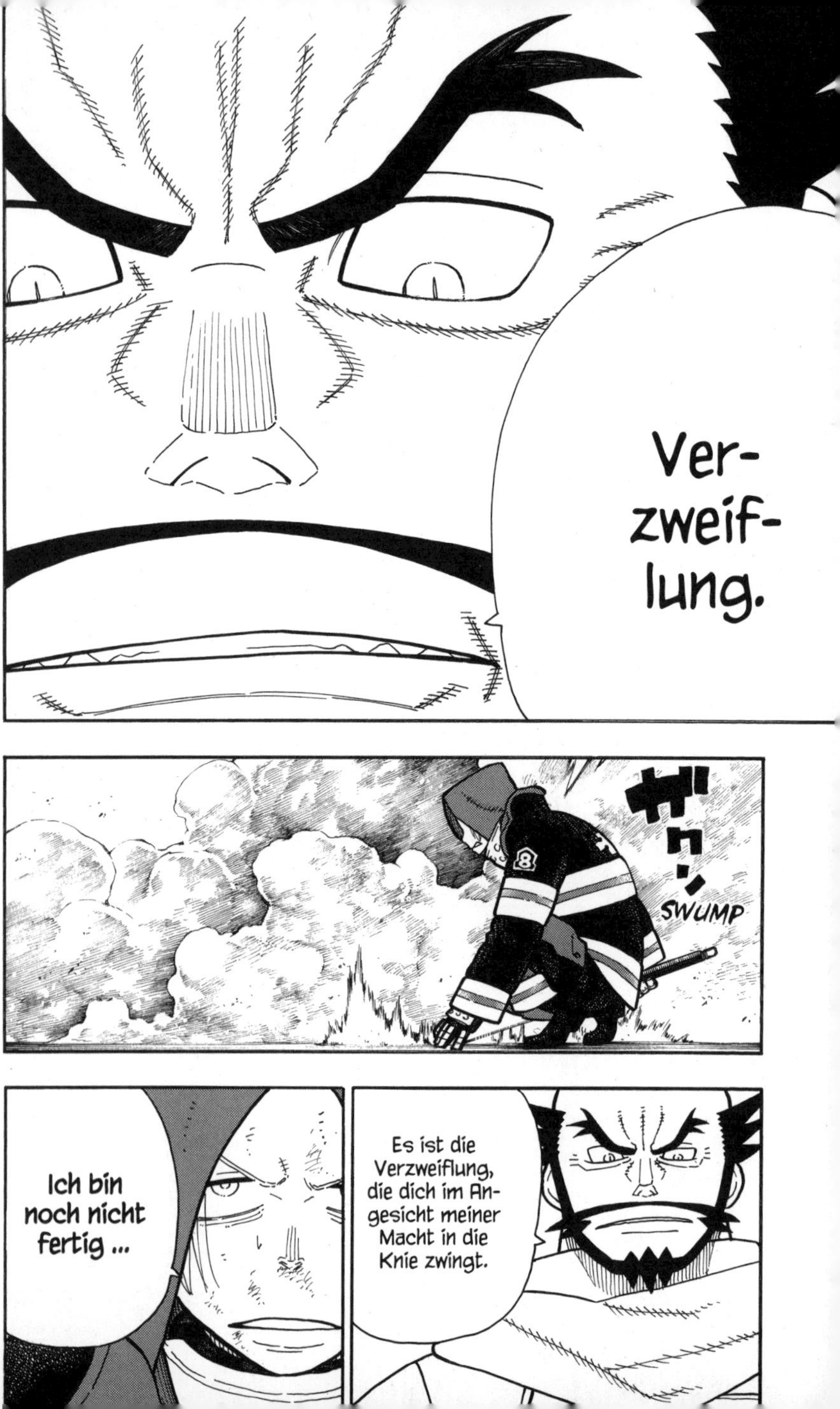
Ver-
zweif-
lung.
SWUMP
Es ist die Verzweiflung, die dich im Angesicht meiner Macht in die Knie zwingt.
Ich bin noch nicht fertig ...

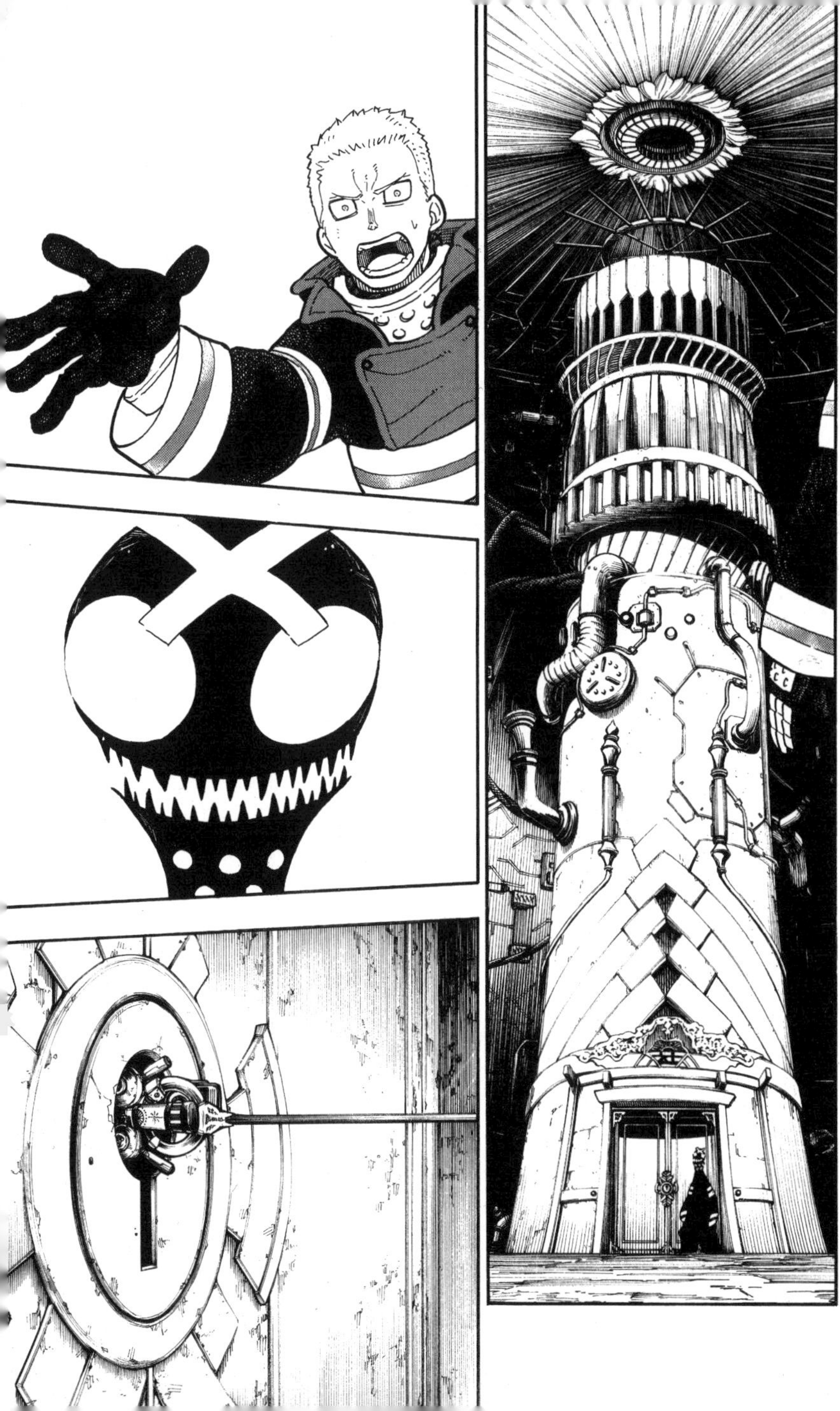

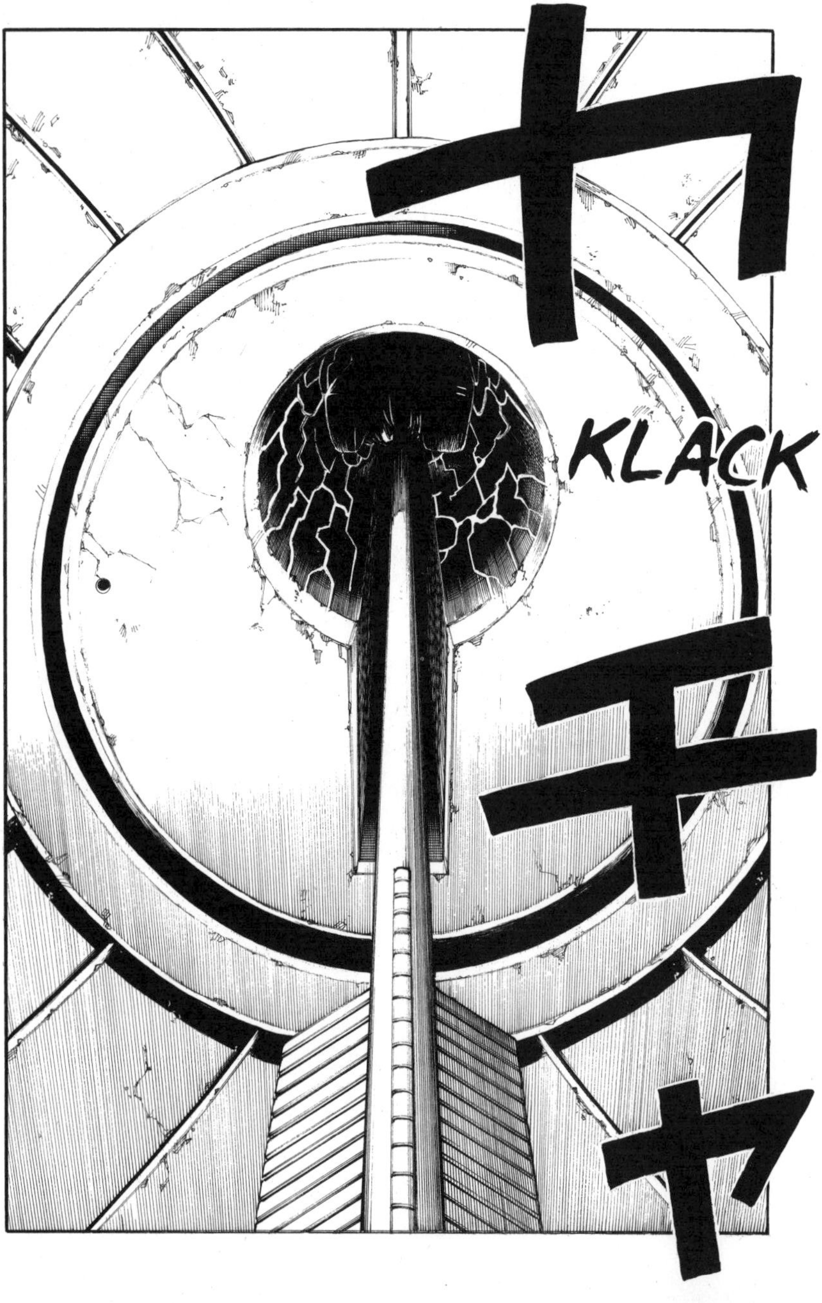
カチャ
KLACK

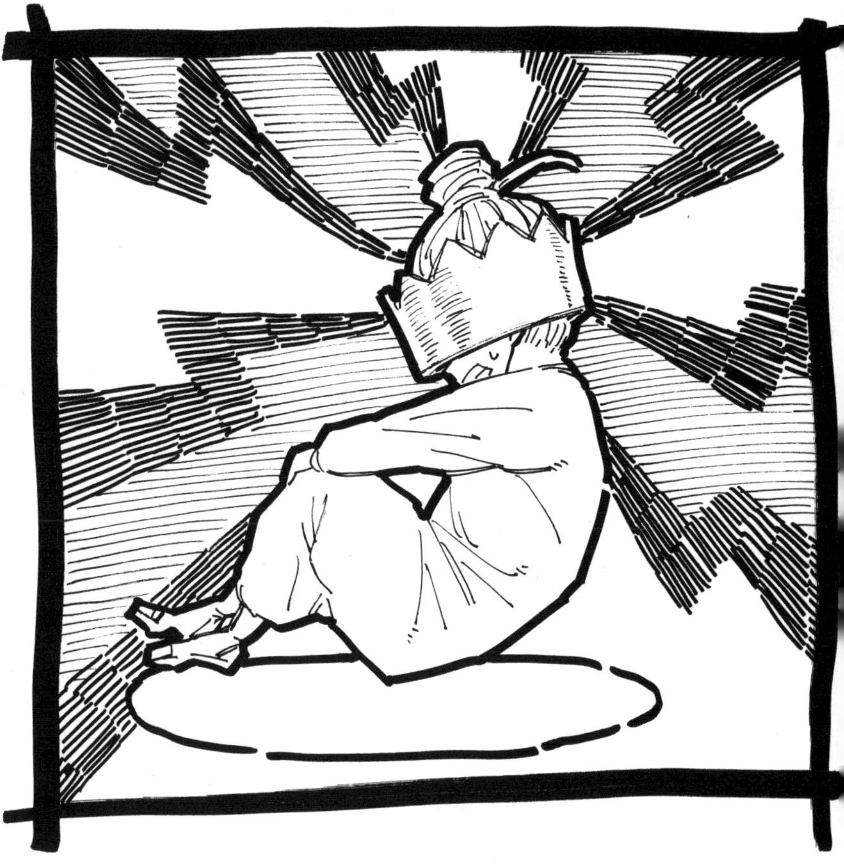

Kapitel 251:
Ein Schild zerbricht unter Gelächter

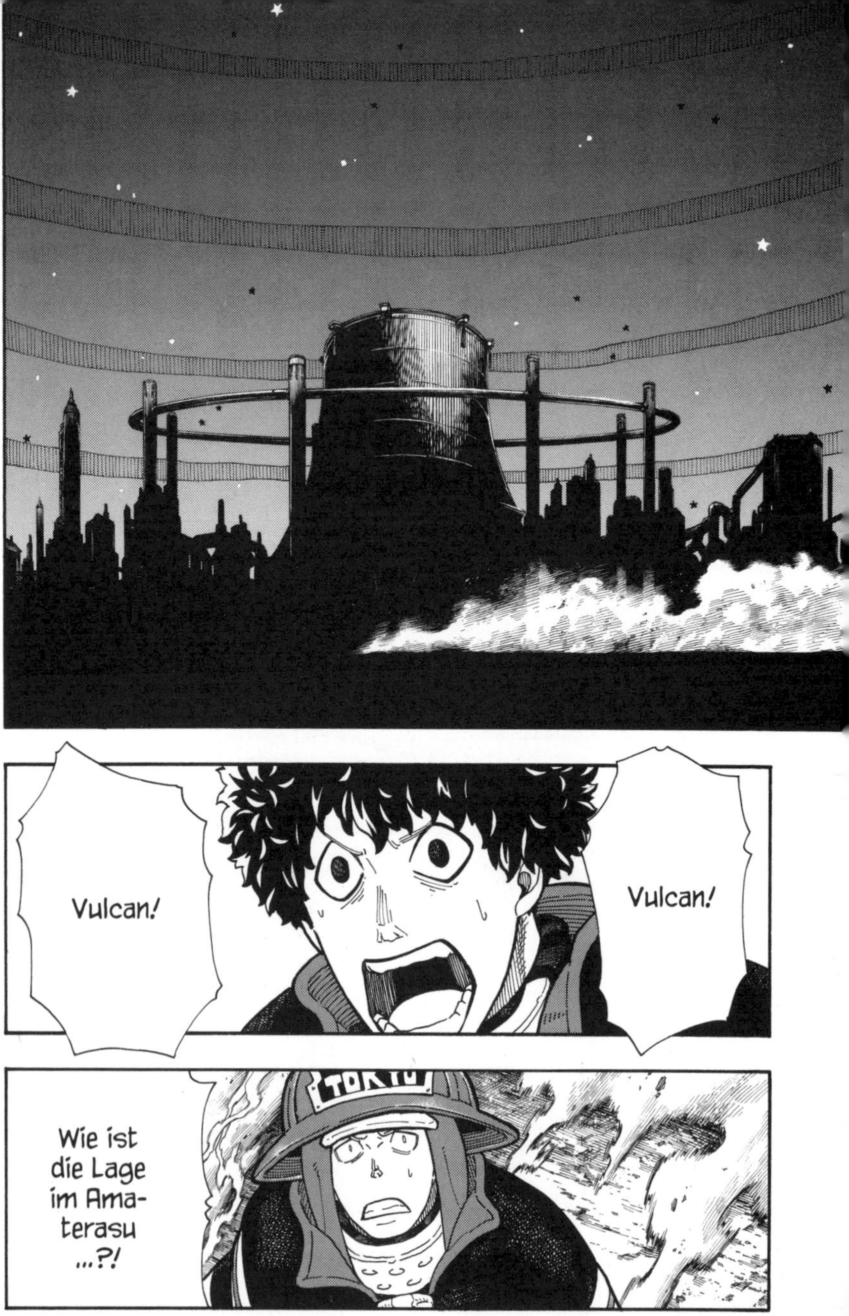
Vulcan!
Vulcan!
TOKYO
Wie ist die Lage im Amaterasu ...?!

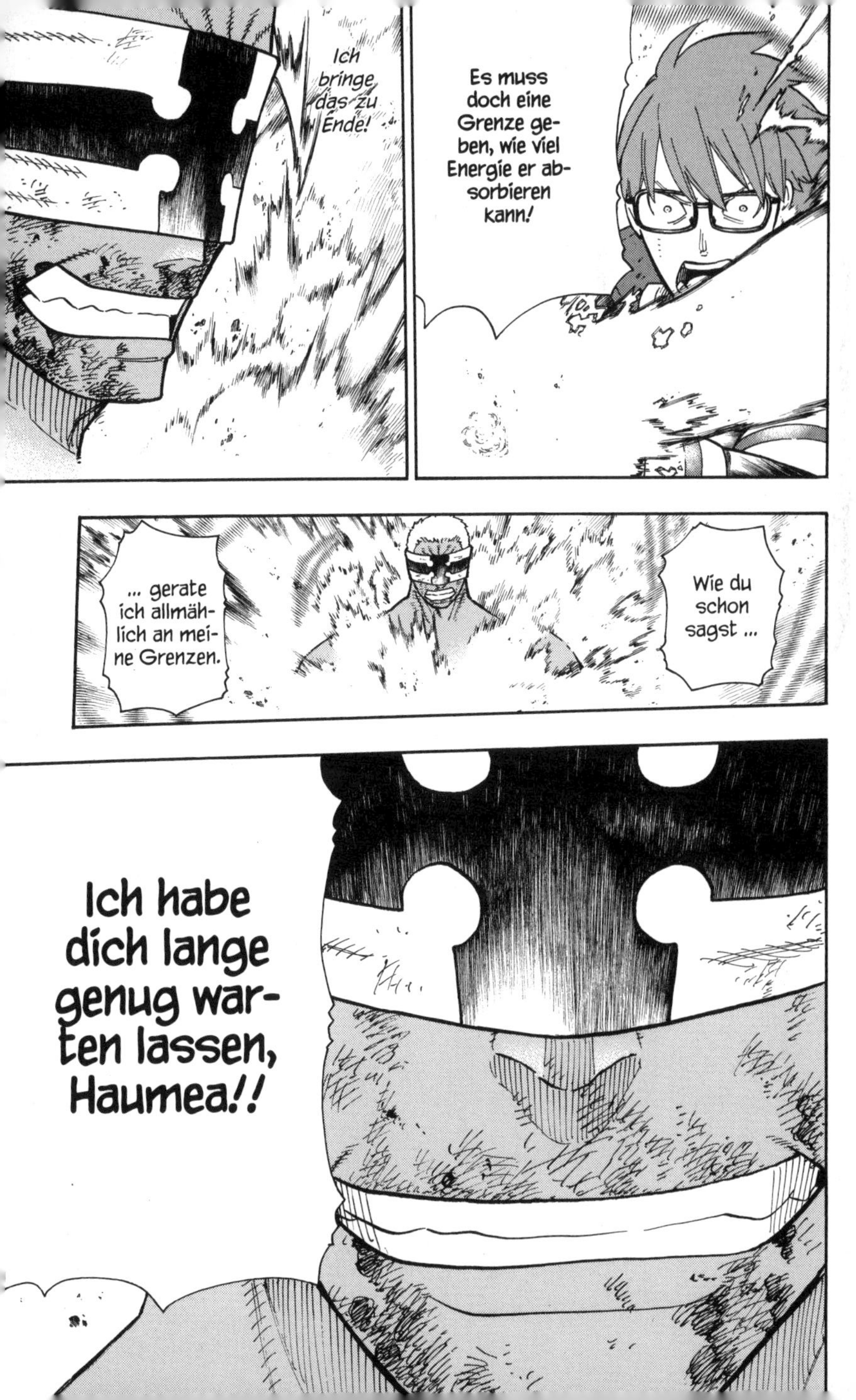
Es muss doch eine Grenze geben, wie viel Energie er absorbieren kann!
Ich bringe das zu Ende!
Wie du schon sagst ...
... gerate ich allmählich an meine Grenzen.
Ich habe dich lange genug warten lassen, Haumea!!

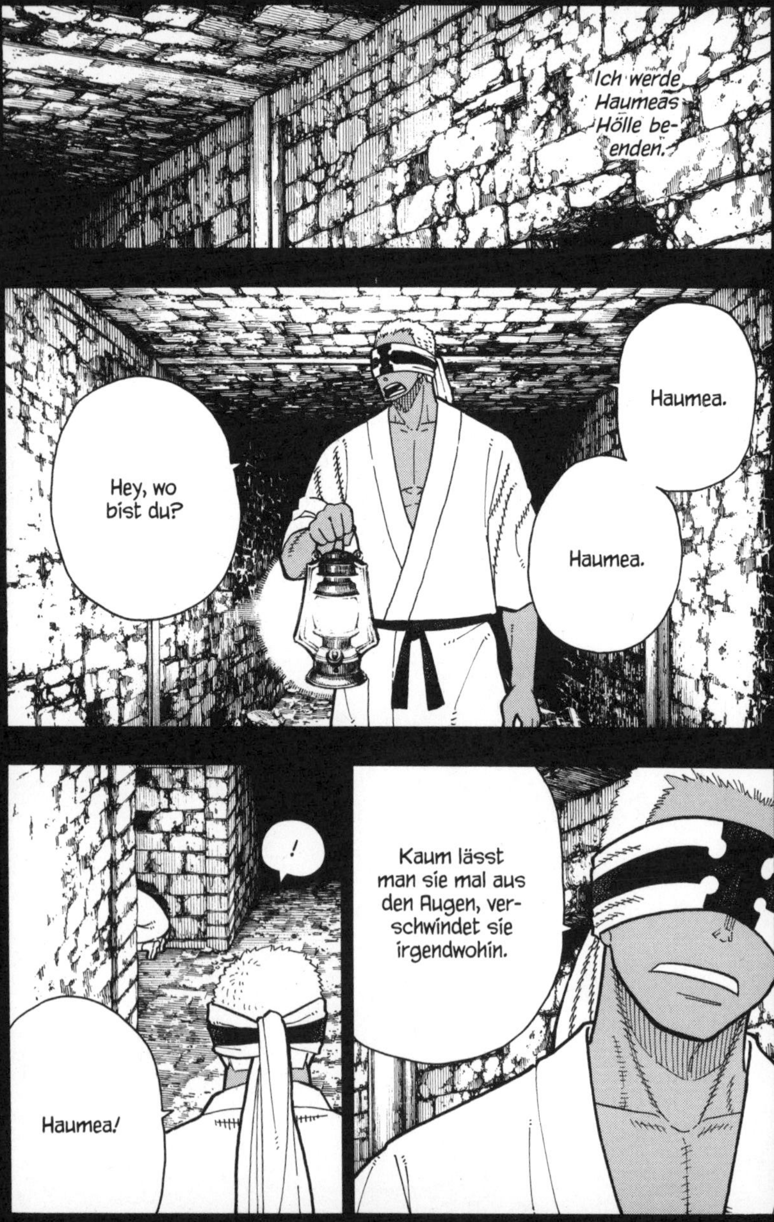
Ich werde Haumeas Hölle beenden.
Haumea.
Haumea.
Hey, wo bist du?
!
Kaum lässt man sie mal aus den Augen, verschwindet sie irgendwohin.
Haumea!

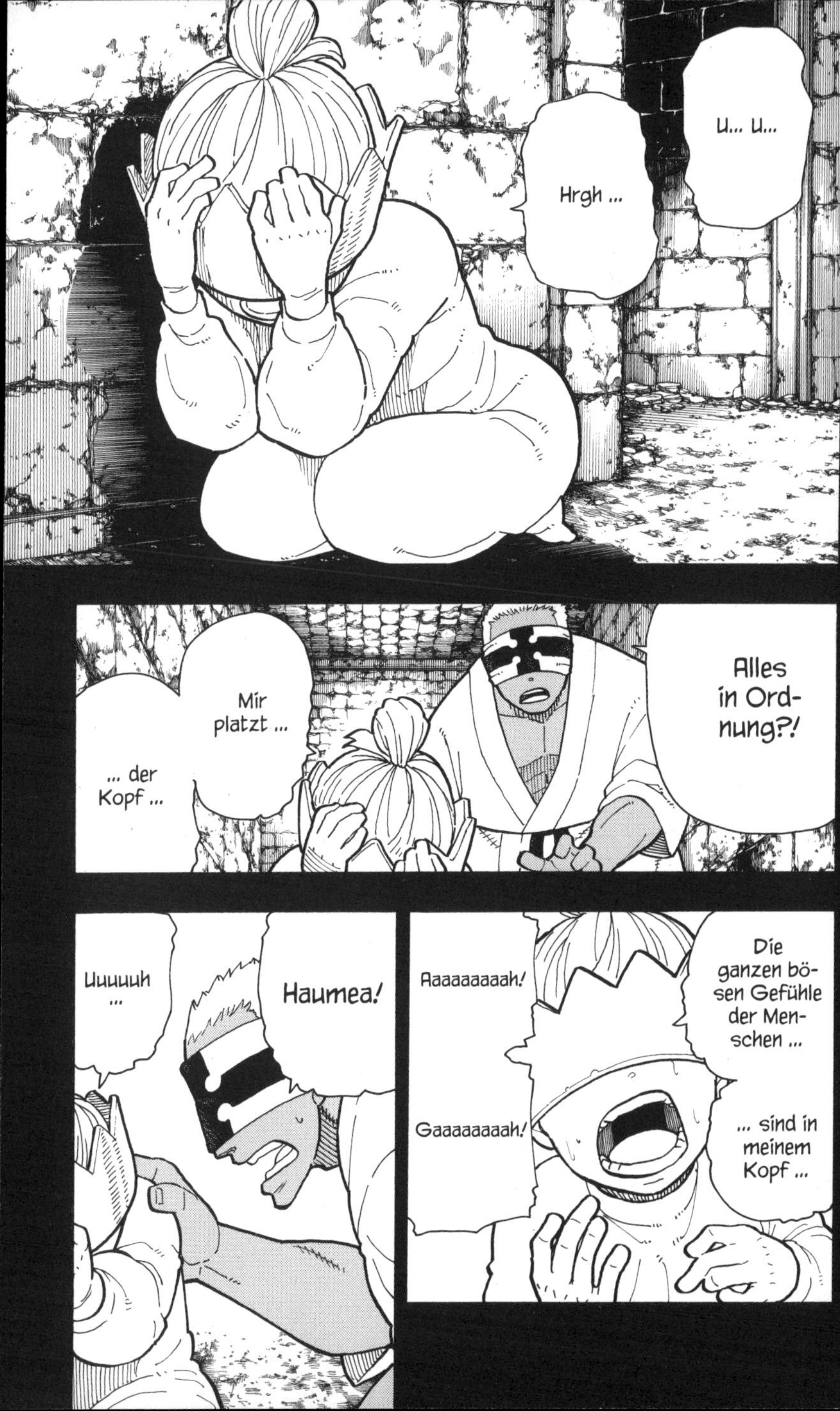
U... U...
Hrgh ...
Alles in Ordnung?!
Mir platzt ...
... der Kopf ...
Die ganzen bösen Gefühle der Menschen ...
... sind in meinem Kopf ...
Aaaaaaaaah!
Gaaaaaaaah!
Haumea!
Uuuuuh ...

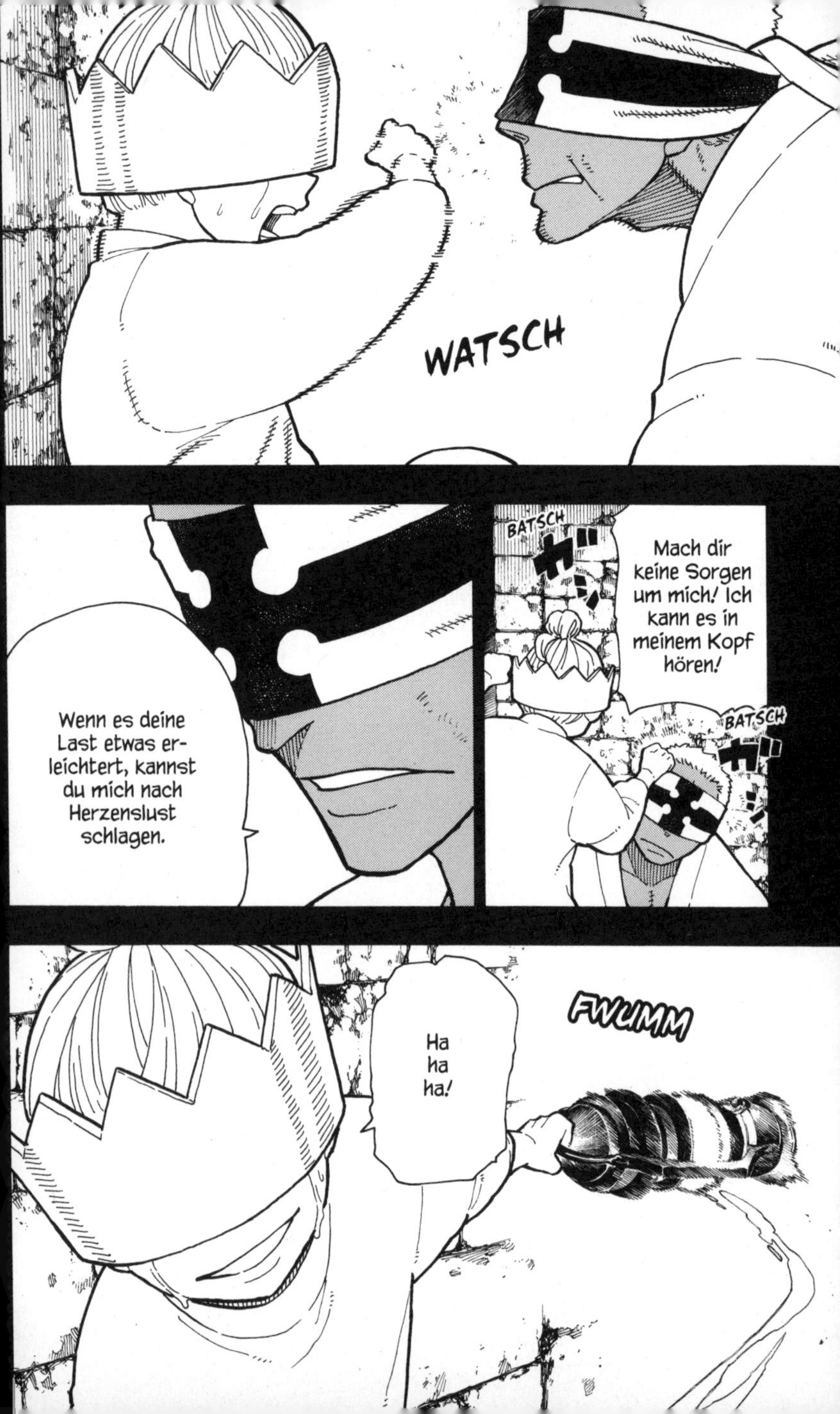
WATSCH
BATSCH
Mach dir keine Sorgen um mich! Ich kann es in meinem Kopf hören!
BATSCH
Wenn es deine Last etwas erleichtert, kannst du mich nach Herzenslust schlagen.
FWUMM
Ha ha ha!

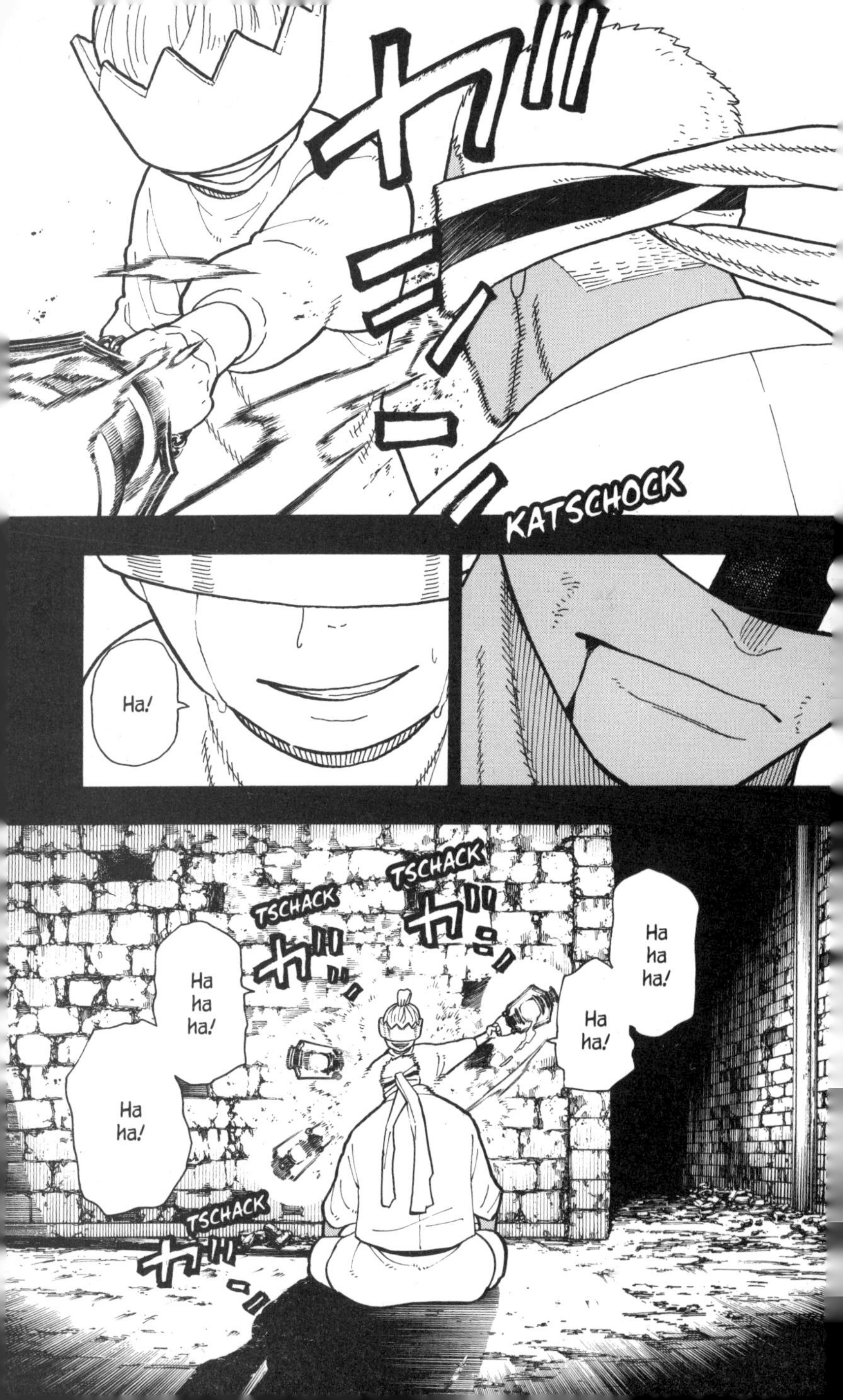
KATSCHOCK
Ha!
TSCHACK
Ha
ha
ha!
Ha
ha!
TSCHACK
Ha
ha
ha!
Ha
ha!
TSCHACK

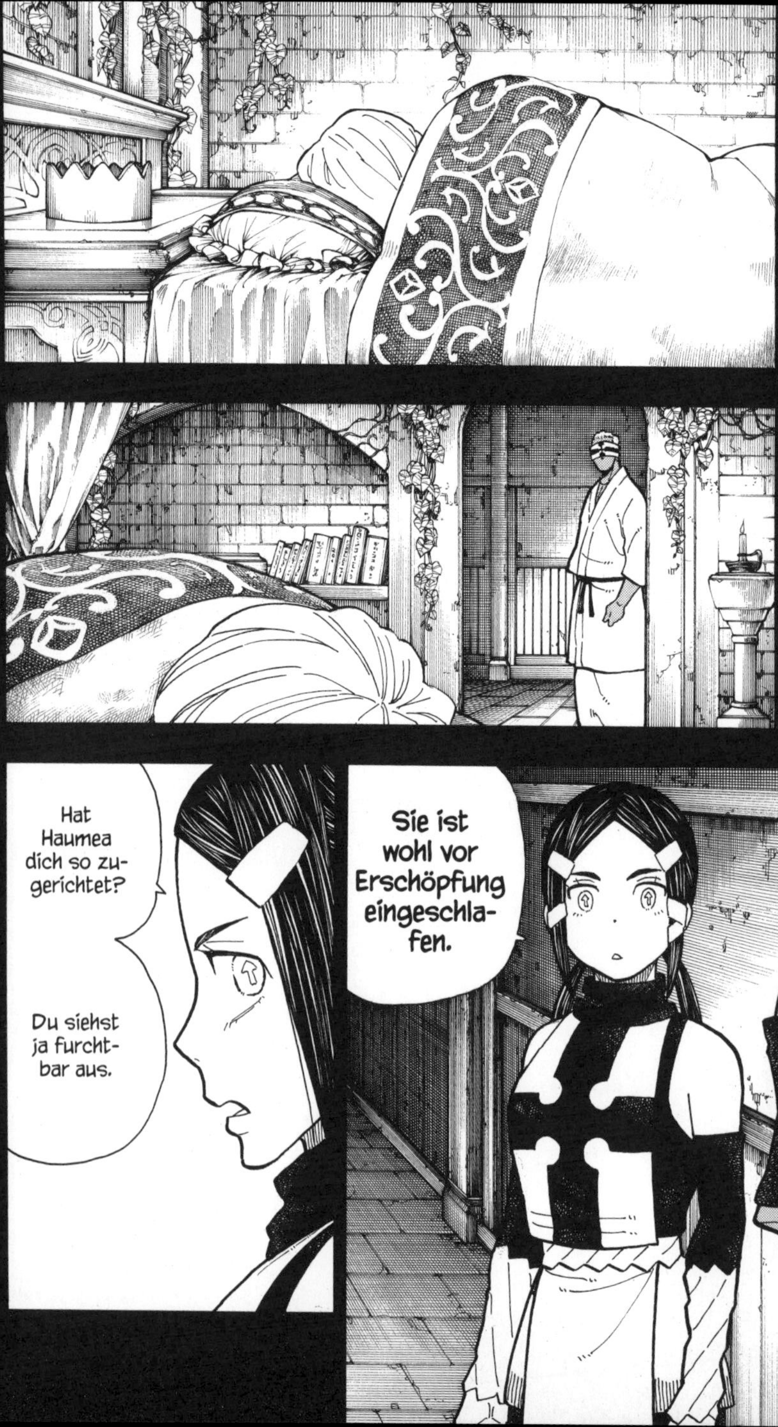
Sie ist wohl vor Erschöpfung eingeschlafen.
Hat Haumea dich so zugerichtet?
Du siehst ja furchtbar aus.

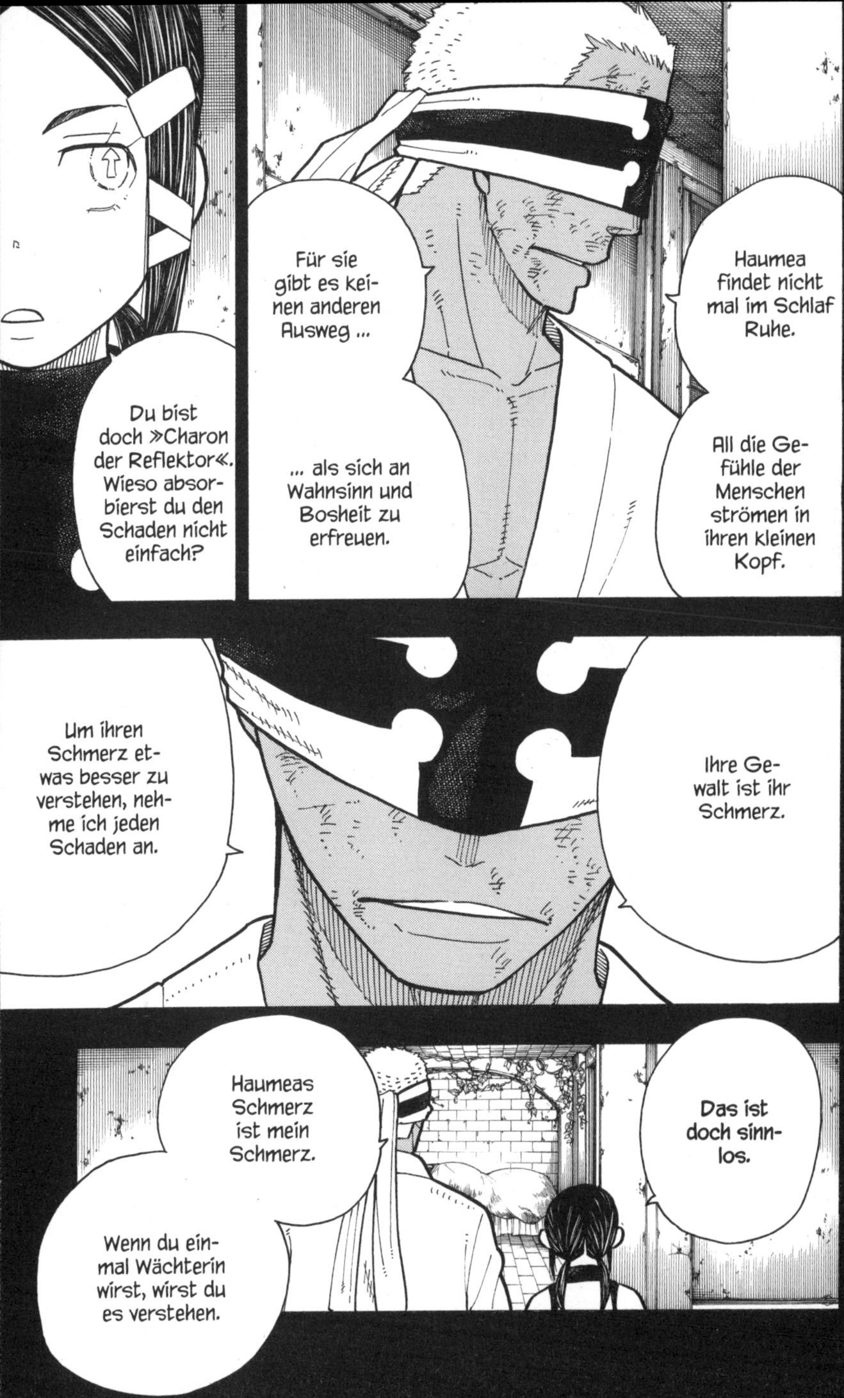
Haumea findet nicht mal im Schlaf Ruhe.
All die Gefühle der Menschen strömen in ihren kleinen Kopf.
Für sie gibt es keinen anderen Ausweg ...
... als sich an Wahnsinn und Bosheit zu erfreuen.
Du bist doch »Charon der Reflektor«. Wieso absorbierst du den Schaden nicht einfach?
Ihre Gewalt ist ihr Schmerz.
Um ihren Schmerz etwas besser zu verstehen, nehme ich jeden Schaden an.
Das ist doch sinnlos.
Haumeas Schmerz ist mein Schmerz.
Wenn du einmal Wächterin wirst, wirst du es verstehen.

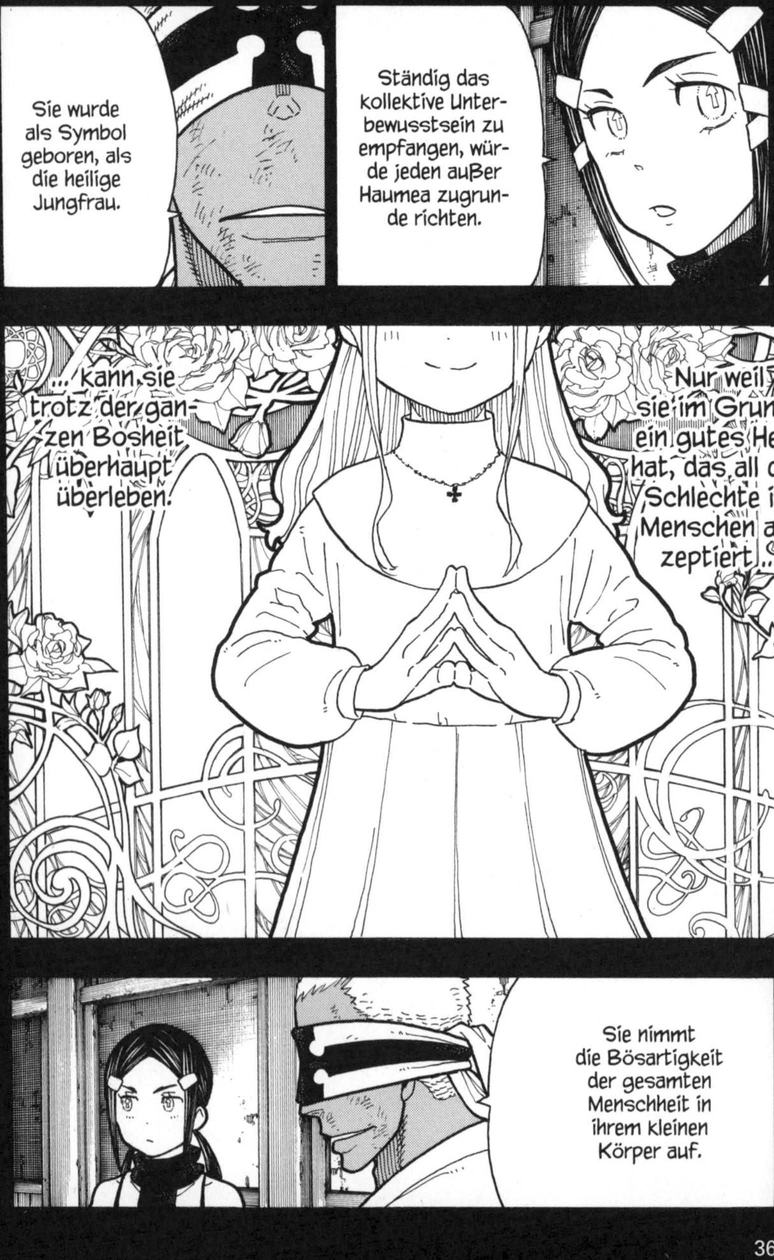
Ständig das kollektive Unterbewusstsein zu empfangen, würde jeden außer Haumea zugrunde richten.
Sie wurde als Symbol geboren, als die heilige Jungfrau.
Nur weil sie im Grunde ein gutes Herz hat, das all das Schlechte im Menschen akzeptiert ...
... kann sie trotz der ganzen Bosheit überhaupt überleben.
Sie nimmt die Bösartigkeit der gesamten Menschheit in ihrem kleinen Körper auf.

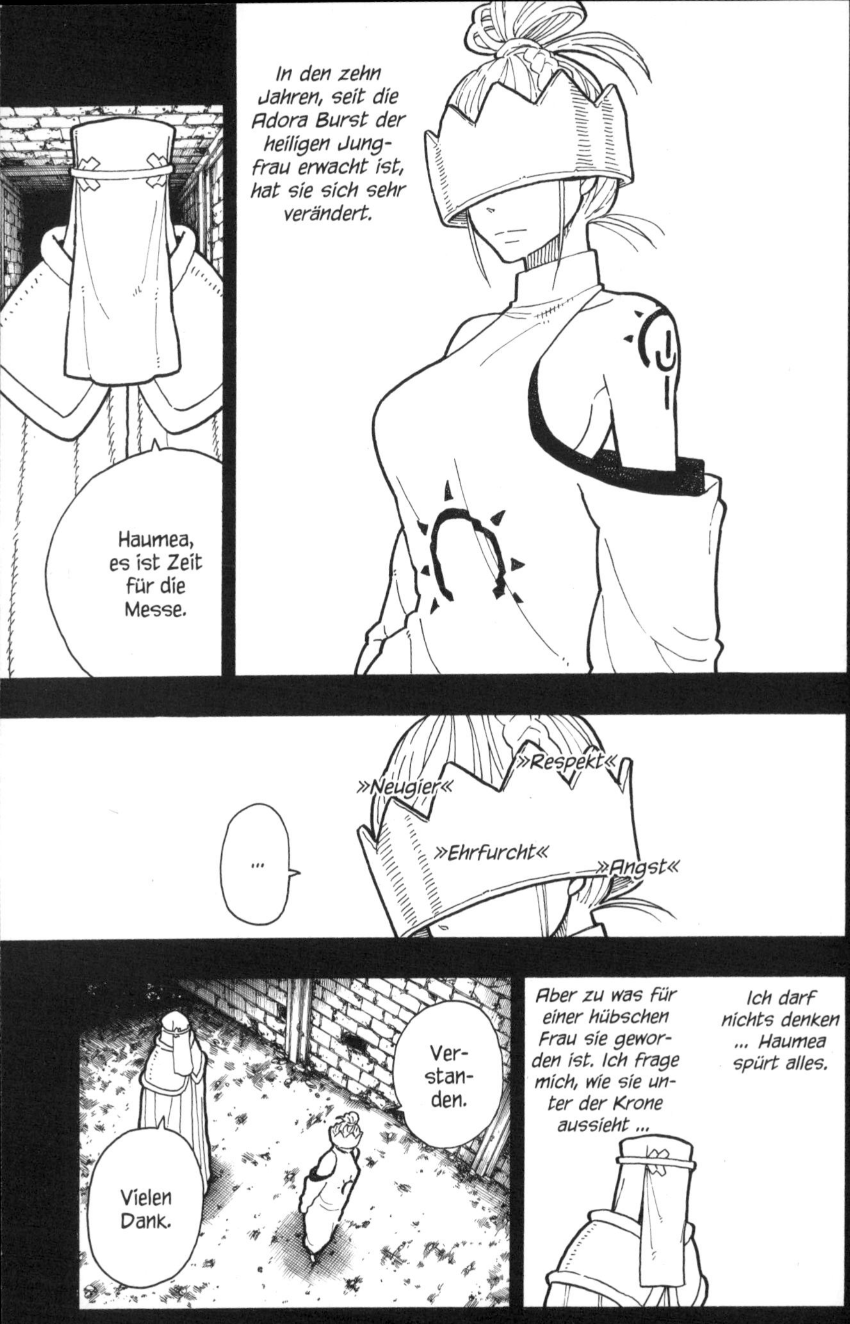
In den zehn Jahren, seit die Adora Burst der heiligen Jungfrau erwacht ist, hat sie sich sehr verändert.
Haumea, es ist Zeit für die Messe.
»Respekt«
»Neugier«
»Ehrfurcht«
»Angst«
...
Ich darf nichts denken ... Haumea spürt alles.
Aber zu was für einer hübschen Frau sie geworden ist. Ich frage mich, wie sie unter der Krone aussieht ...
Verstanden.
Vielen Dank.

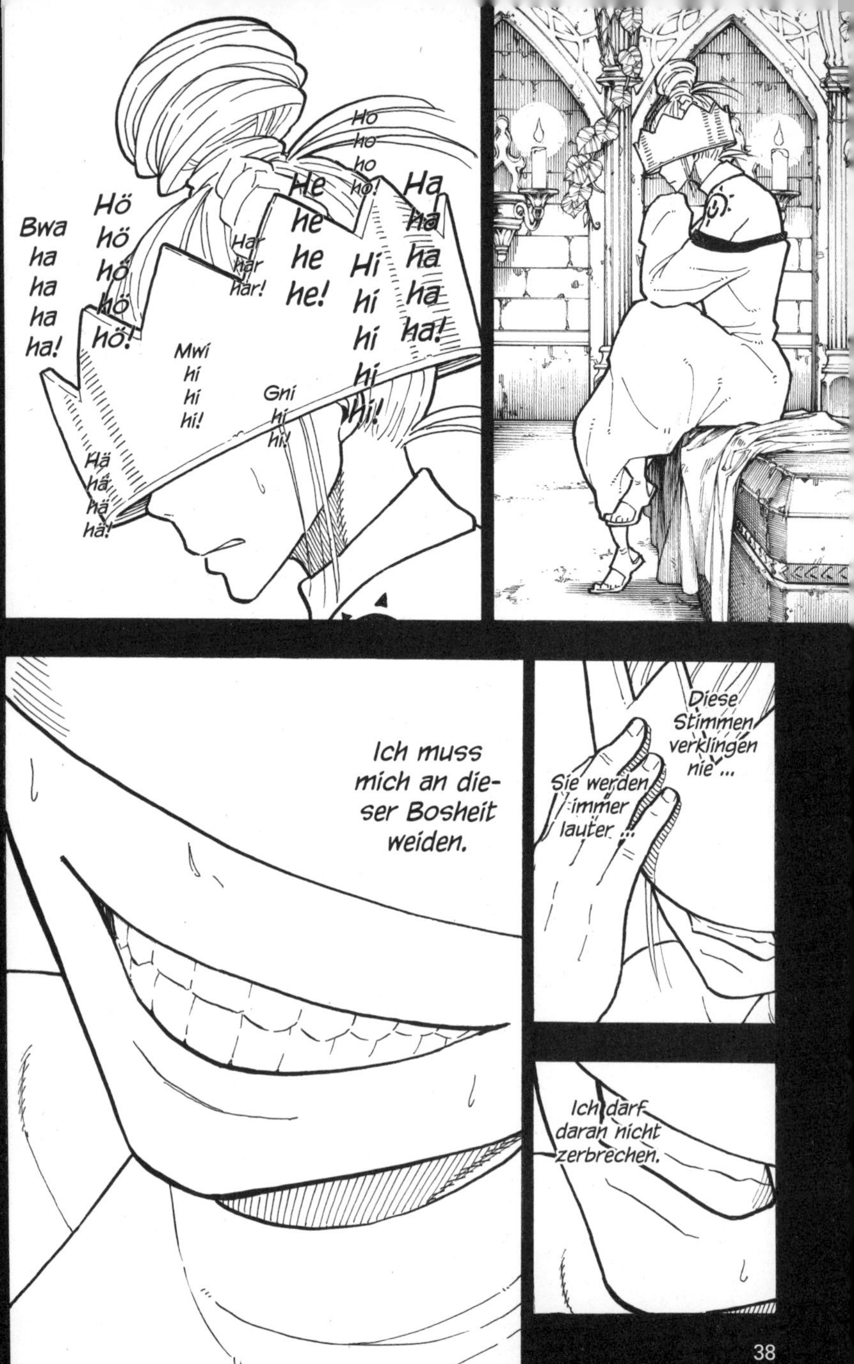
Ha ha ha ha ha!
Ho ho ho ho!
He he he he!
Hi hi hi hi hi hi!
Har har här!
Mwi hi hi hi!
Gni hi hi!
Hö hö hö hö hö!
Bwa ha ha ha ha!
Hä hä hä hä!
Diese Stimmen verklingen nie ...
Sie werden immer lauter ...
Ich darf daran nicht zerbrechen.
Ich muss mich an dieser Bosheit weiden.

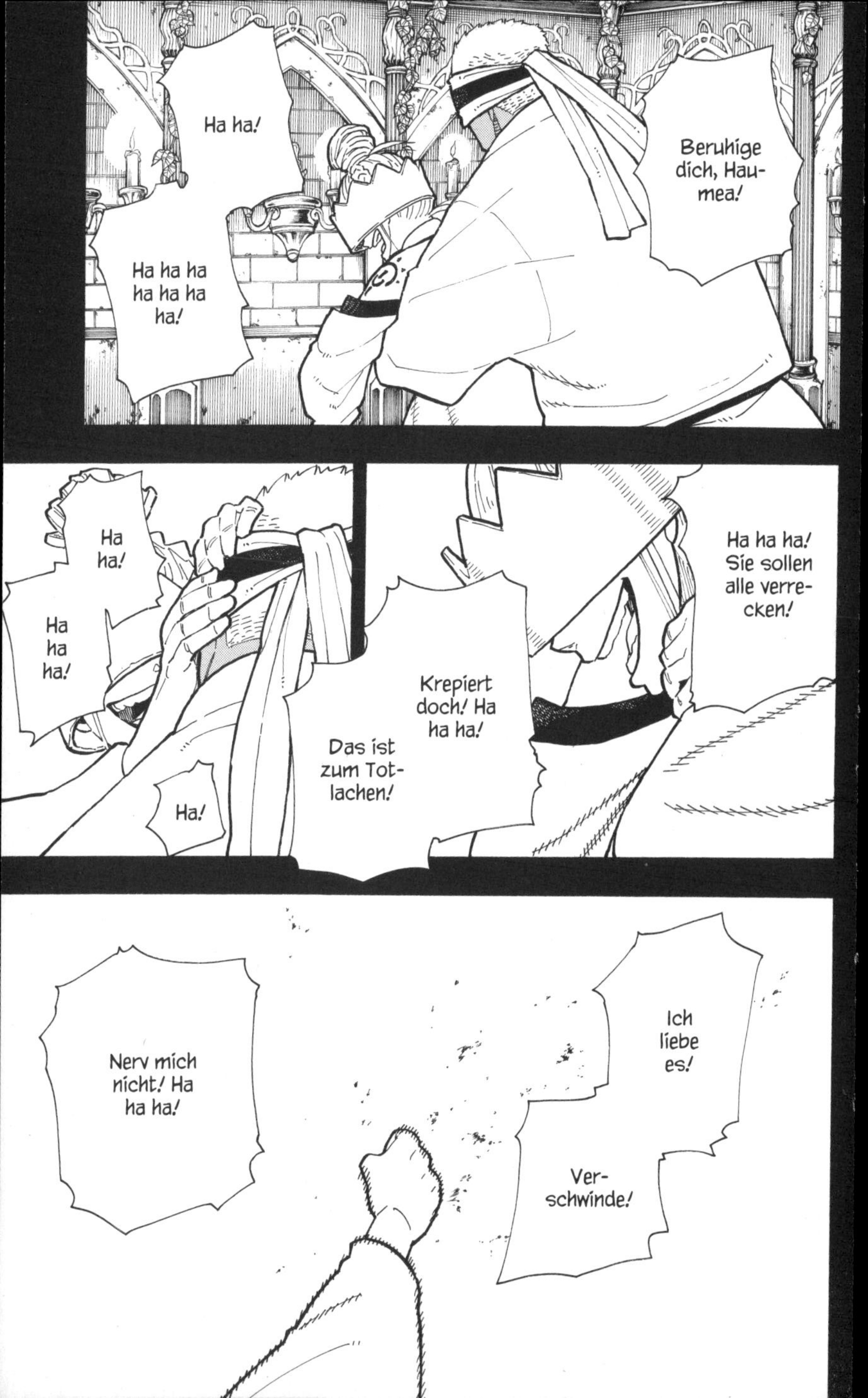
Beruhige dich, Haumea!
Ha ha!
Ha ha ha ha ha ha ha!
Ha ha ha! Sie sollen alle verrecken!
Krepiert doch! Ha ha ha!
Das ist zum Totlachen!
Ha ha!
Ha ha ha!
Ha!
Ich liebe es!
Verschwinde!
Nerv mich nicht! Ha ha ha!

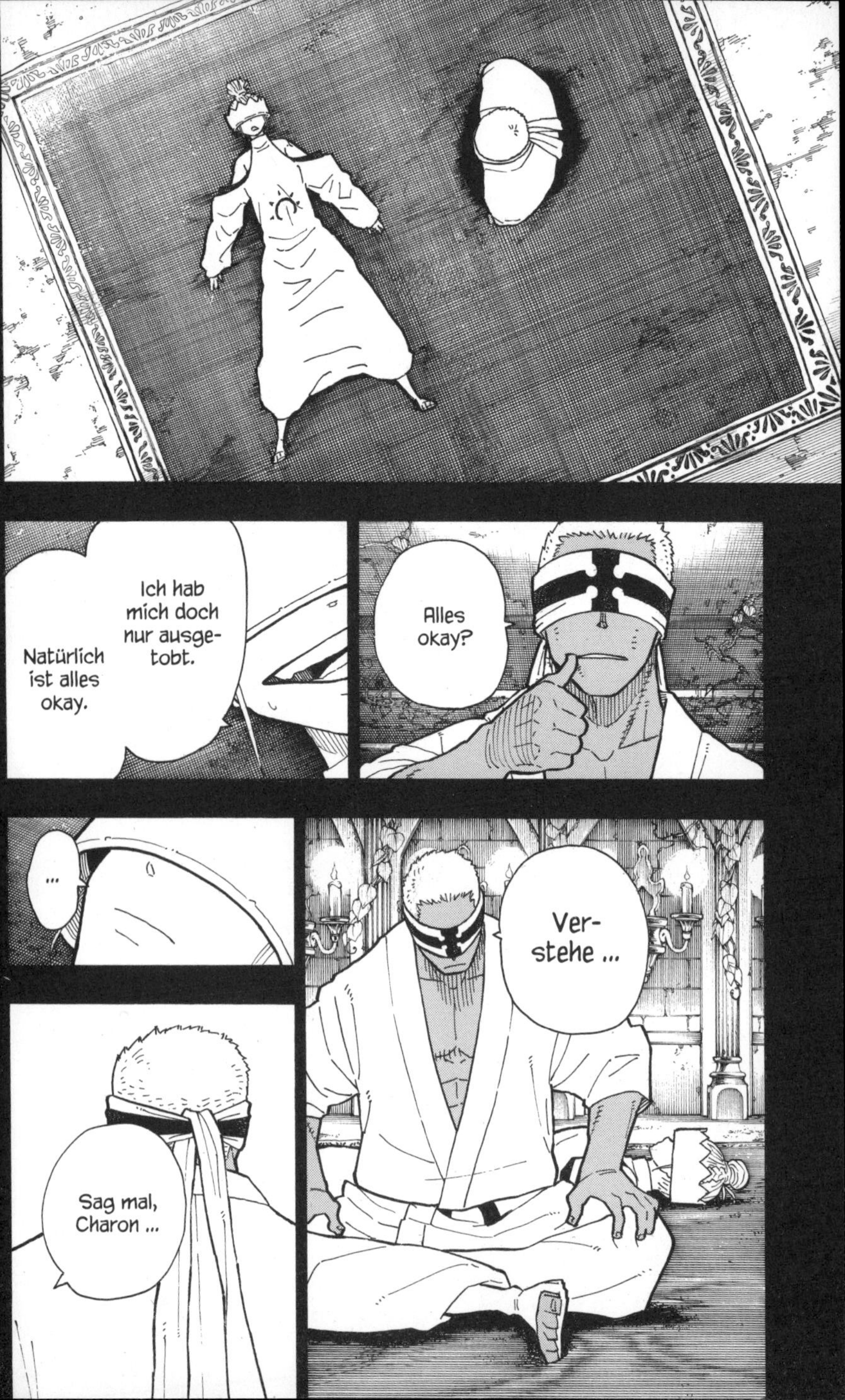
Alles okay?
Ich hab mich doch nur ausgetobt.
Natürlich ist alles okay.
Ver- stehe ...
...
Sag mal, Charon ...

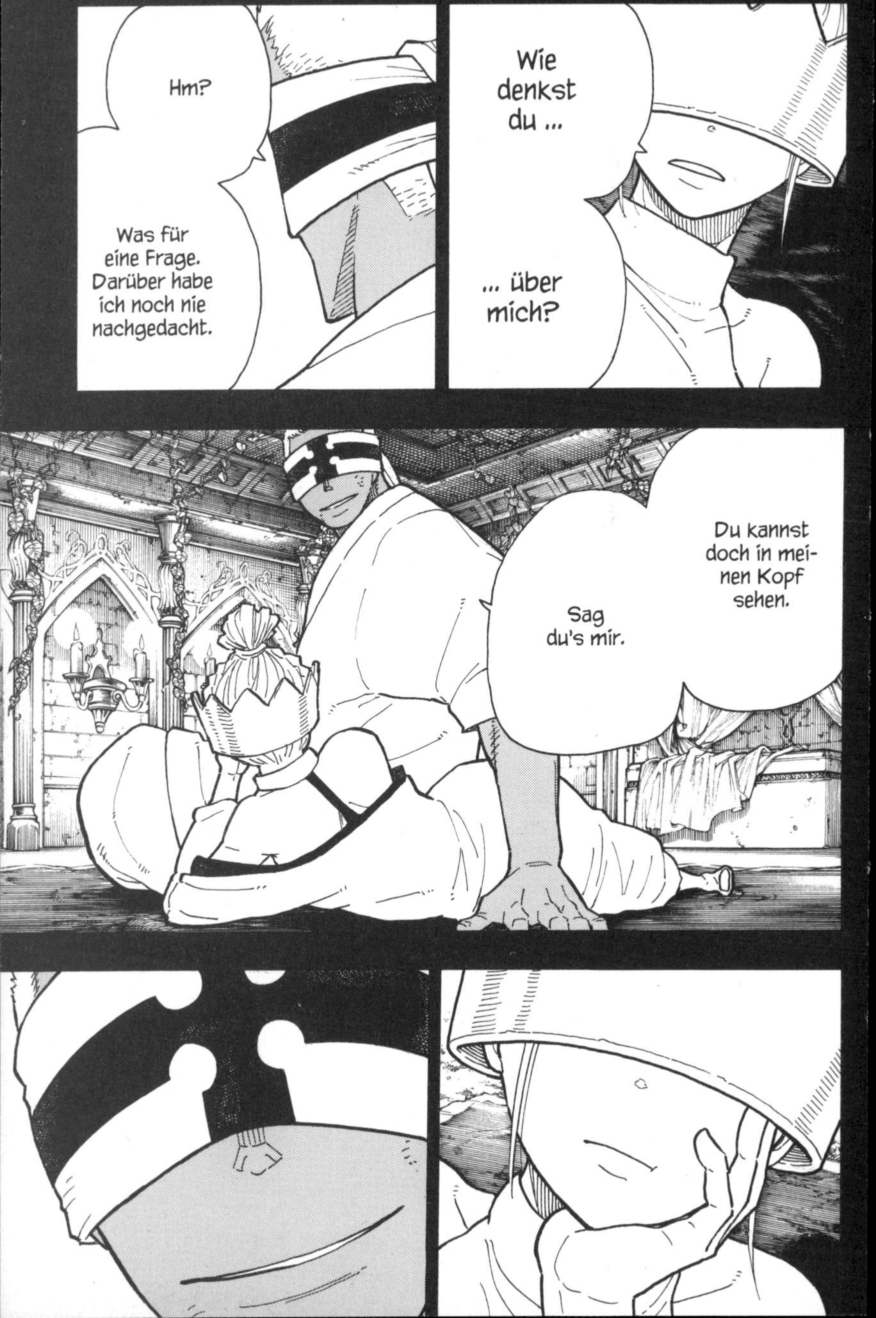
Wie denkst du ...
... über mich?
Hm?
Was für eine Frage. Darüber habe ich noch nie nachgedacht.
Du kannst doch in meinen Kopf sehen.
Sag du's mir.

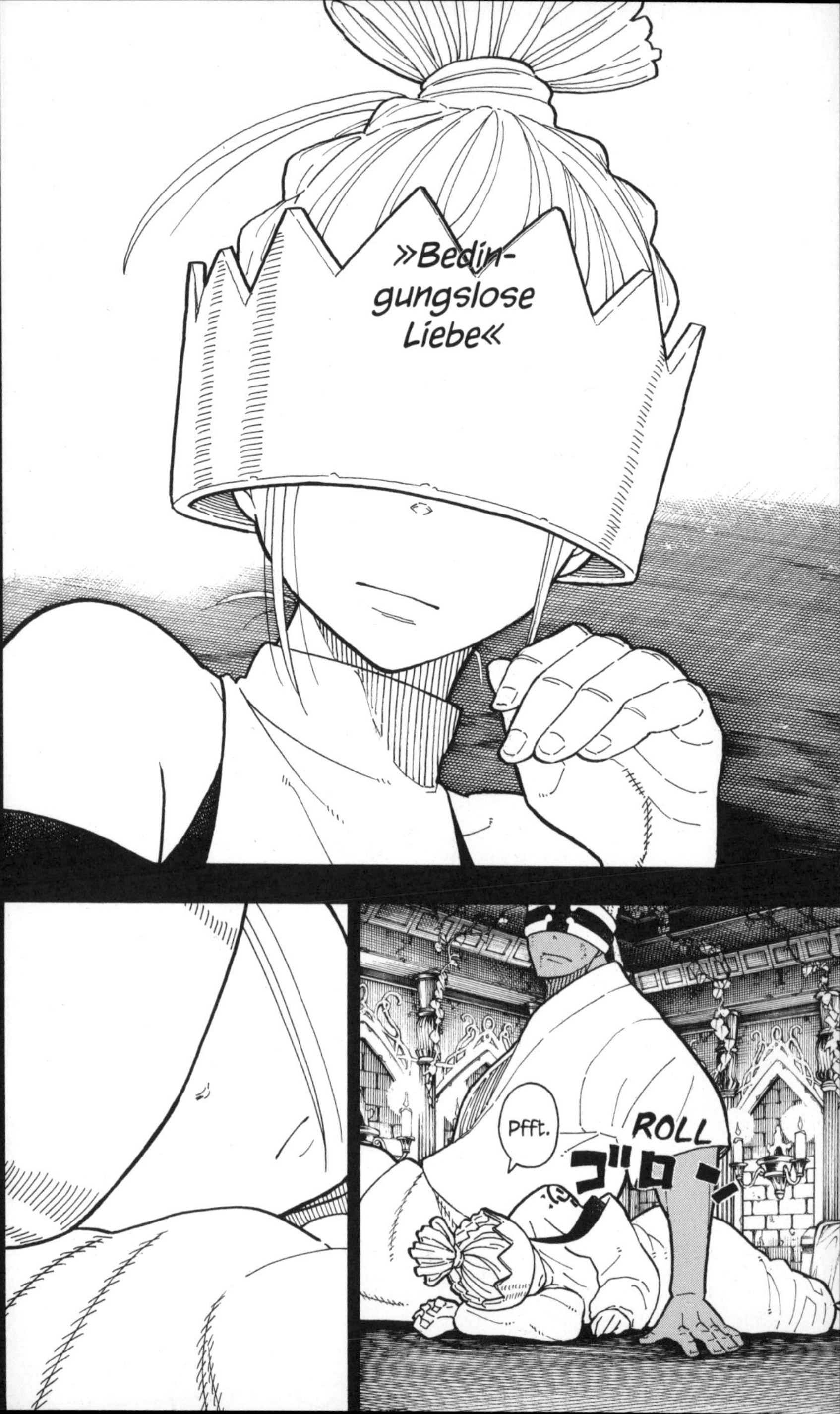
»Bedin-
gungslose
Liebe«
pfft.
ROLL
ゴロン

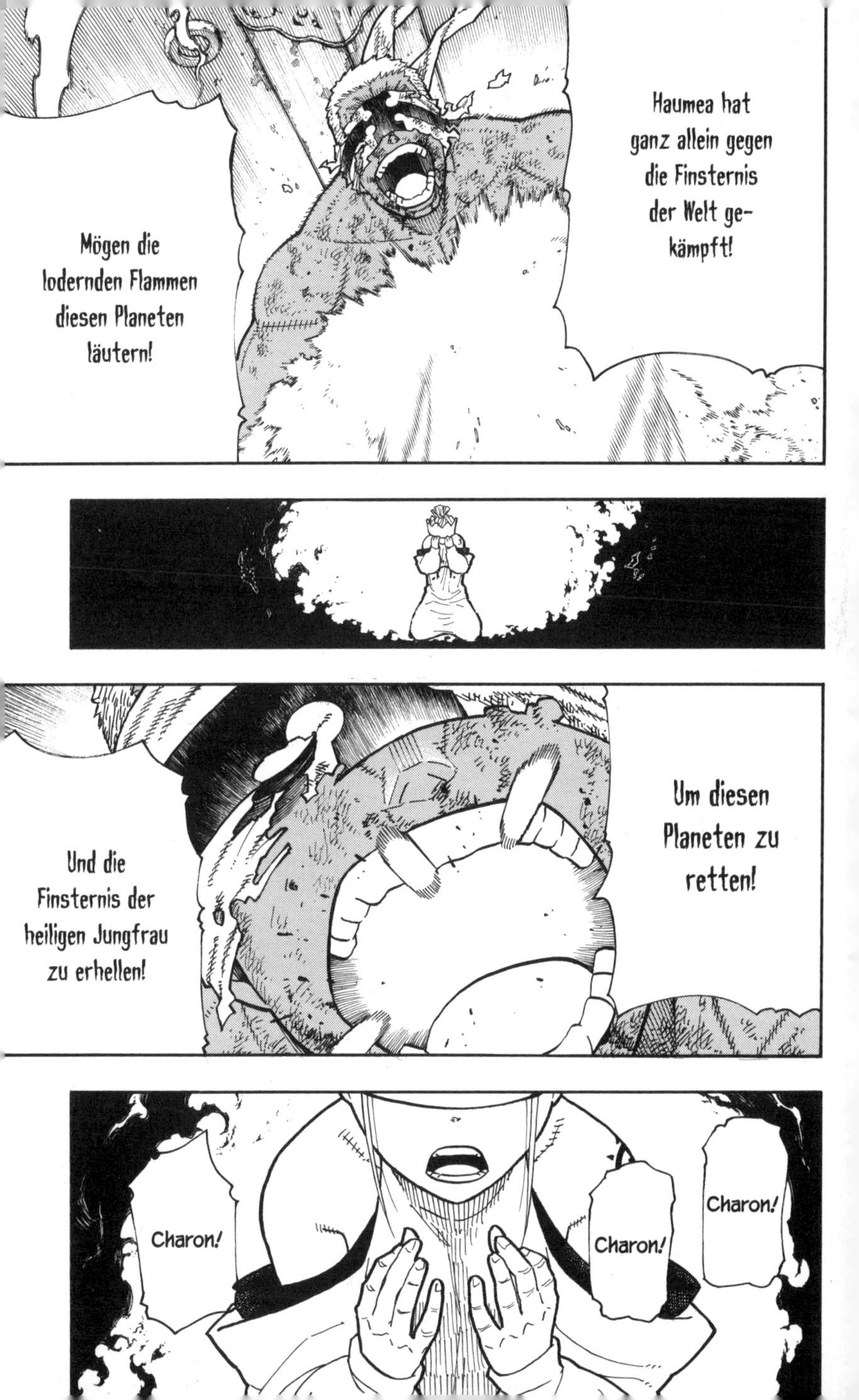
Haumea hat ganz allein gegen die Finsternis der Welt gekämpft!
Mögen die lodernden Flammen diesen Planeten läutern!
Um diesen Planeten zu retten!
Und die Finsternis der heiligen Jungfrau zu erhellen!
Charon!
Charon!
Charon!

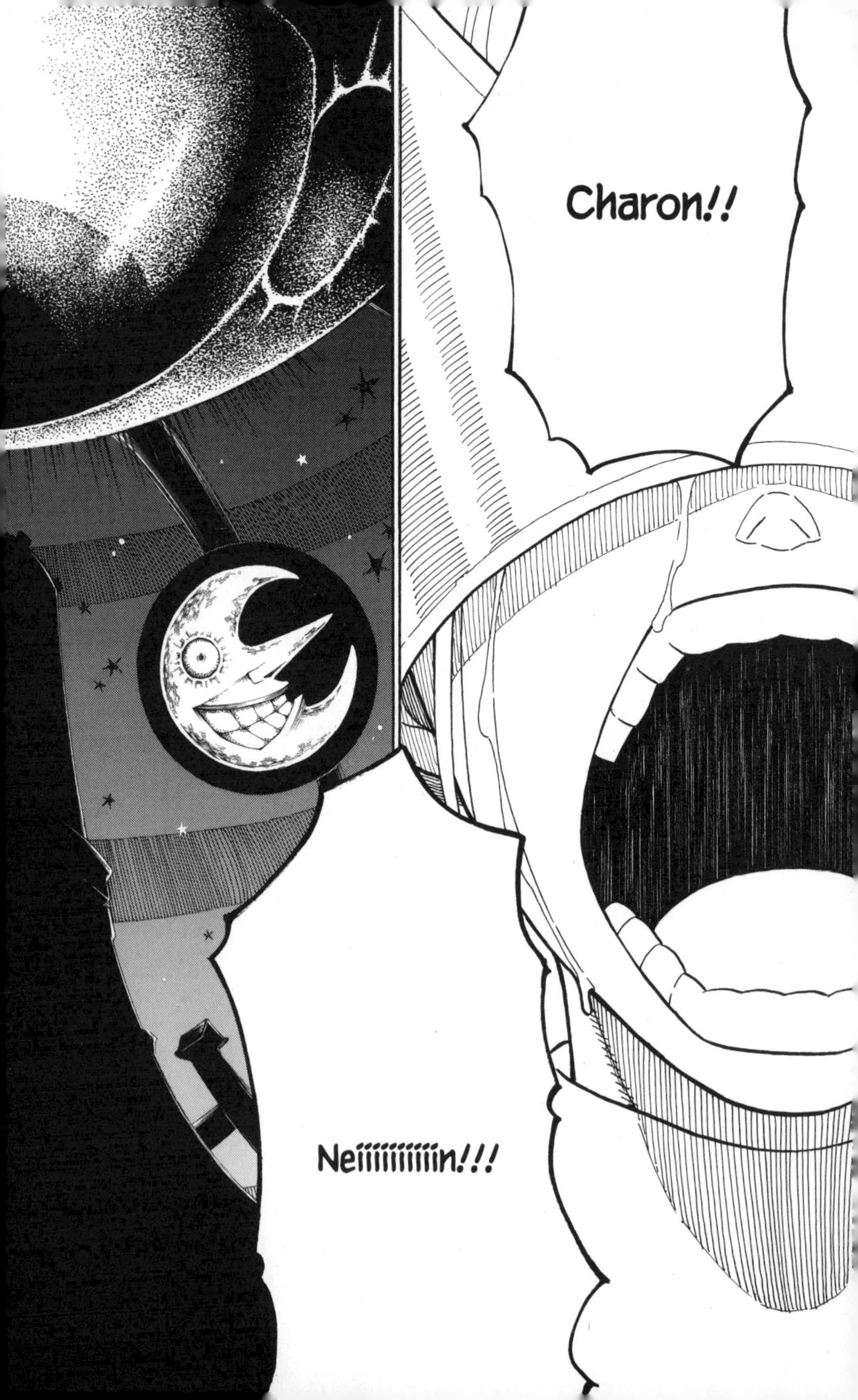
Charon!!
Neiiiiiiiiiiin!!!

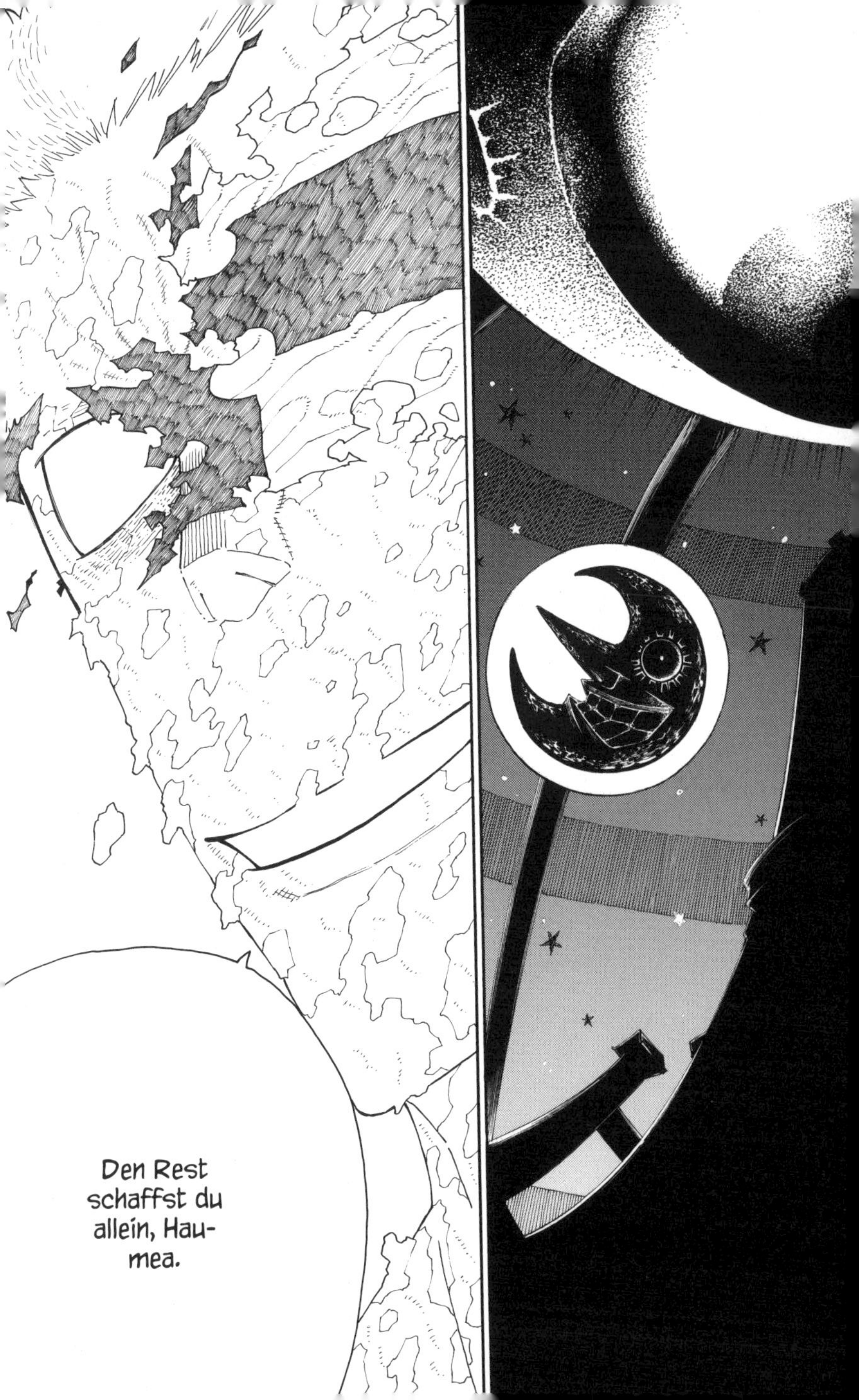
Den Rest schaffst du allein, Haumea.

FIRE FORCE

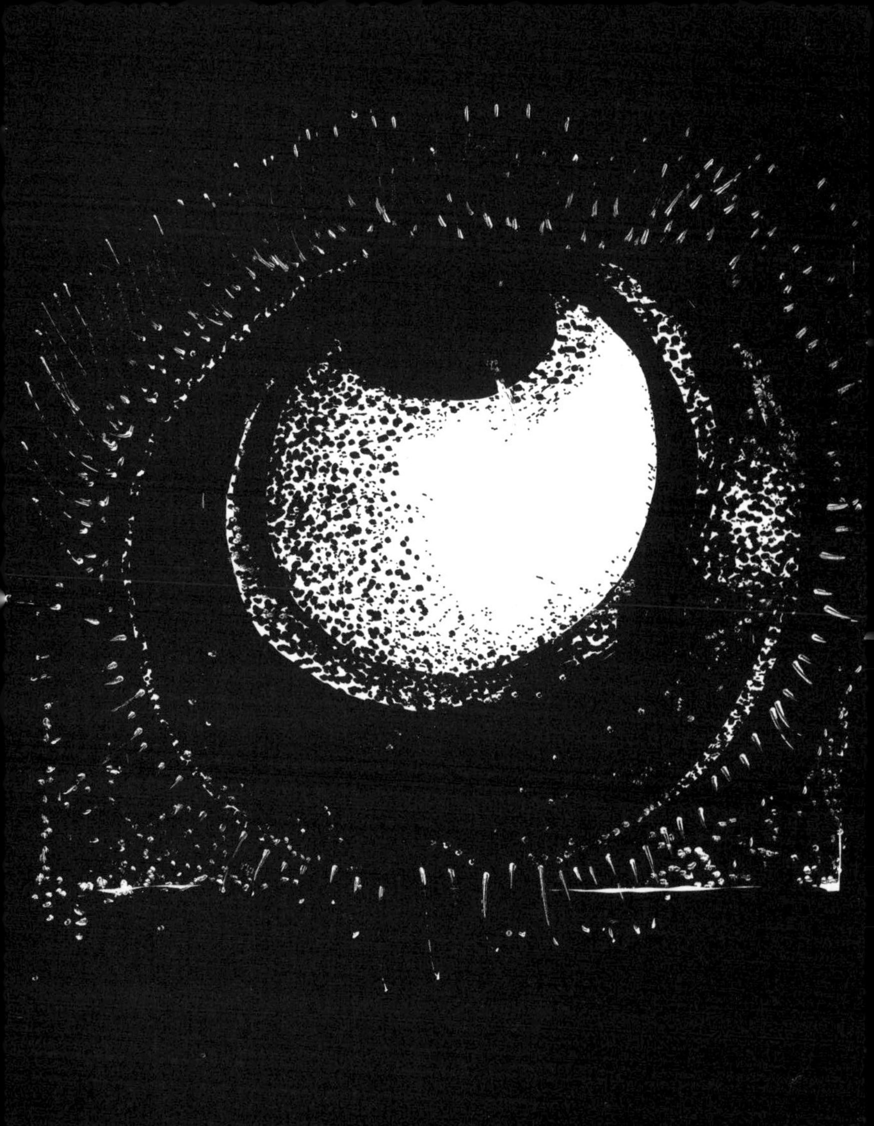

Kapitel 252: Die Vision vom Ende

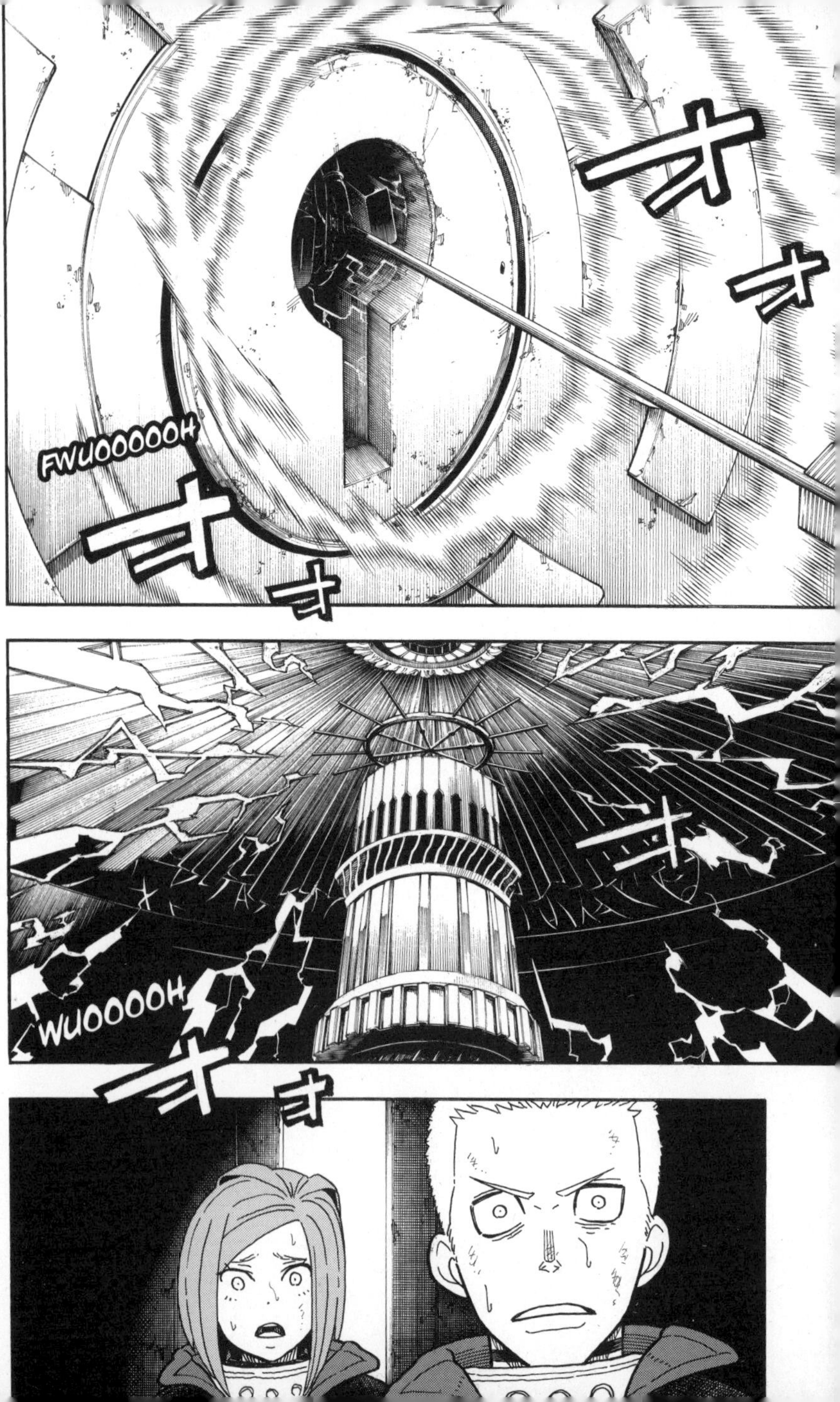

オォ
FWUOOOOOH
オォ
オォ
WUOOOOH
オォ

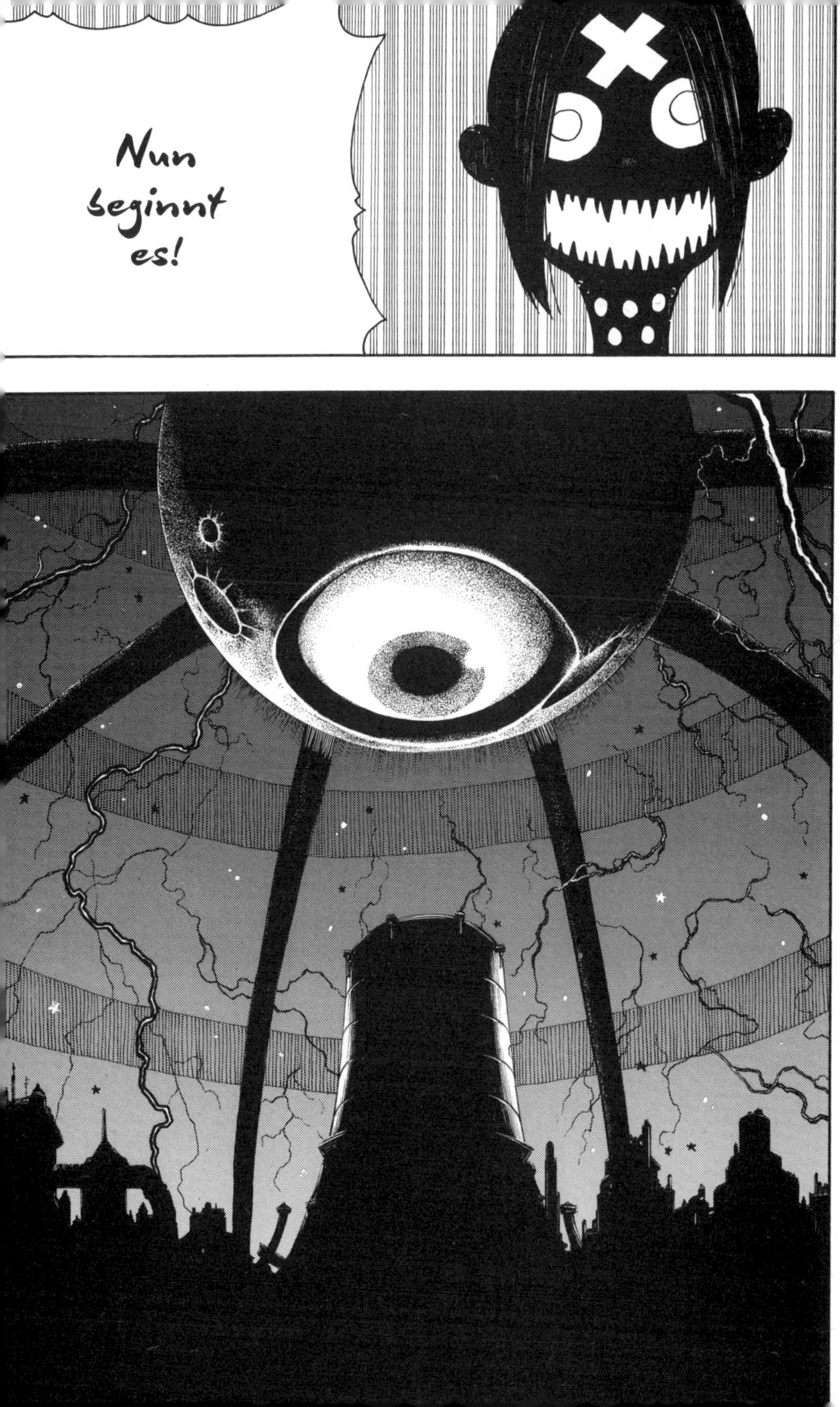
Nun beginnt es!

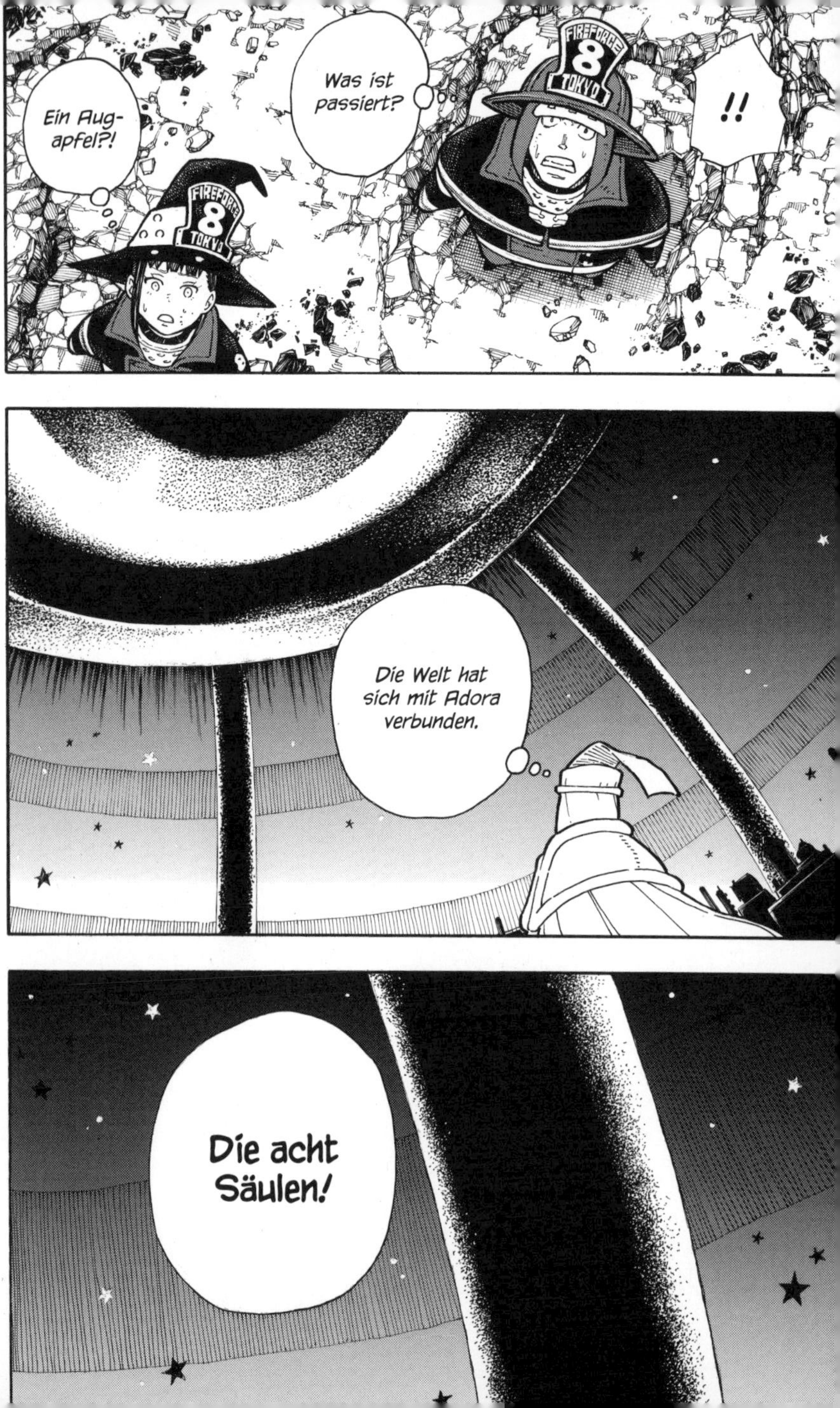
!!
Was ist passiert?
Ein Aug-apfel?!
Die Welt hat sich mit Adora verbunden.
Die acht Säulen!

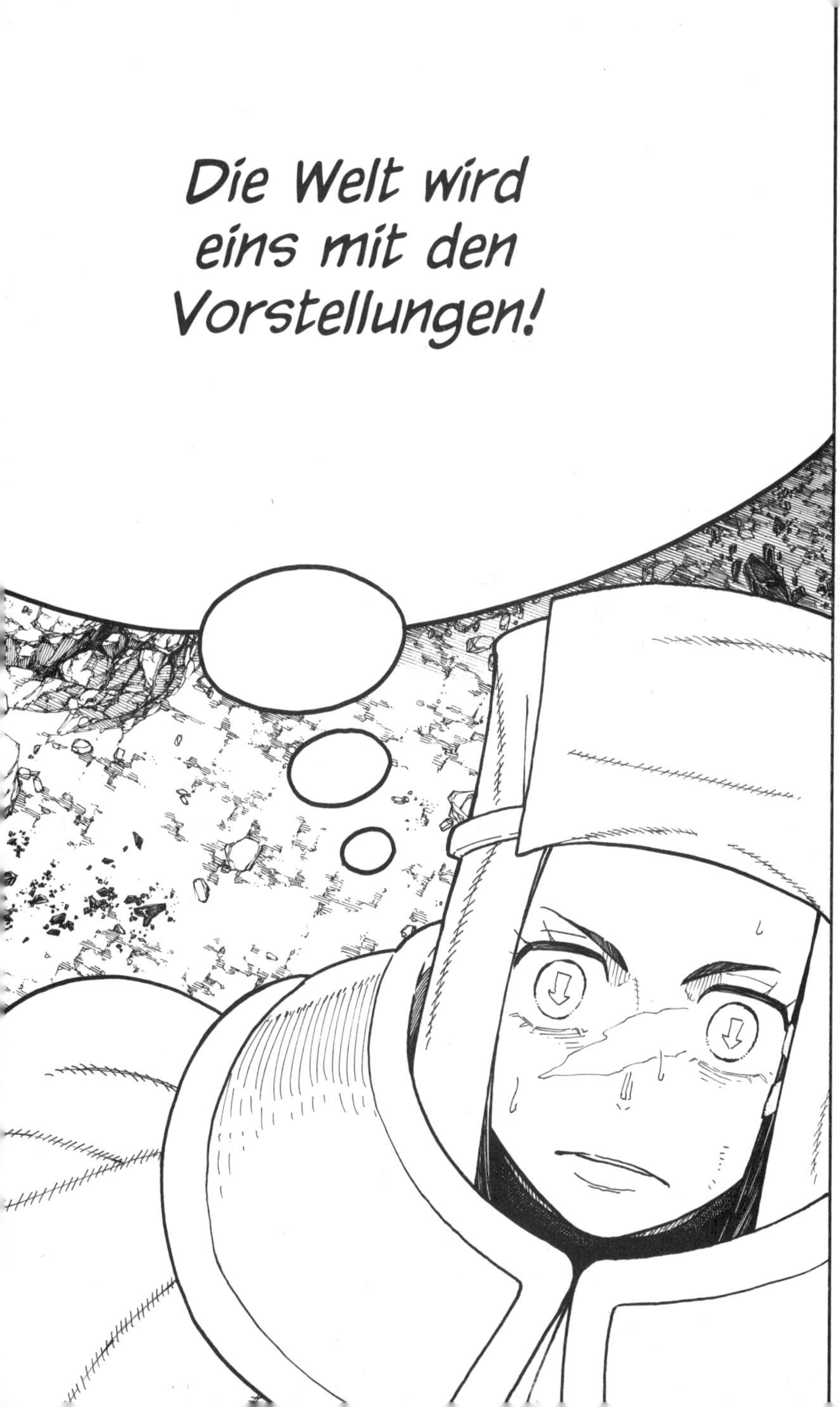
Die Welt wird eins mit den Vorstellungen!

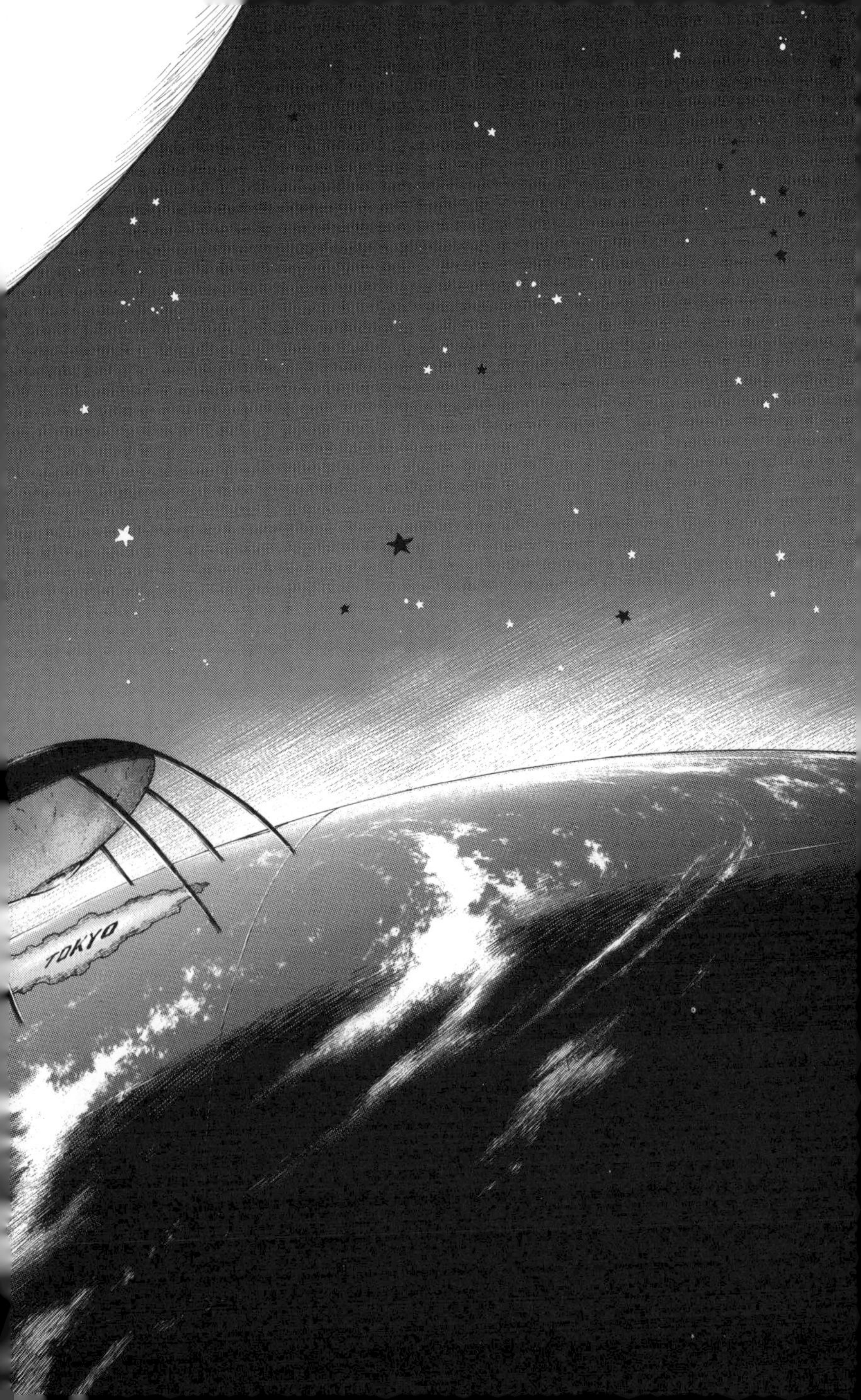
TOKYO

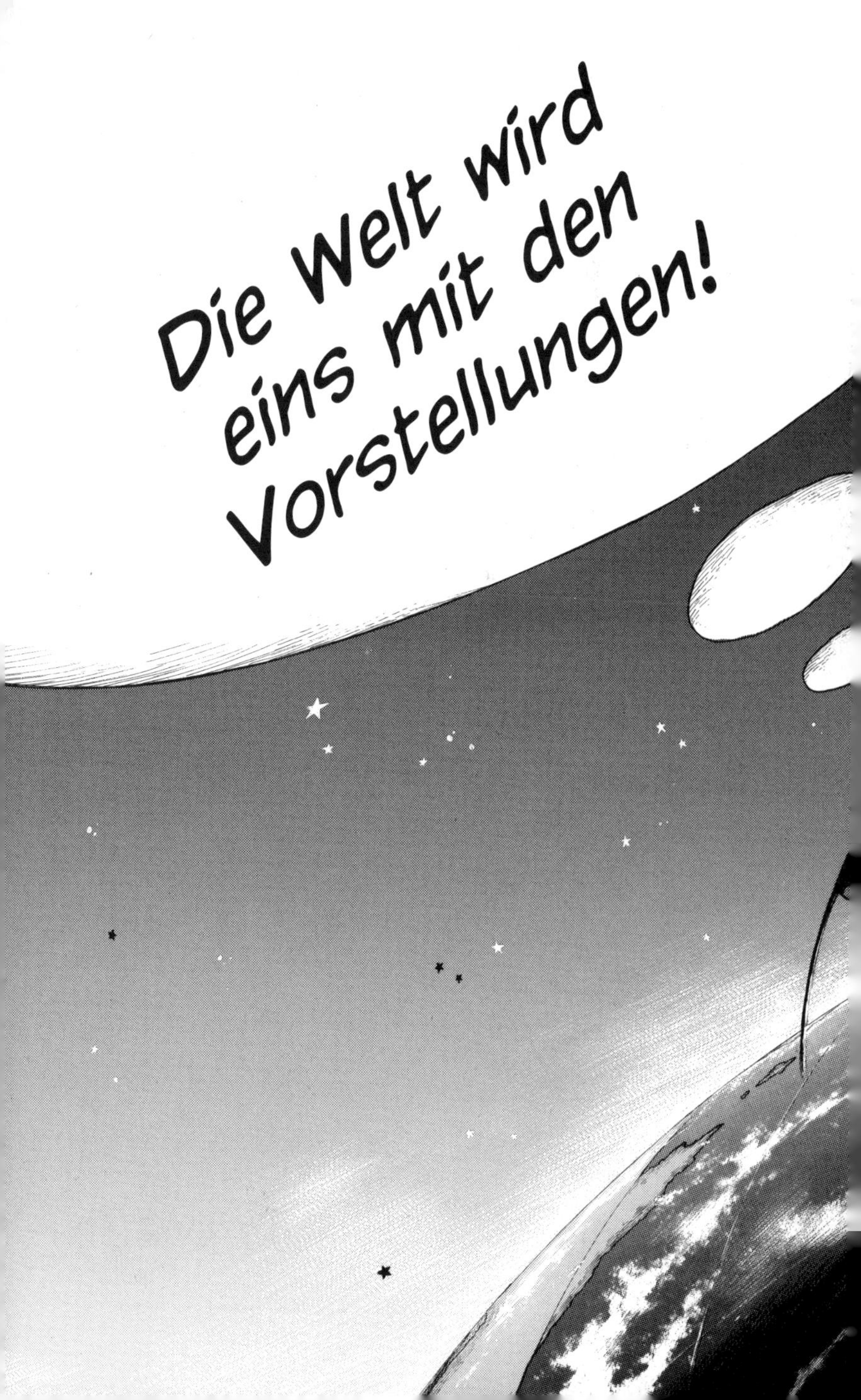
Die Welt wird eins mit den Vorstellungen!

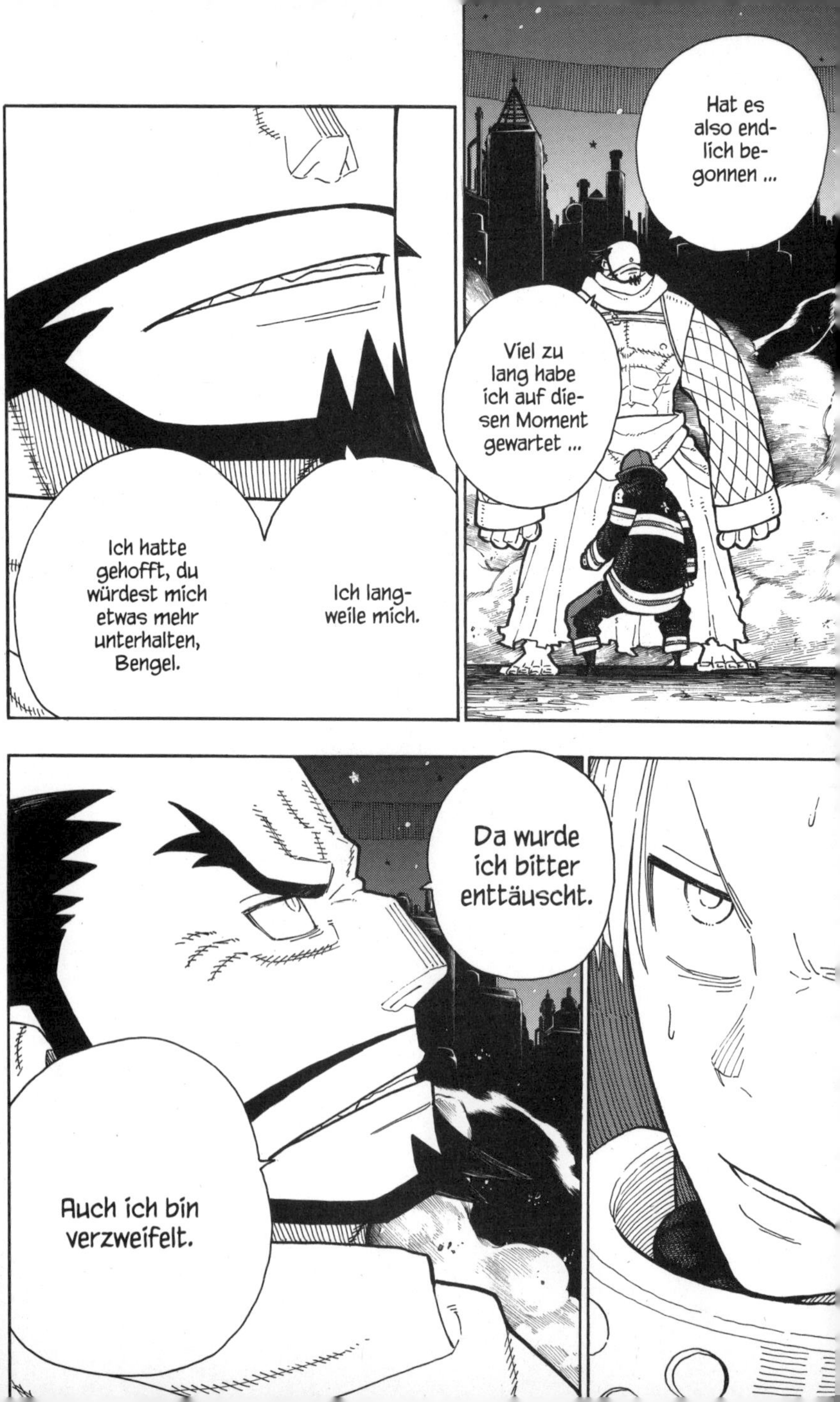
Hat es also endlich begonnen ...
Viel zu lang habe ich auf diesen Moment gewartet ...
Ich langweile mich.
Ich hatte gehofft, du würdest mich etwas mehr unterhalten, Bengel.
Da wurde ich bitter enttäuscht.
Auch ich bin verzweifelt.

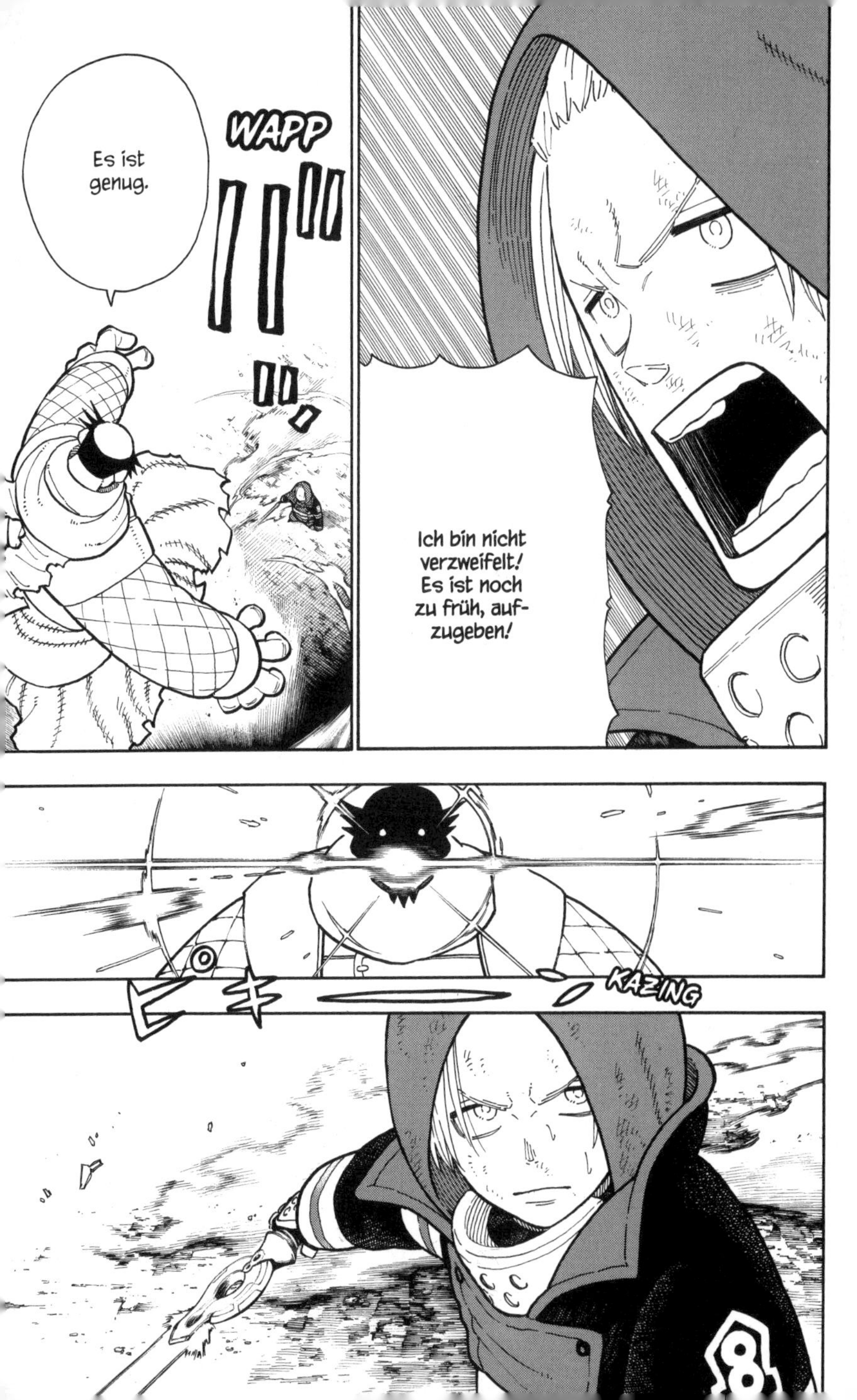
Ich bin nicht verzweifelt! Es ist noch zu früh, auf-zugeben!
WAPP
Es ist genug.
KAZING

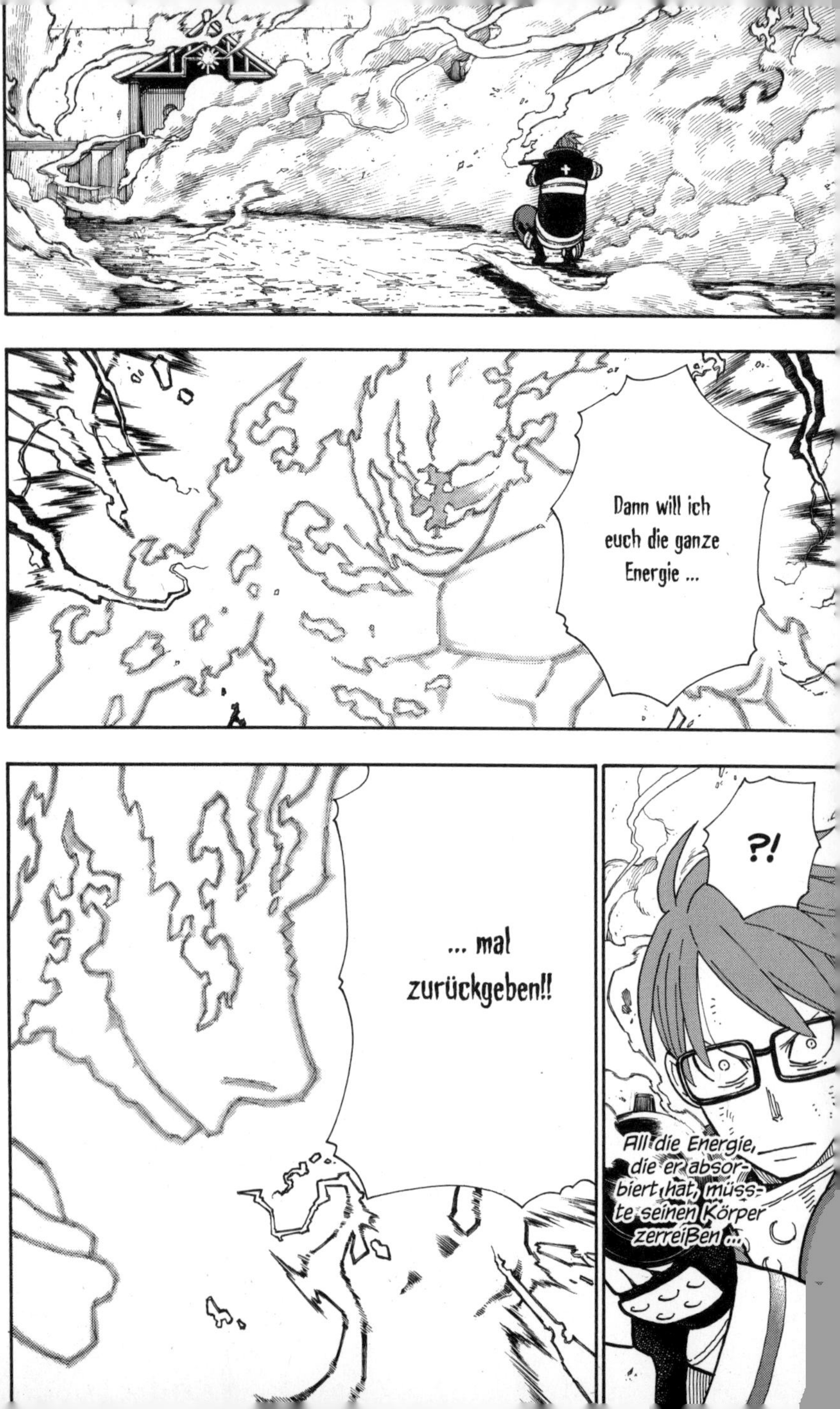
Dann will ich euch die ganze Energie ...
?!
... mal zurückgeben!!
All die Energie, die er absorbiert hat, müsste seinen Körper zerreißen ...

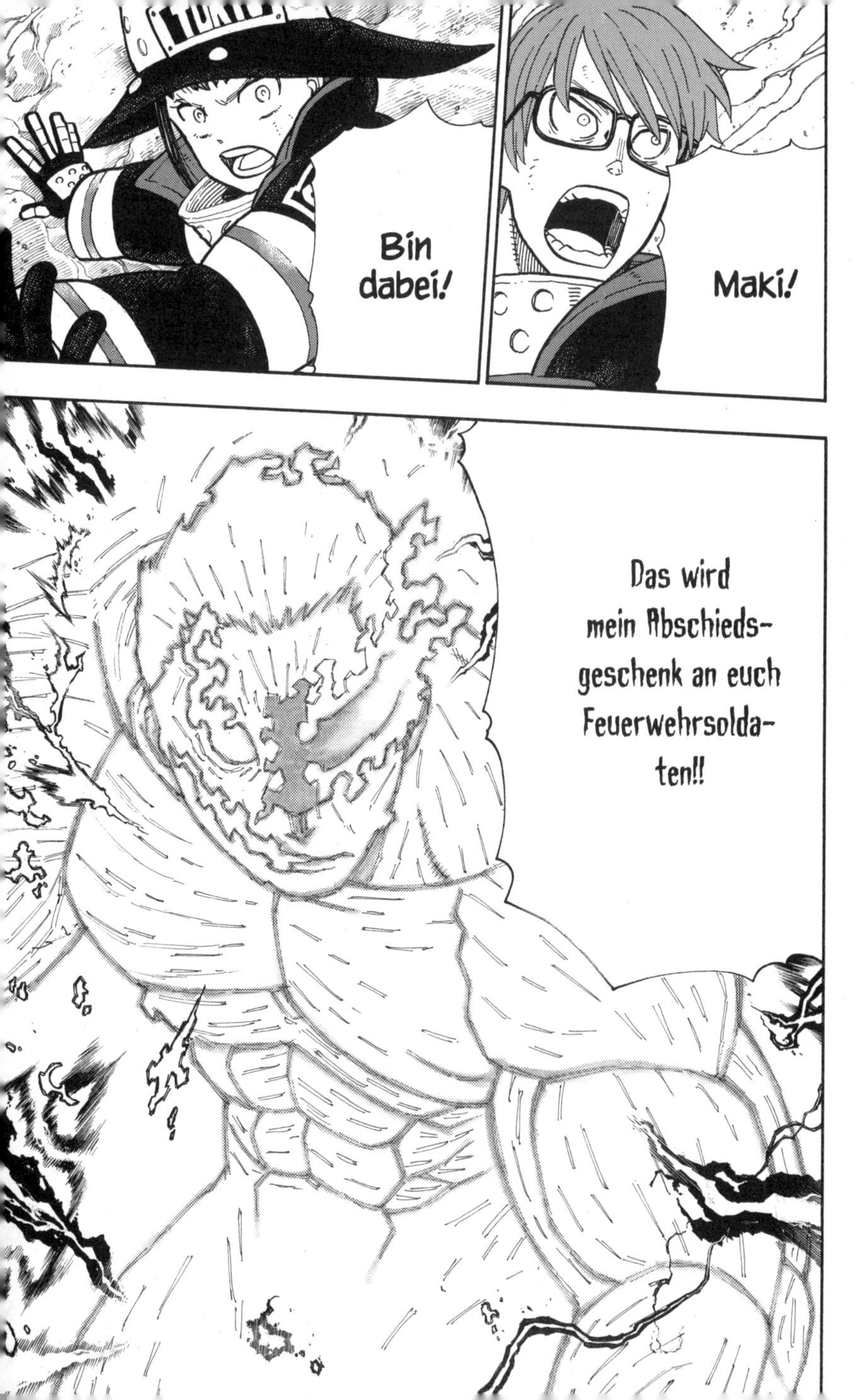
Maki!
Bin dabei!
Das wird mein Abschieds-geschenk an euch Feuerwehrsolda-ten!!

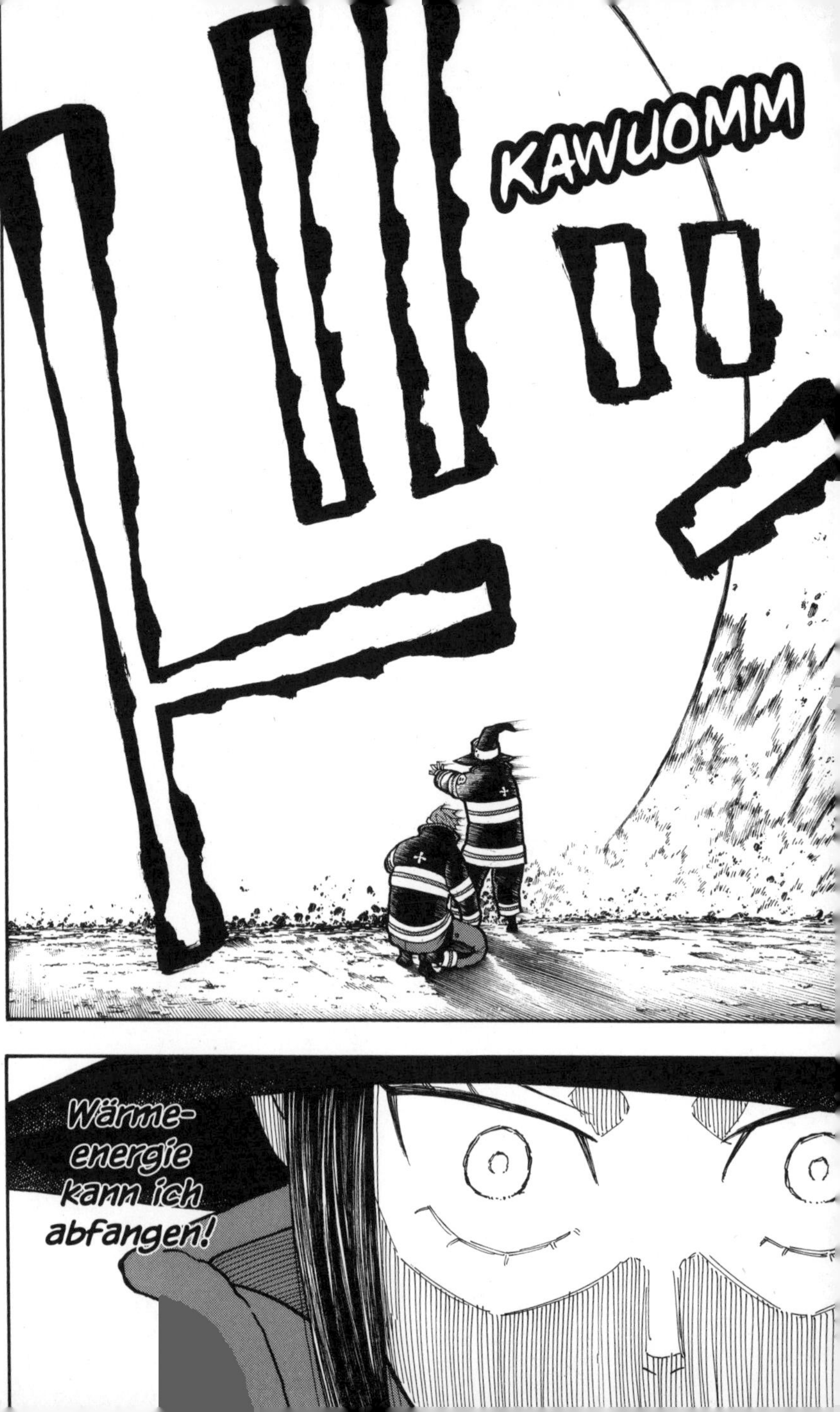
KAWUOMM
Wärme-
energie
kann ich
abfangen!

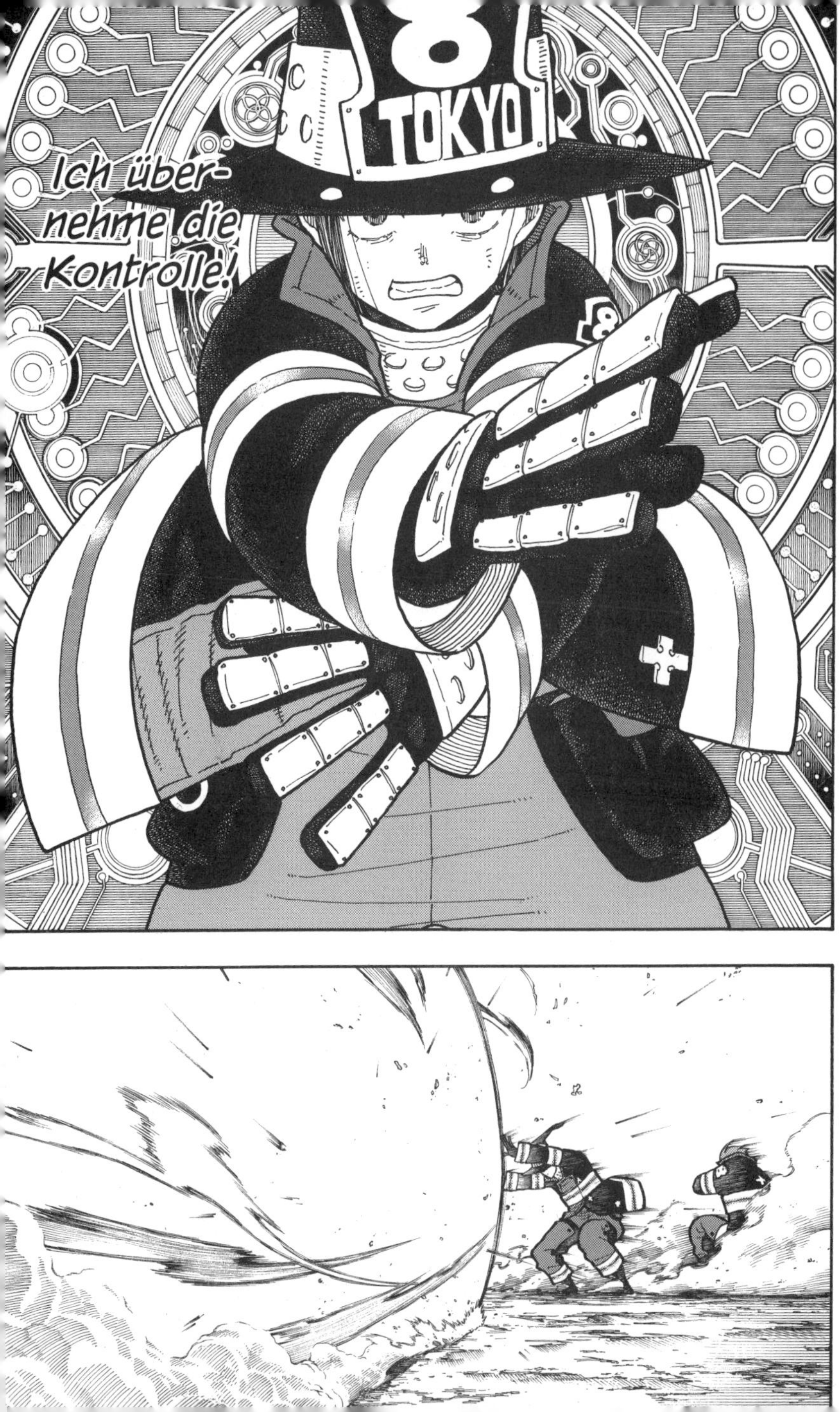
Ich über-
nehme die
Kontrolle!
TOKYO

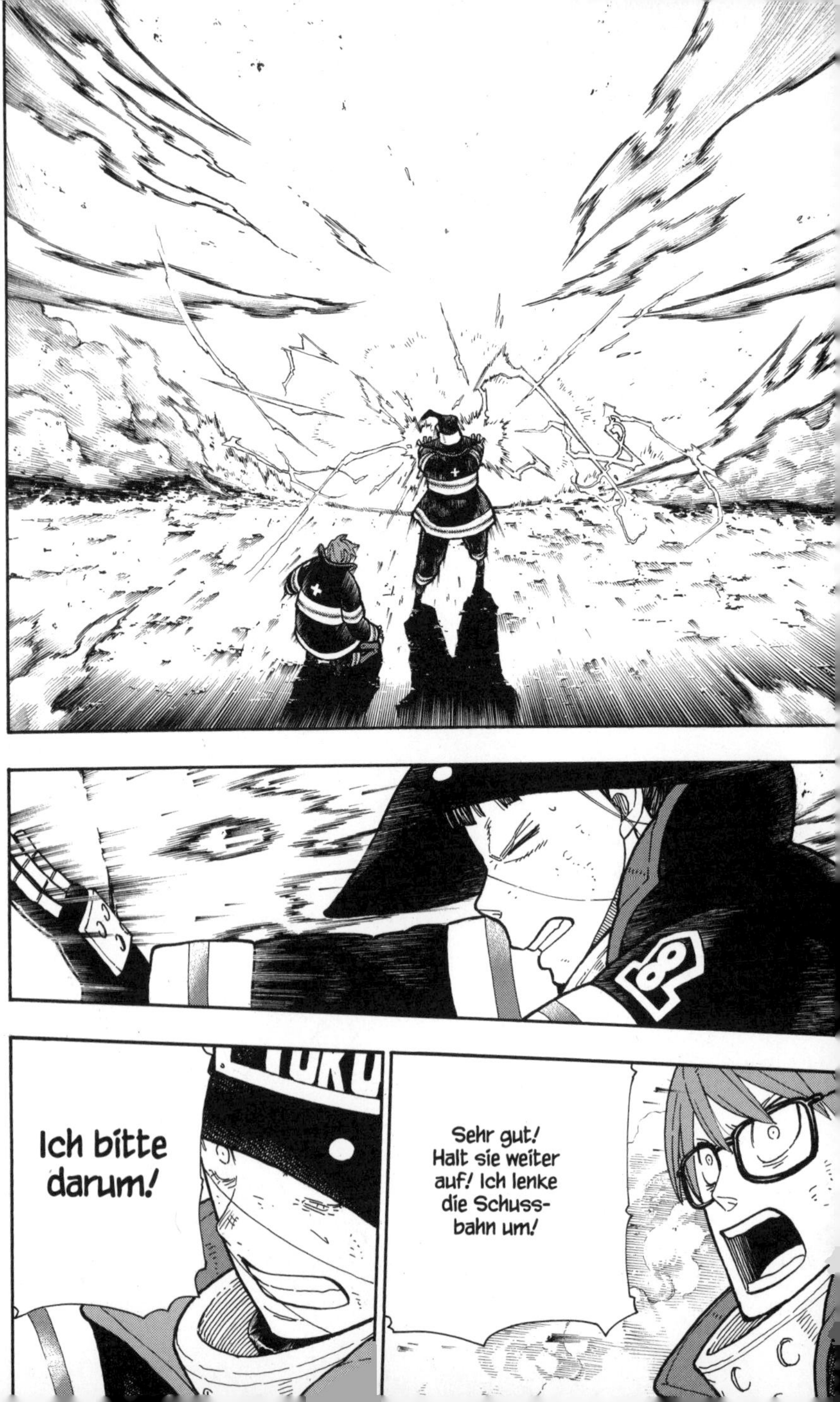
Sehr gut! Halt sie weiter auf! Ich lenke die Schuss-bahn um!
Ich bitte darum!

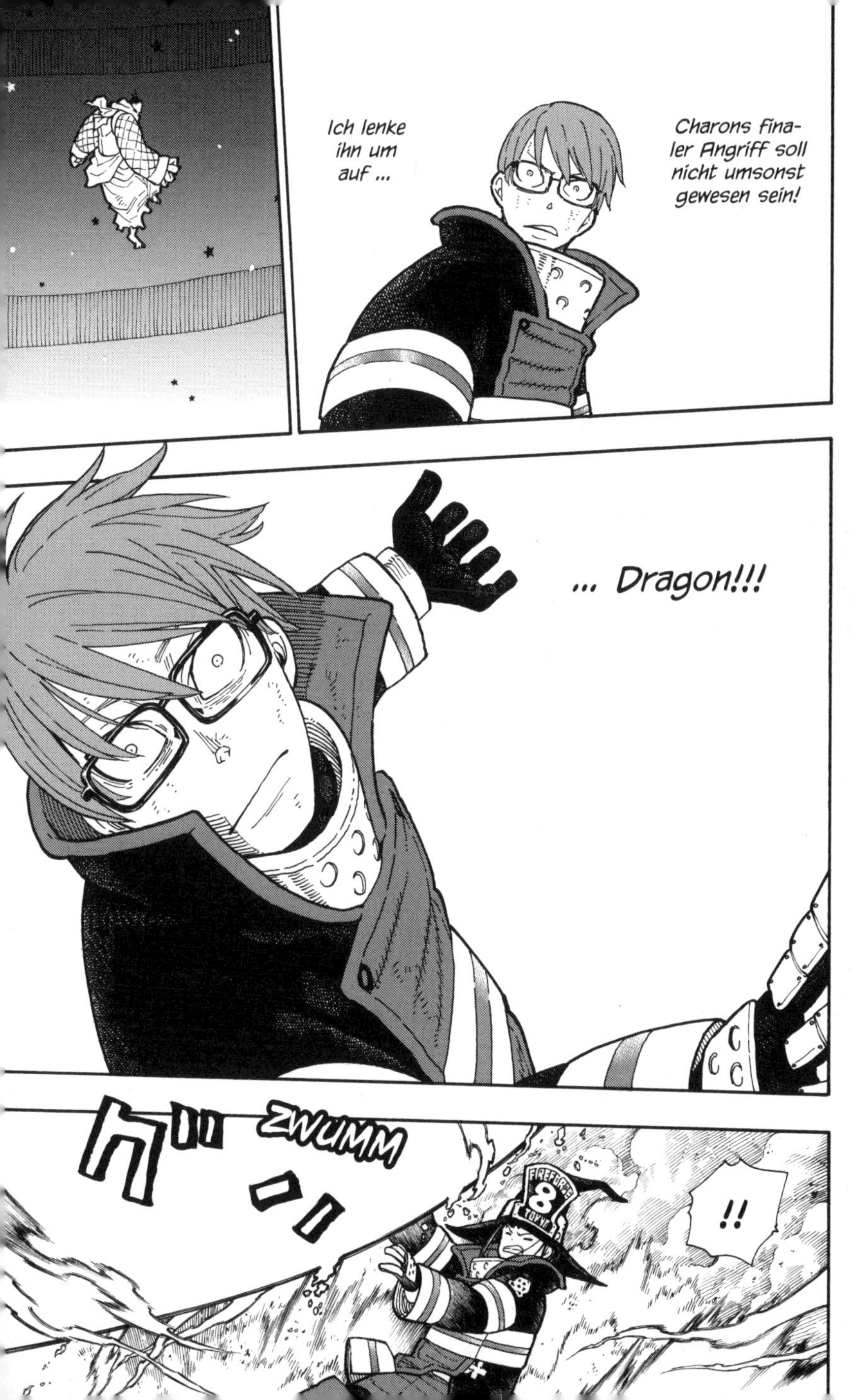
Charons finaler Angriff soll nicht umsonst gewesen sein!
Ich lenke ihn um auf ...
... Dragon!!!
ZWUMM
!!

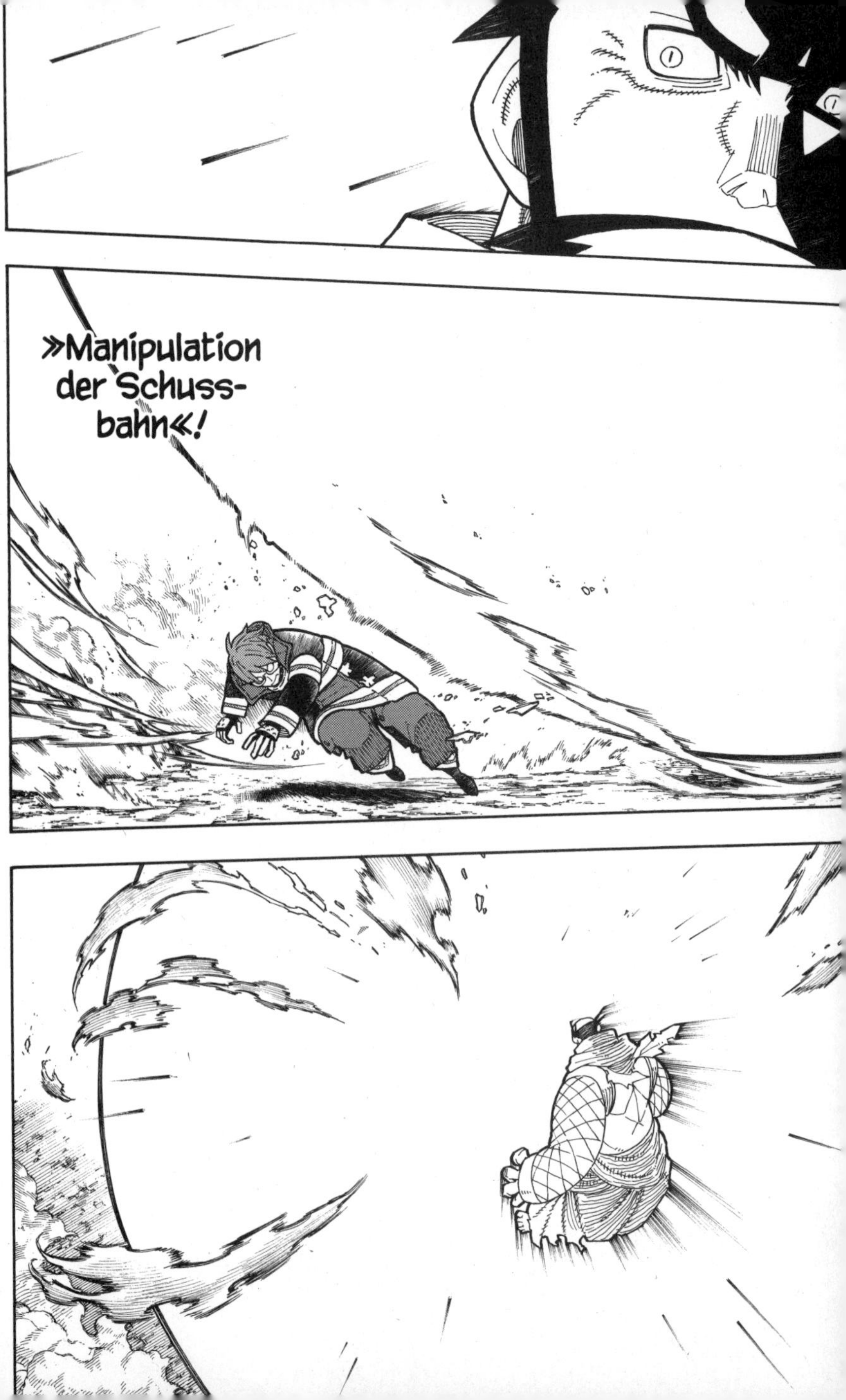
»Manipulation der Schuss-bahn«!

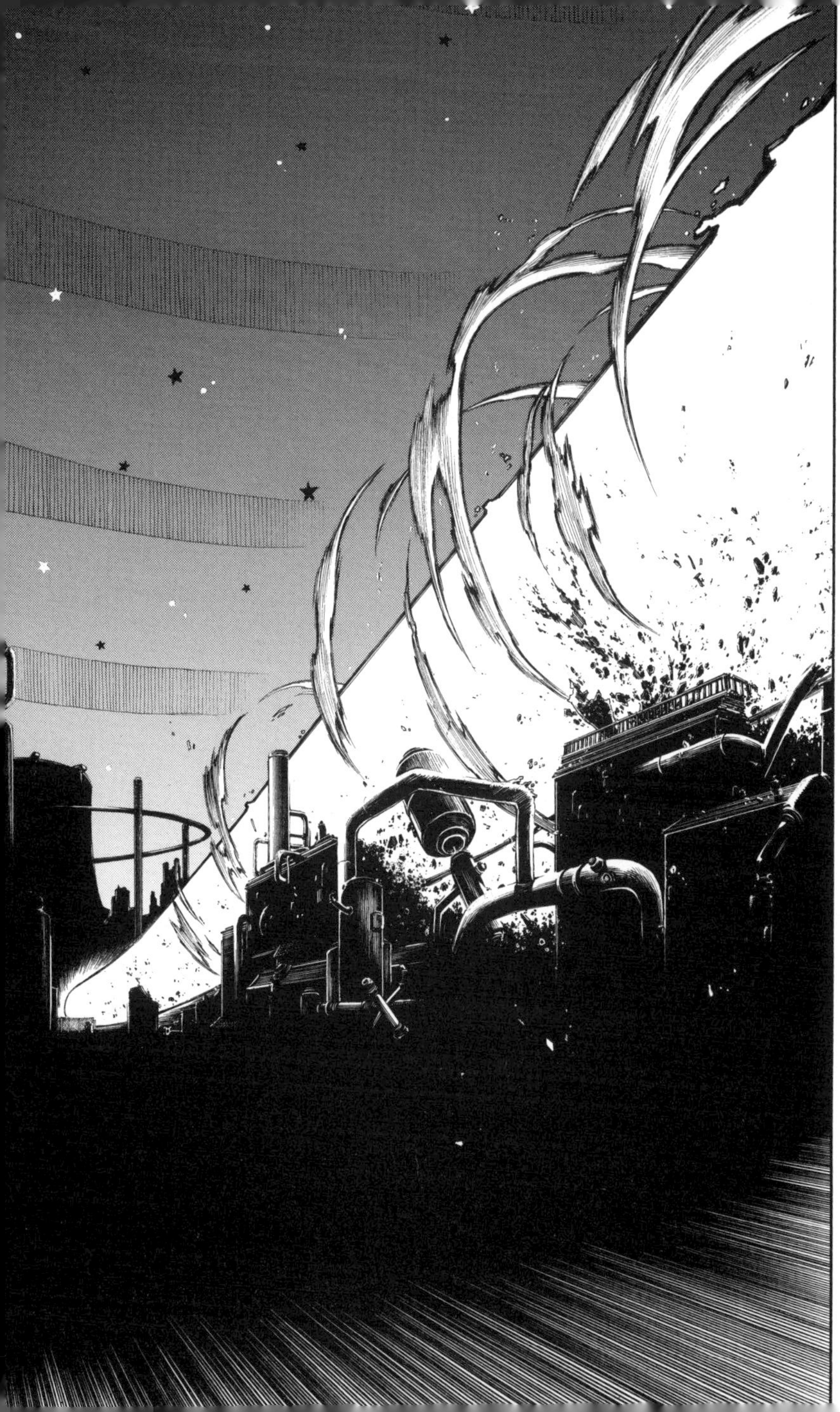

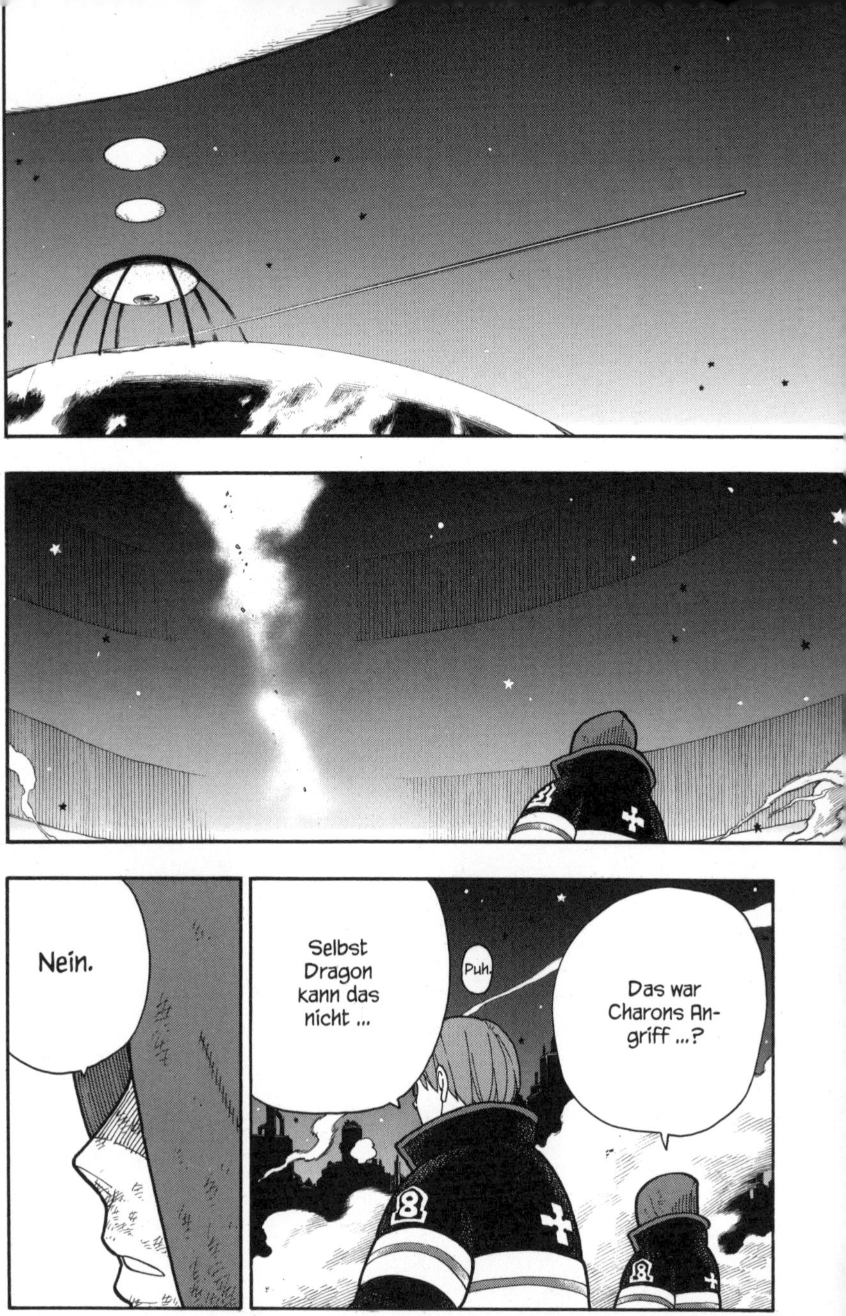
Das war Charons An-griff ...?
Puh.
Selbst Dragon kann das nicht ...
Nein.

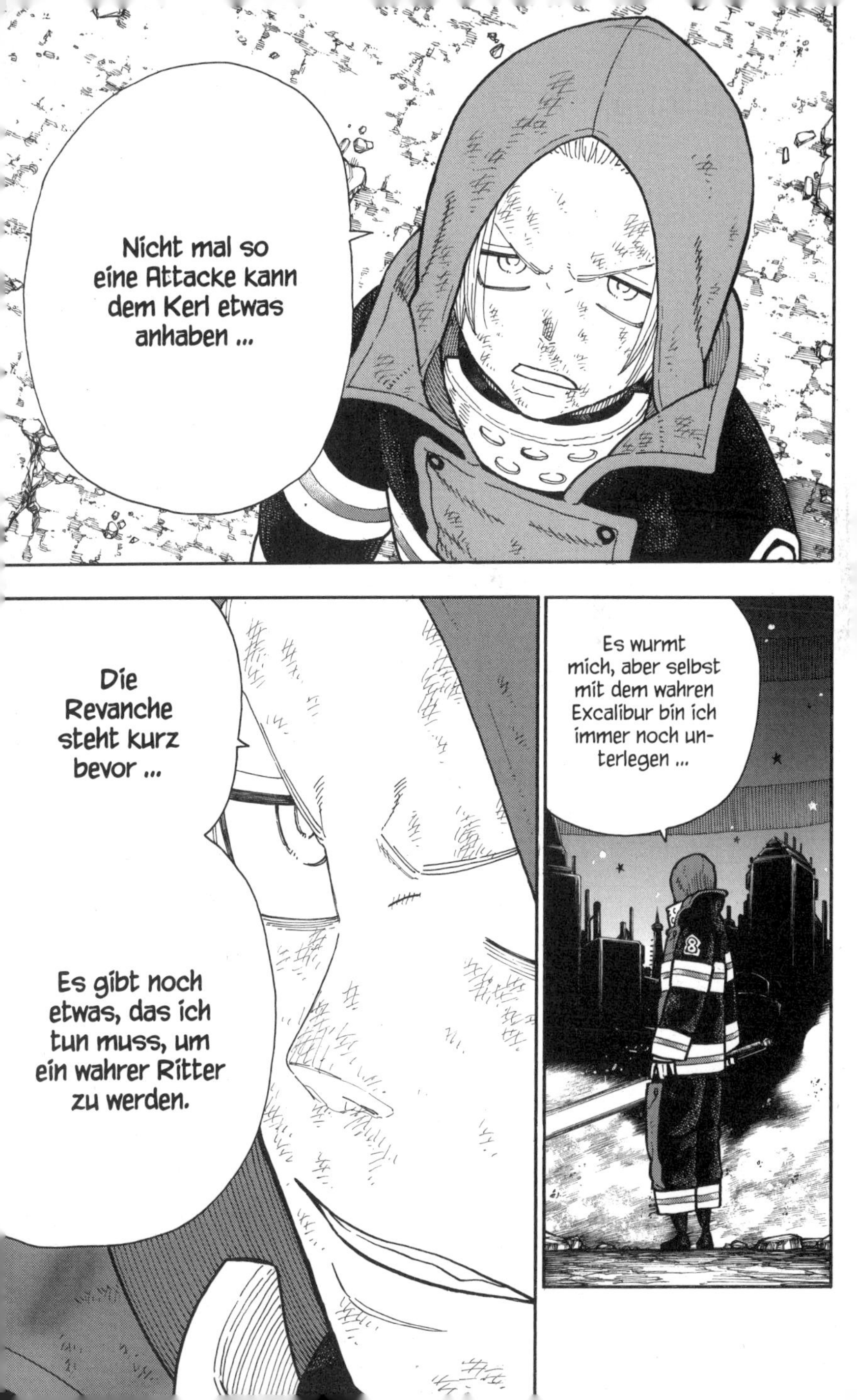
Nicht mal so eine Attacke kann dem Kerl etwas anhaben ...
Es wurmt mich, aber selbst mit dem wahren Excalibur bin ich immer noch unterlegen ...
Die Revanche steht kurz bevor ...
Es gibt noch etwas, das ich tun muss, um ein wahrer Ritter zu werden.

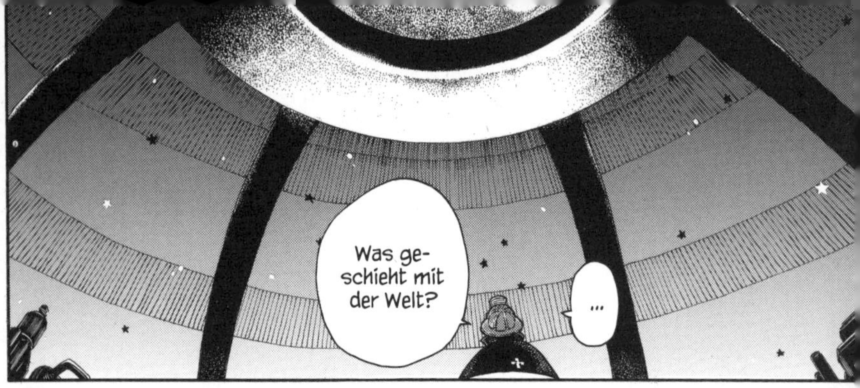
Was geschieht mit der Welt?
...

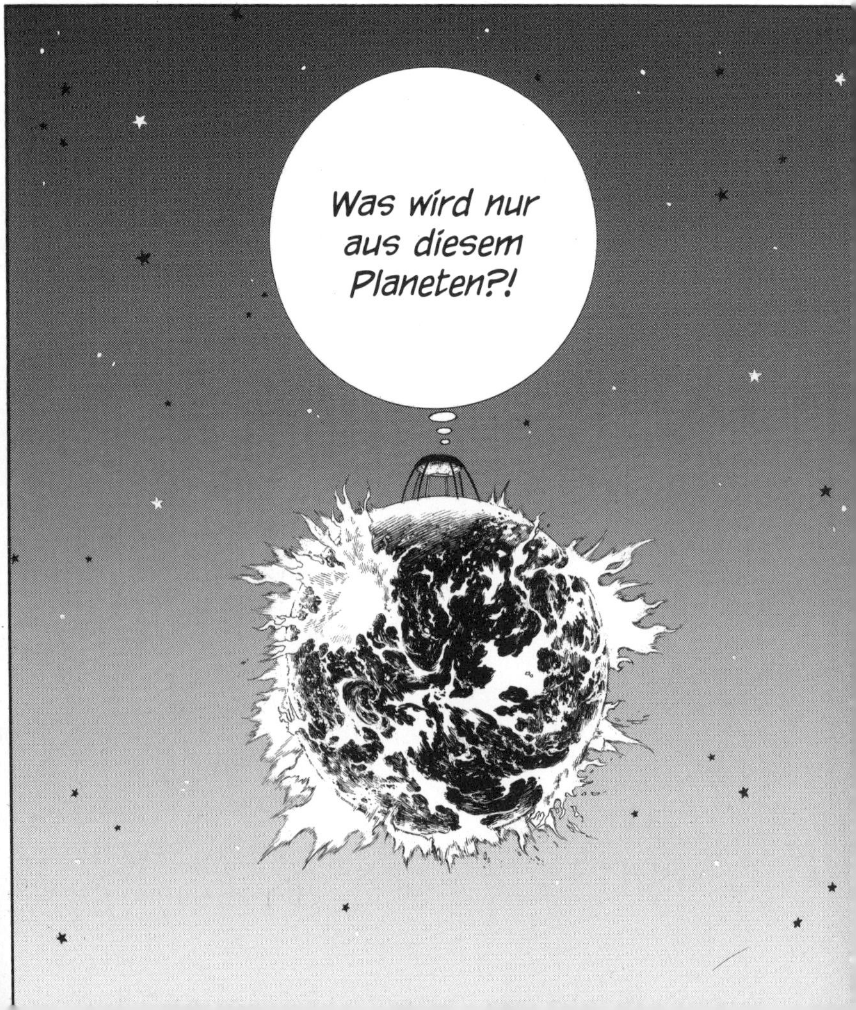
Was wird nur aus diesem Planeten?!

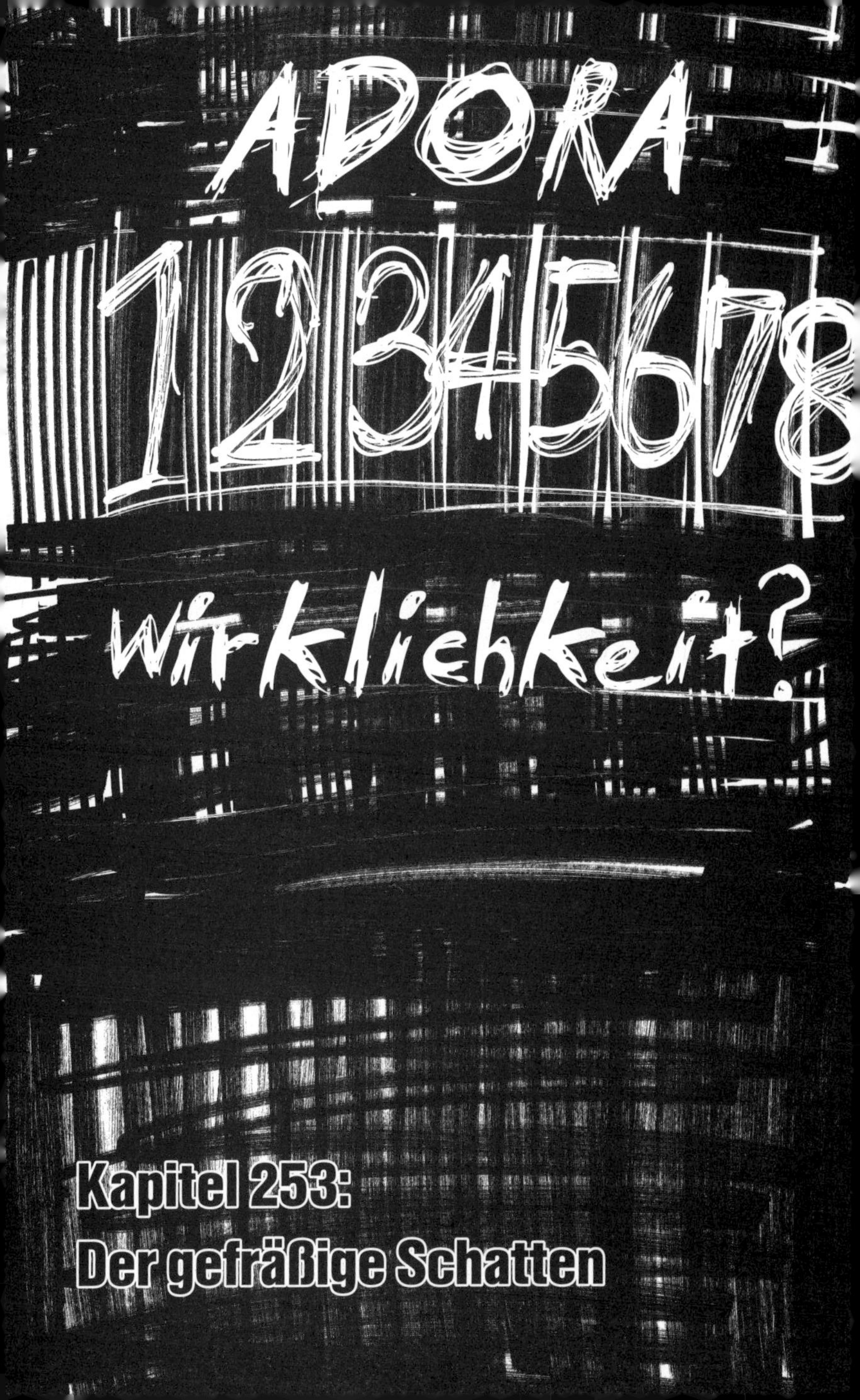

Kapitel 253: Der gefräßige Schatten

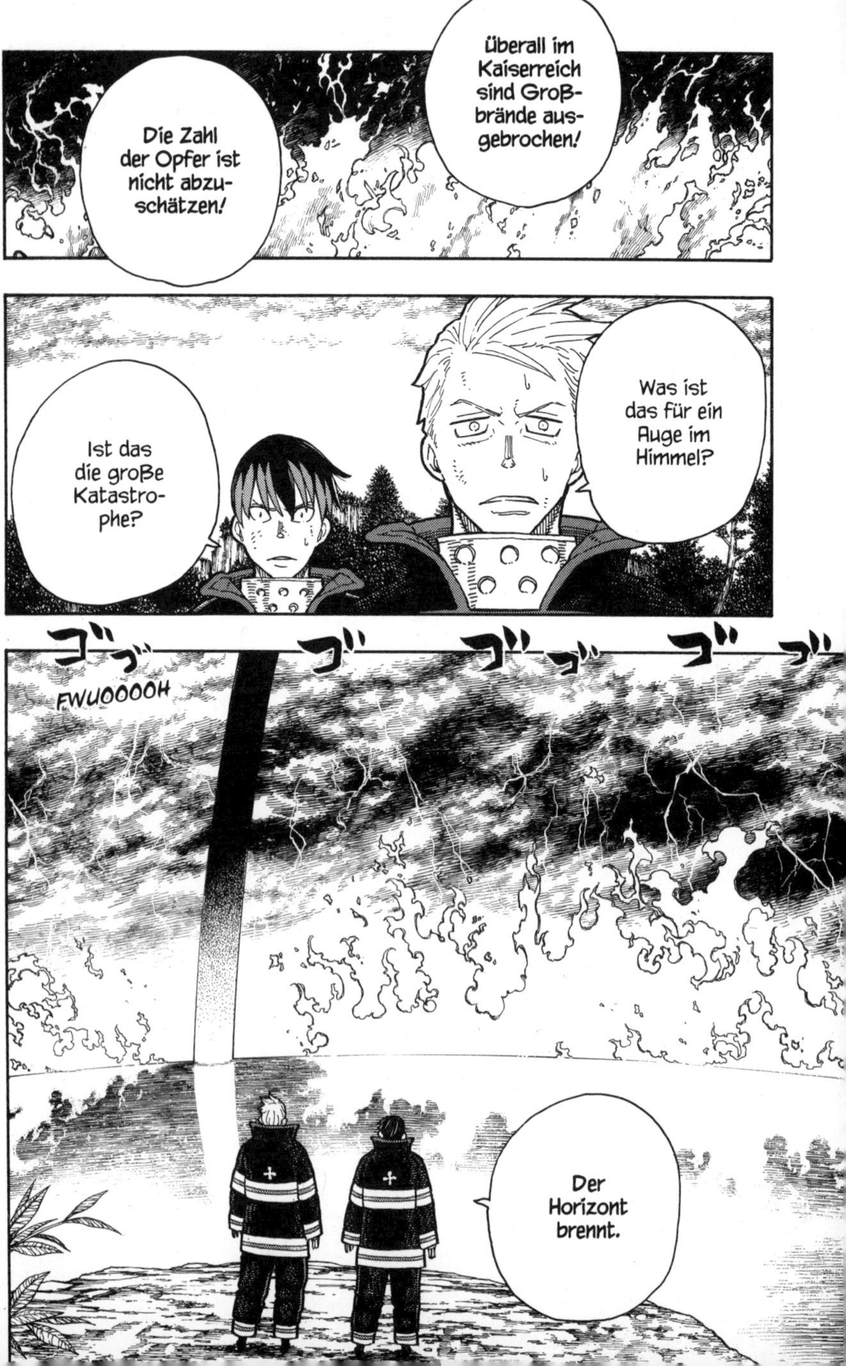
Überall im Kaiserreich sind Großbrände ausgebrochen!
Die Zahl der Opfer ist nicht abzuschätzen!
Was ist das für ein Auge im Himmel?
Ist das die große Katastrophe?
FWUOOOOH
Der Horizont brennt.

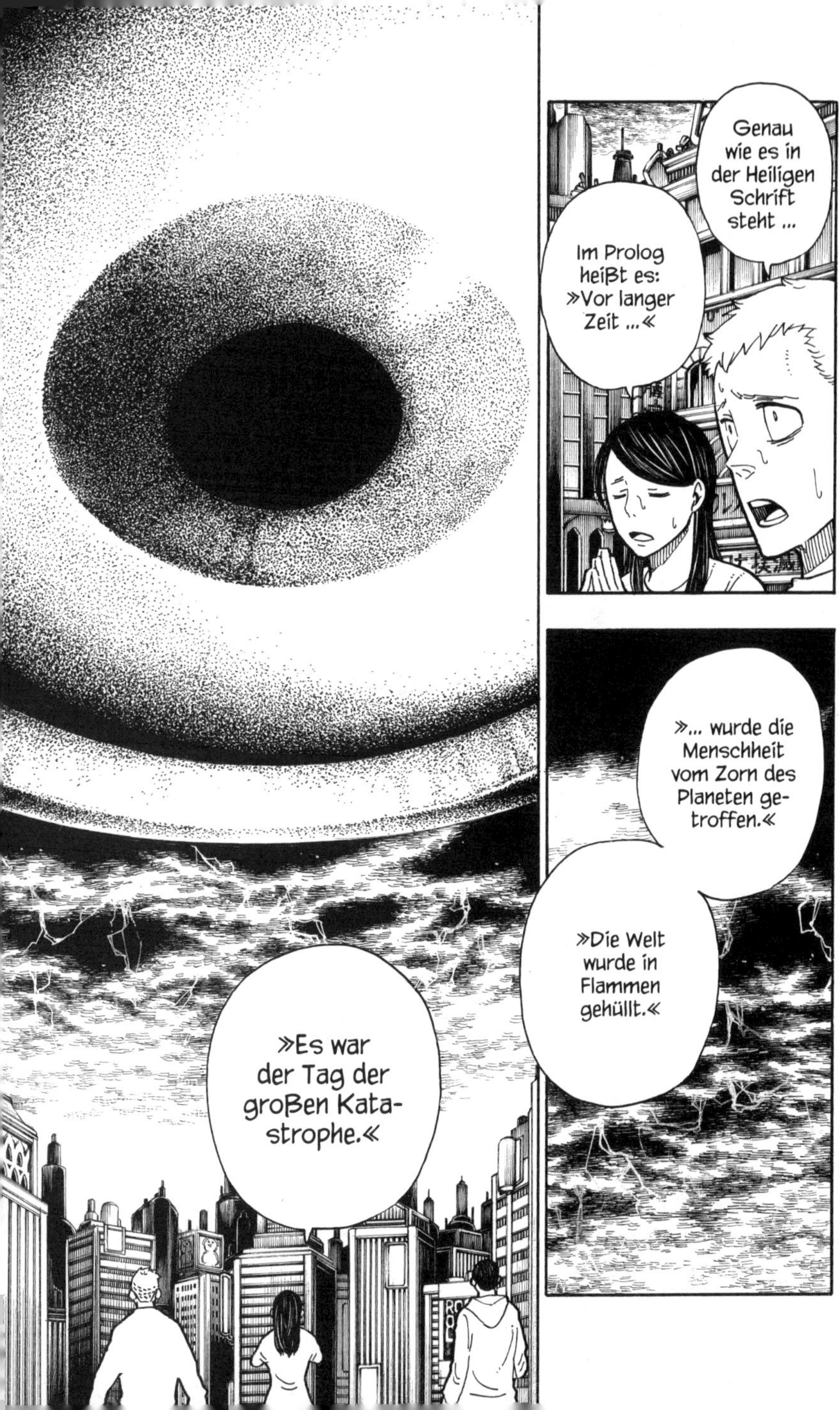
Genau wie es in der Heiligen Schrift steht ...
Im Prolog heißt es: »Vor langer Zeit ...«
»... wurde die Menschheit vom Zorn des Planeten getroffen.«
»Die Welt wurde in Flammen gehüllt.«
»Es war der Tag der großen Katastrophe.«

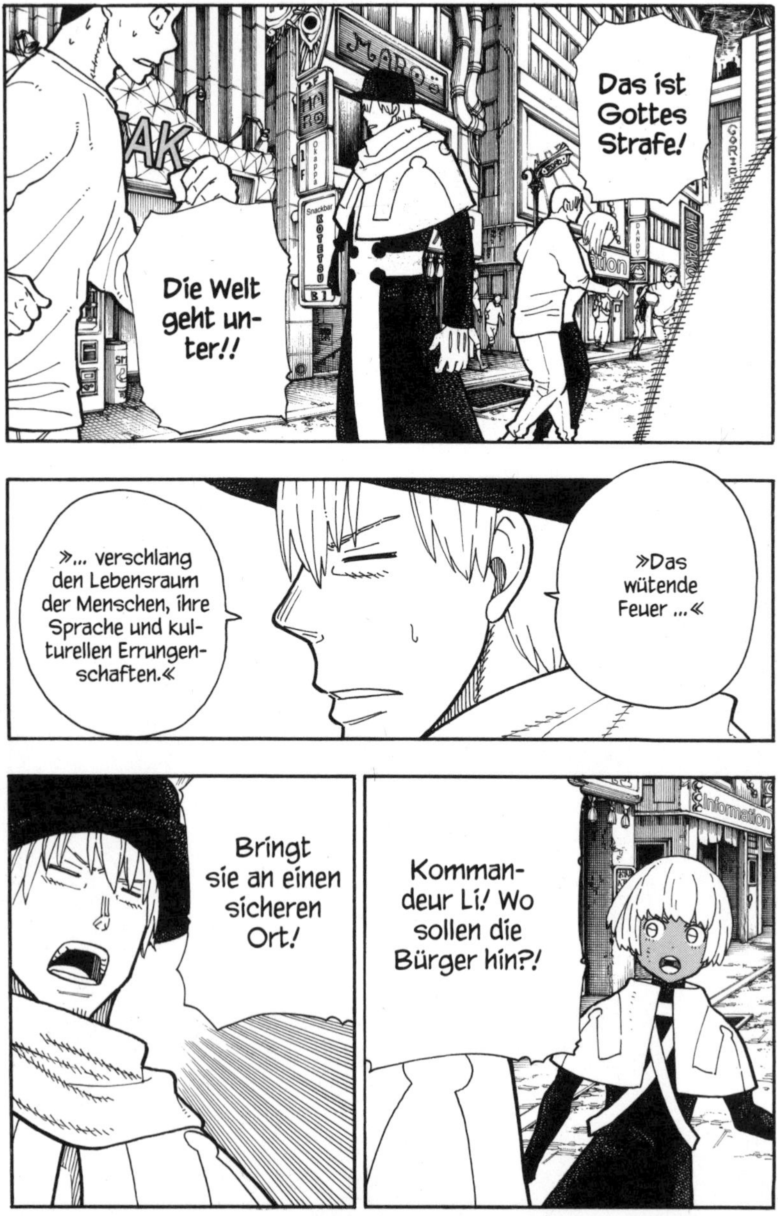
Das ist Gottes Strafe!
Die Welt geht unter!!
»Das wütende Feuer ...«
»... verschlang den Lebensraum der Menschen, ihre Sprache und kulturellen Errungenschaften.«
Information
Kommandeur Li! Wo sollen die Bürger hin?!
Bringt sie an einen sicheren Ort!

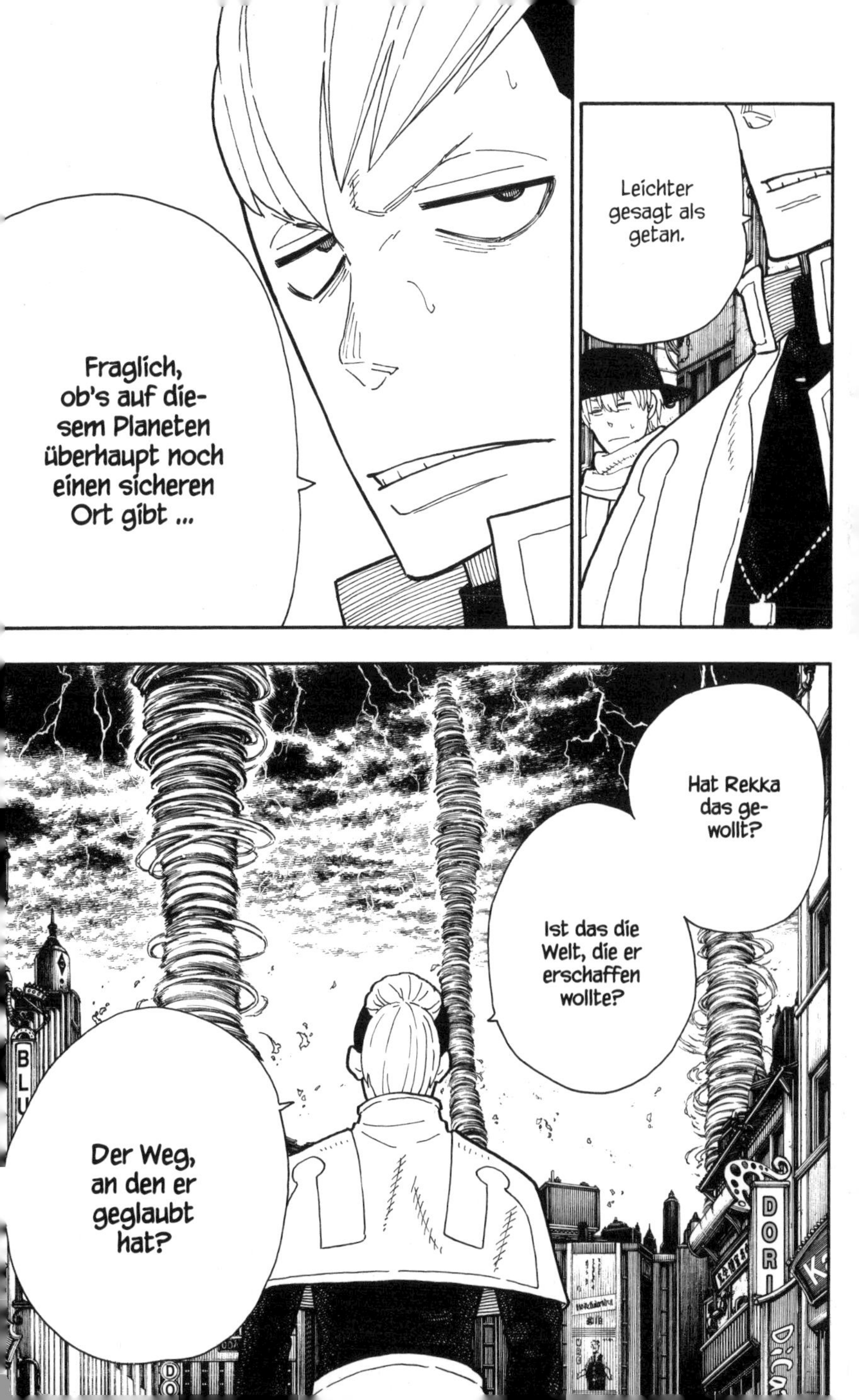

Leichter gesagt als getan.
Fraglich, ob's auf die-sem Planeten überhaupt noch einen sicheren Ort gibt ...
Hat Rekka das ge-wollt?
Ist das die Welt, die er erschaffen wollte?
Der Weg, an den er geglaubt hat?

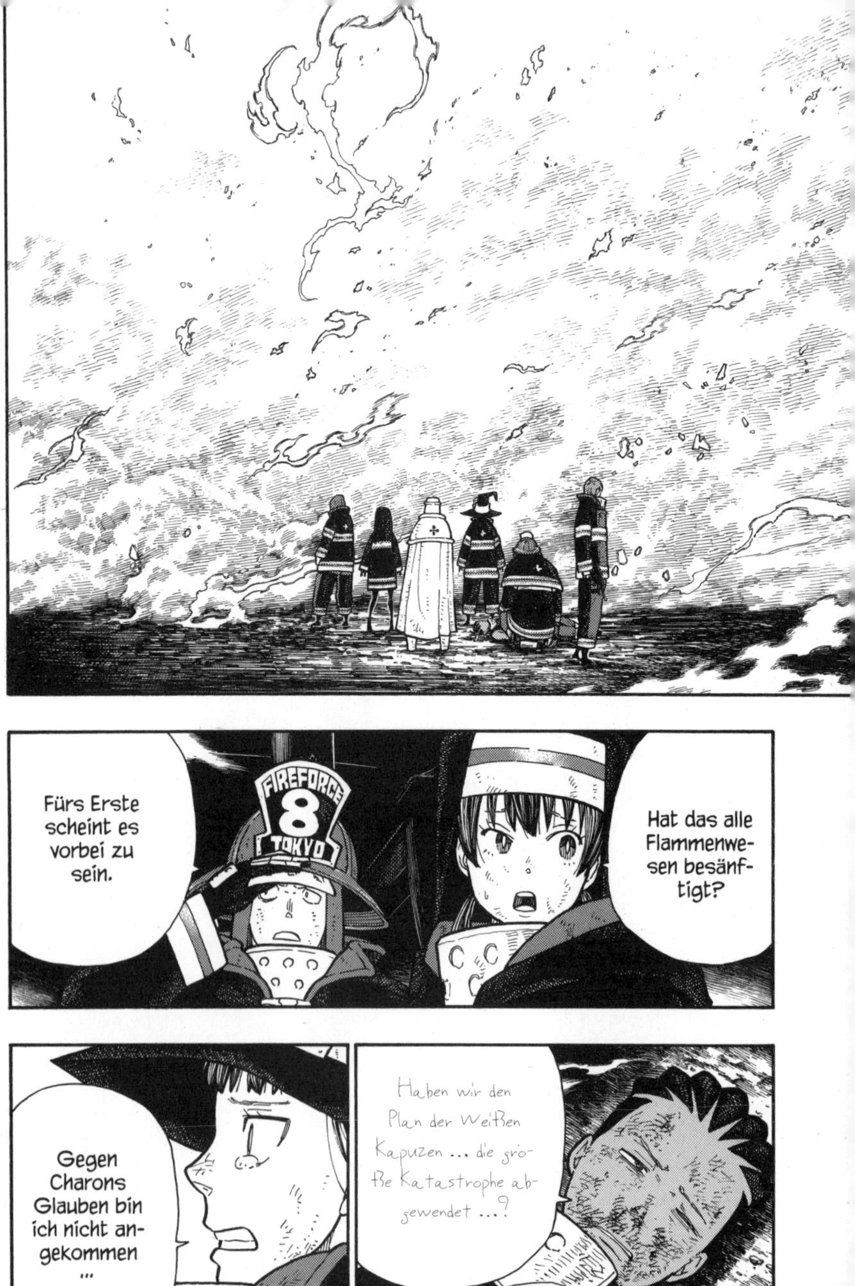
Hat das alle Flammenwesen besänftigt?
Fürs Erste scheint es vorbei zu sein.
FIREFORCE 8 TOKYO
Haben wir den Plan der Weißen Kapuzen ... die große Katastrophe abgewendet ...?
Gegen Charons Glauben bin ich nicht angekommen ...

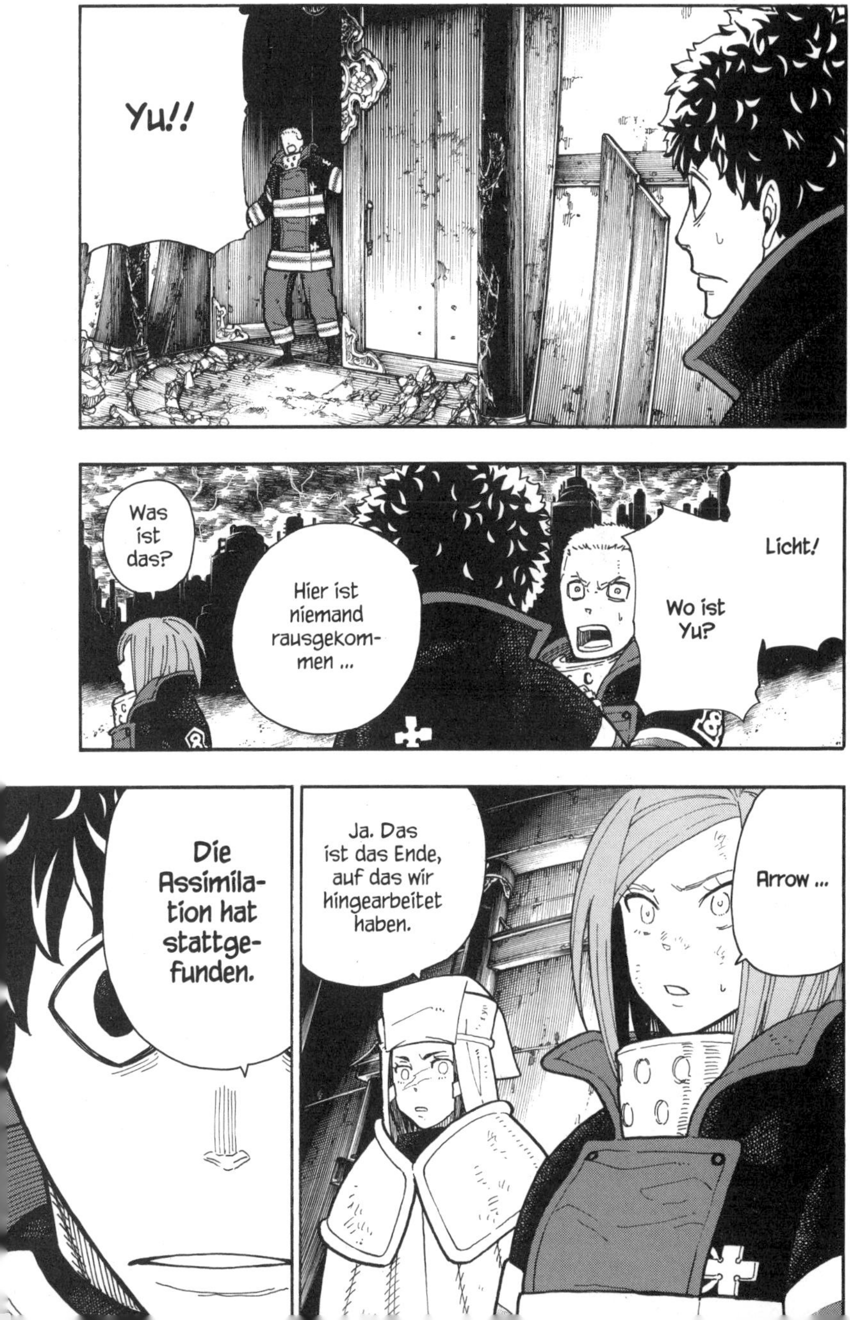
Yu!!
Licht!
Wo ist Yu?
Hier ist niemand rausgekommen ...
Was ist das?
Arrow ...
Ja. Das ist das Ende, auf das wir hingearbeitet haben.
Die Assimilation hat stattgefunden.

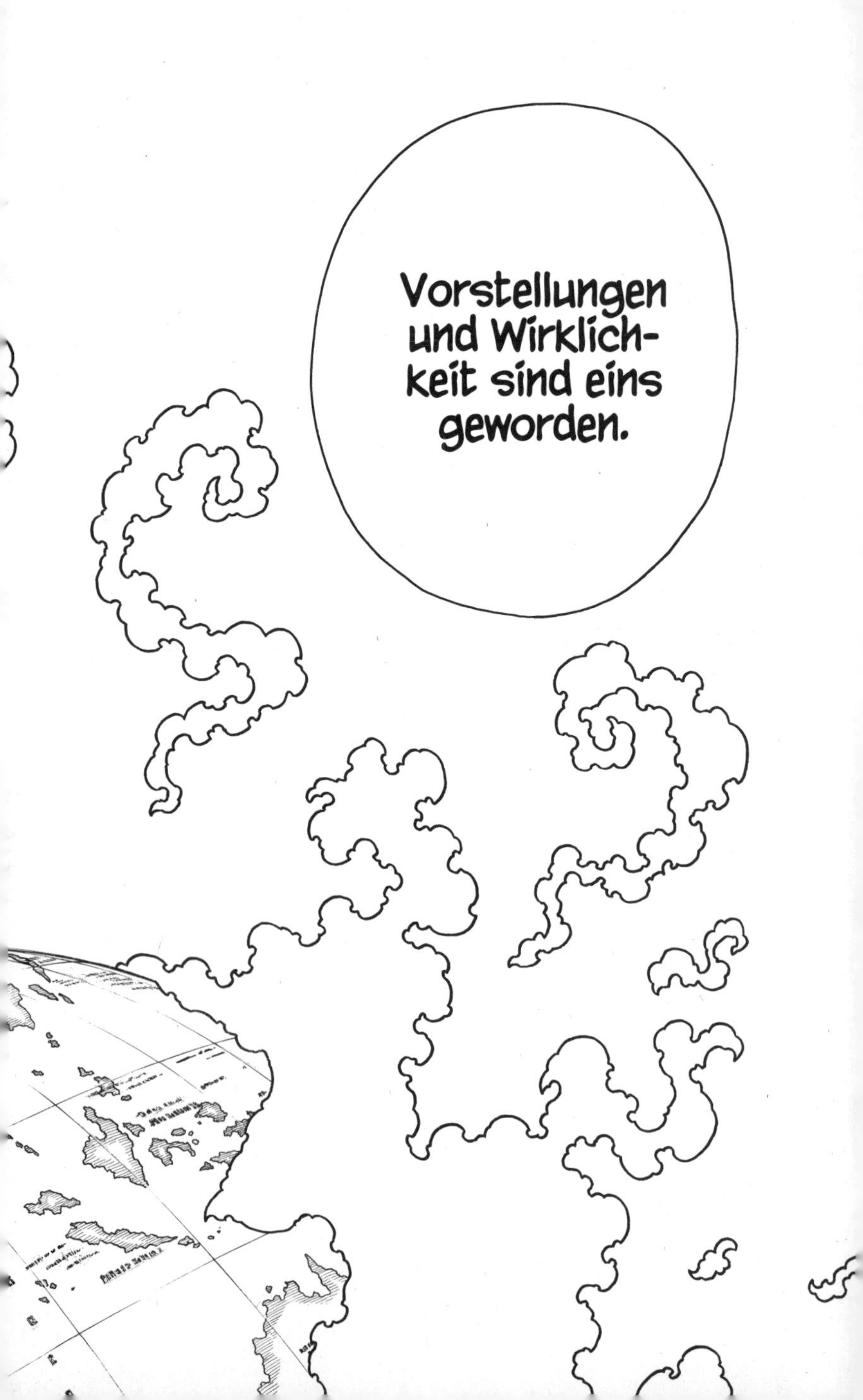
Vorstellungen und Wirklichkeit sind eins geworden.

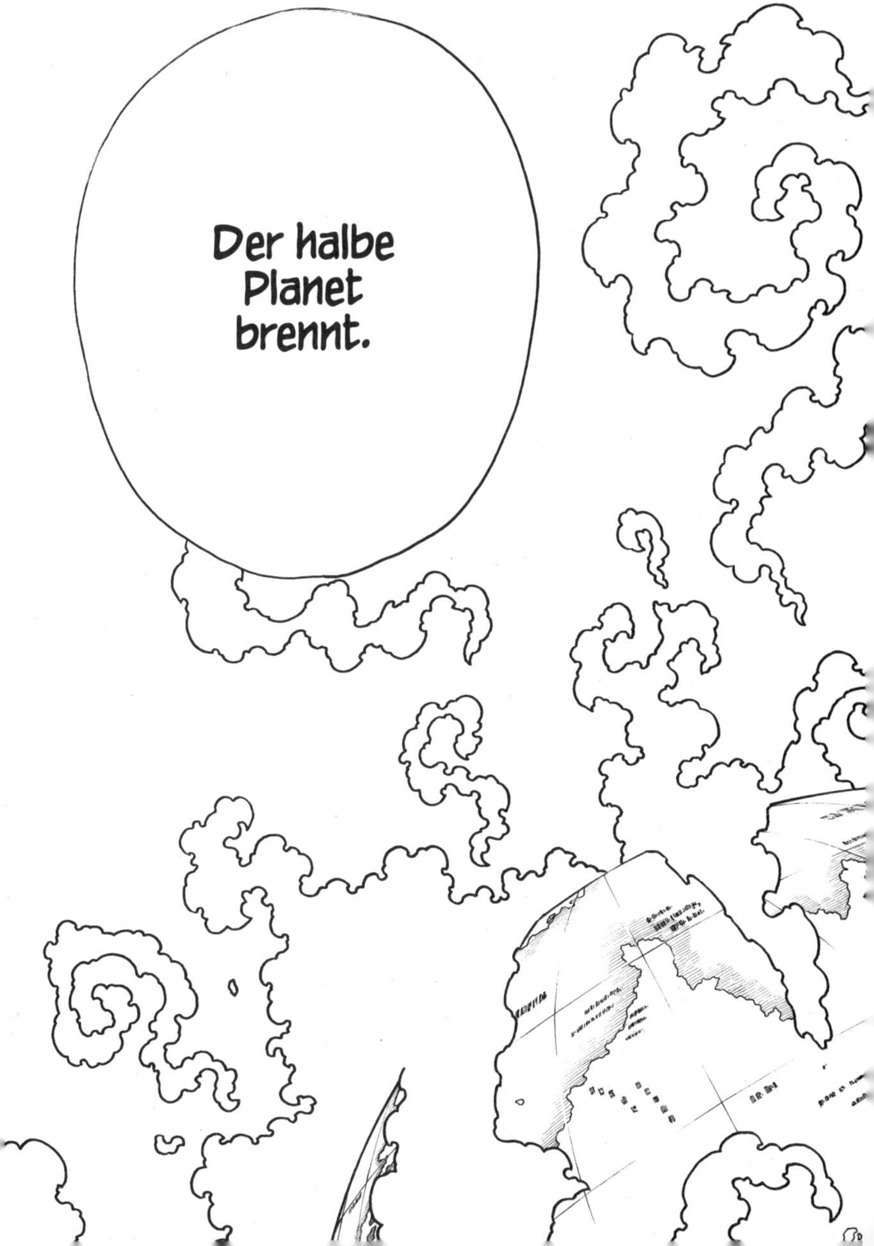
Der halbe Planet brennt.

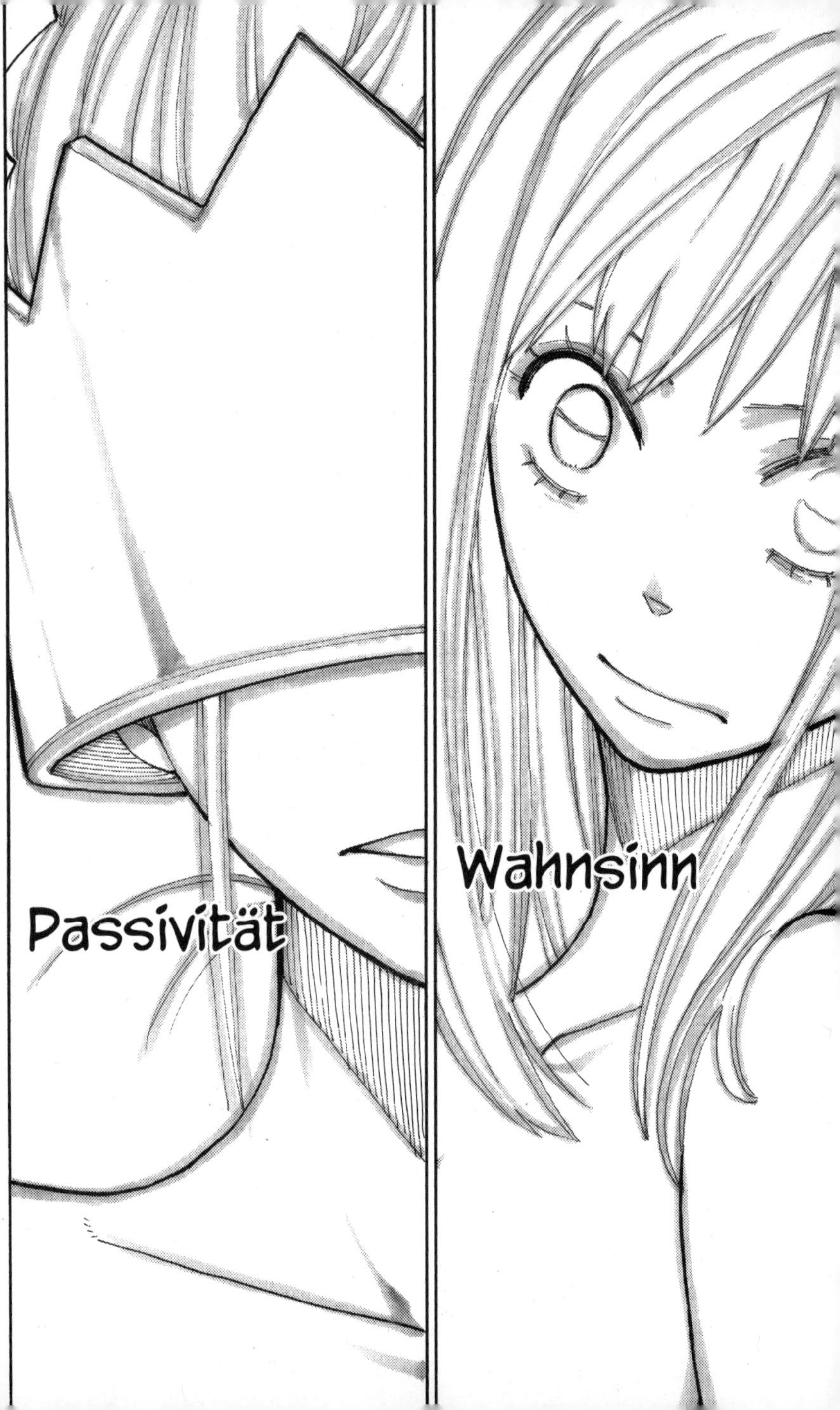
Wahnsinn
Passivität

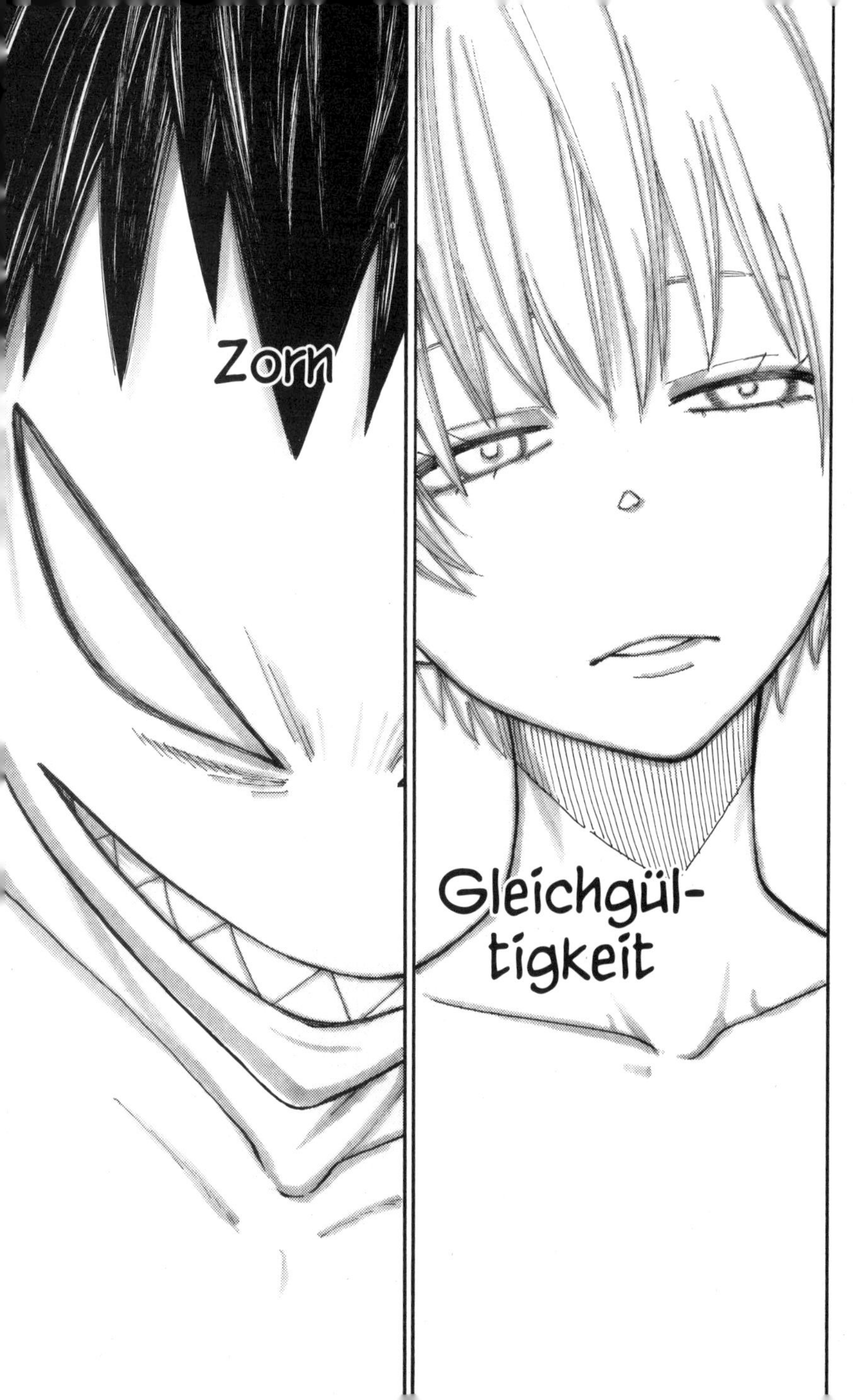
Gleichgül-
tigkeit
Zorn

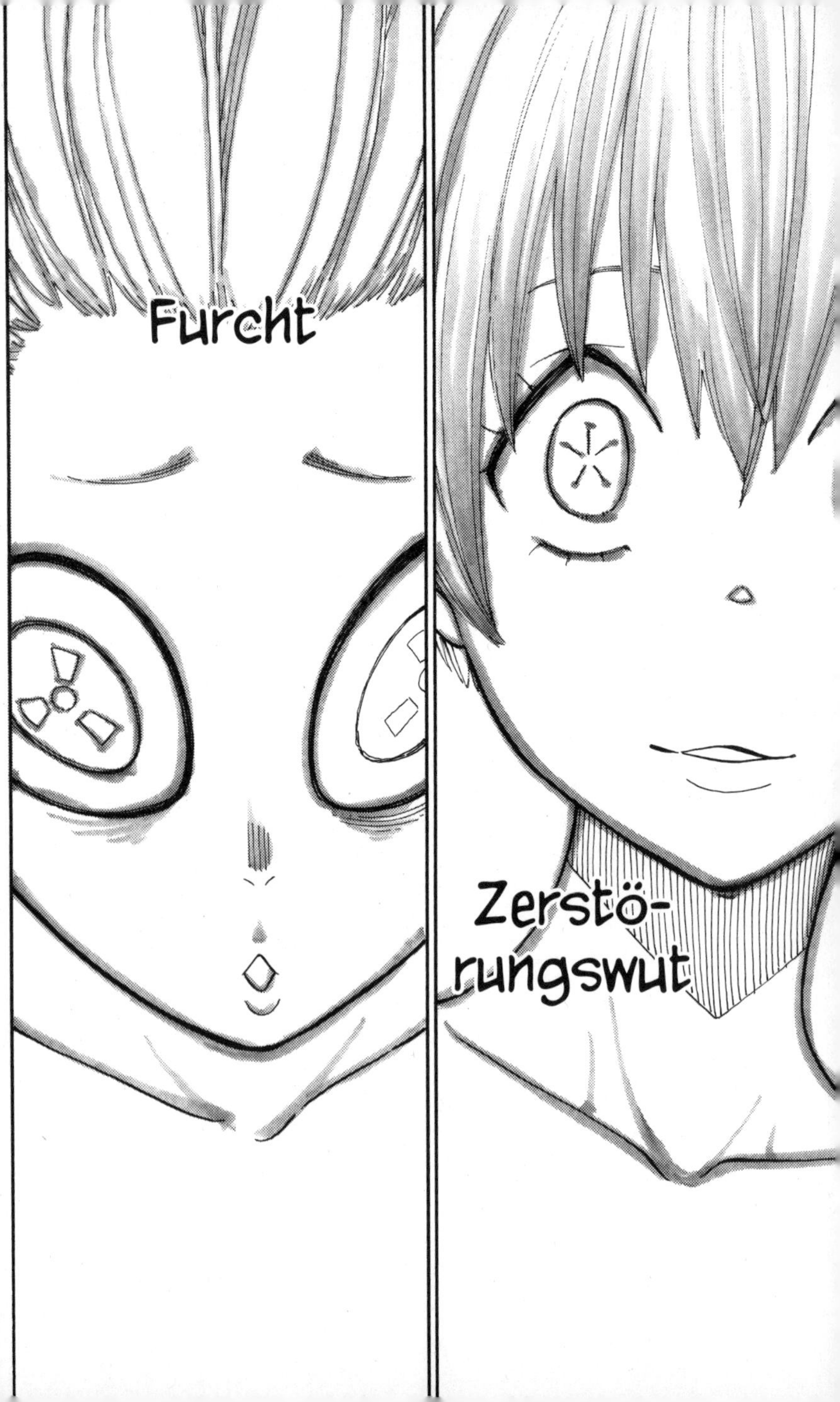
Zerstö-
rungswut
Furcht

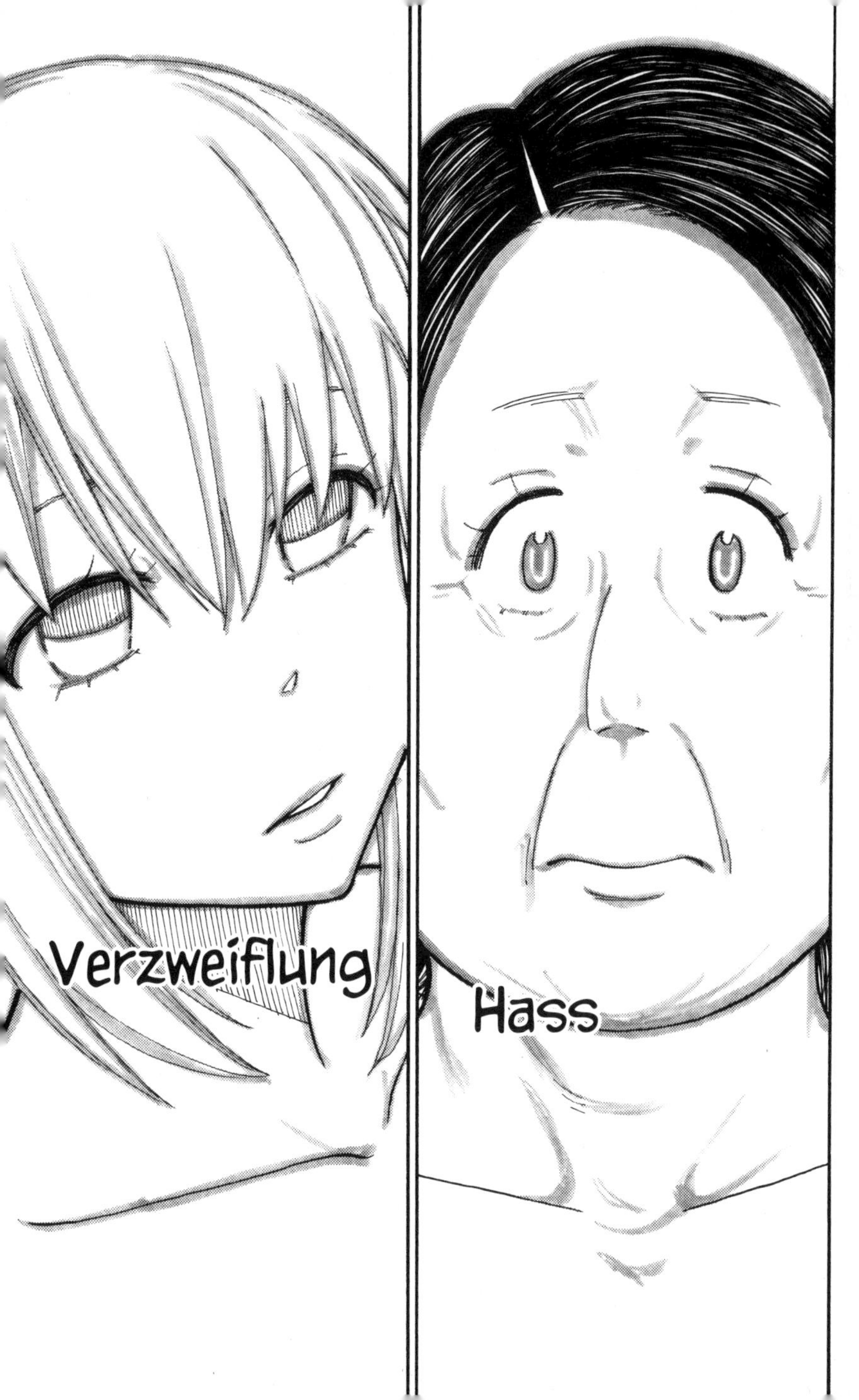
Hass
Verzweiflung

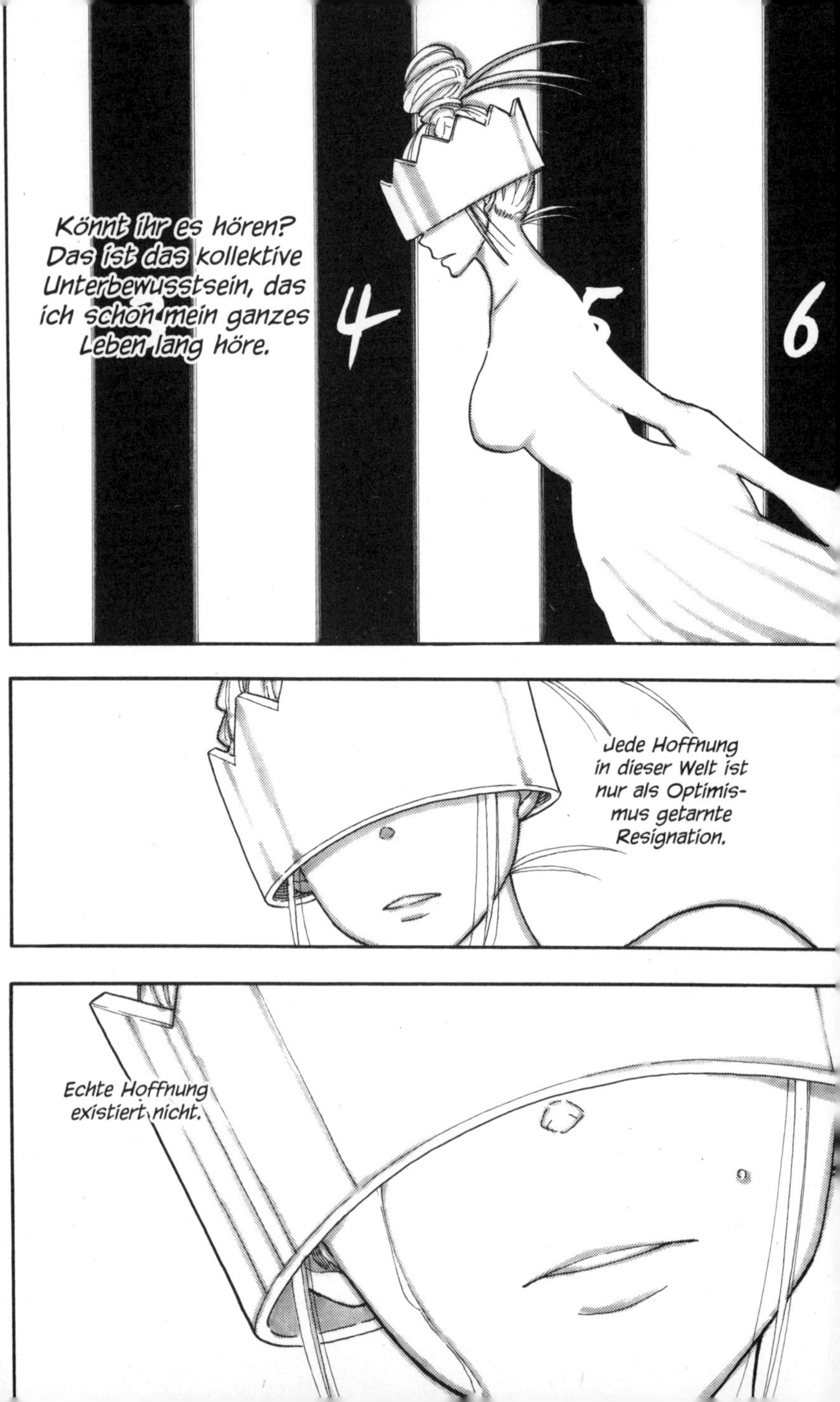
Könnt ihr es hören?
Das ist das kollektive Unterbewusstsein, das ich schon mein ganzes Leben lang höre.
4
6
Jede Hoffnung in dieser Welt ist nur als Optimismus getarnte Resignation.
Echte Hoffnung existiert nicht.

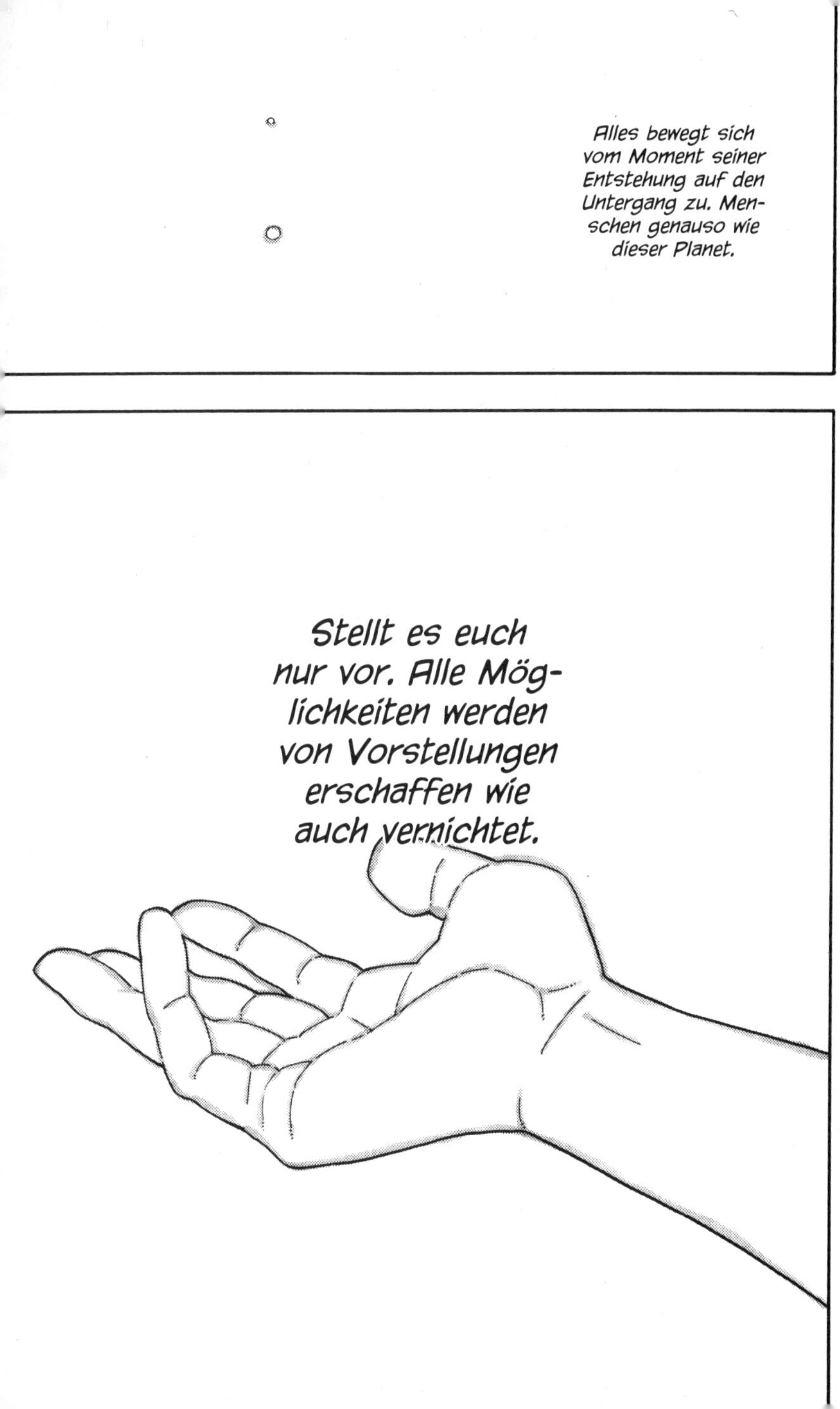
Alles bewegt sich vom Moment seiner Entstehung auf den Untergang zu. Menschen genauso wie dieser Planet.
Stellt es euch nur vor. Alle Möglichkeiten werden von Vorstellungen erschaffen wie auch vernichtet.

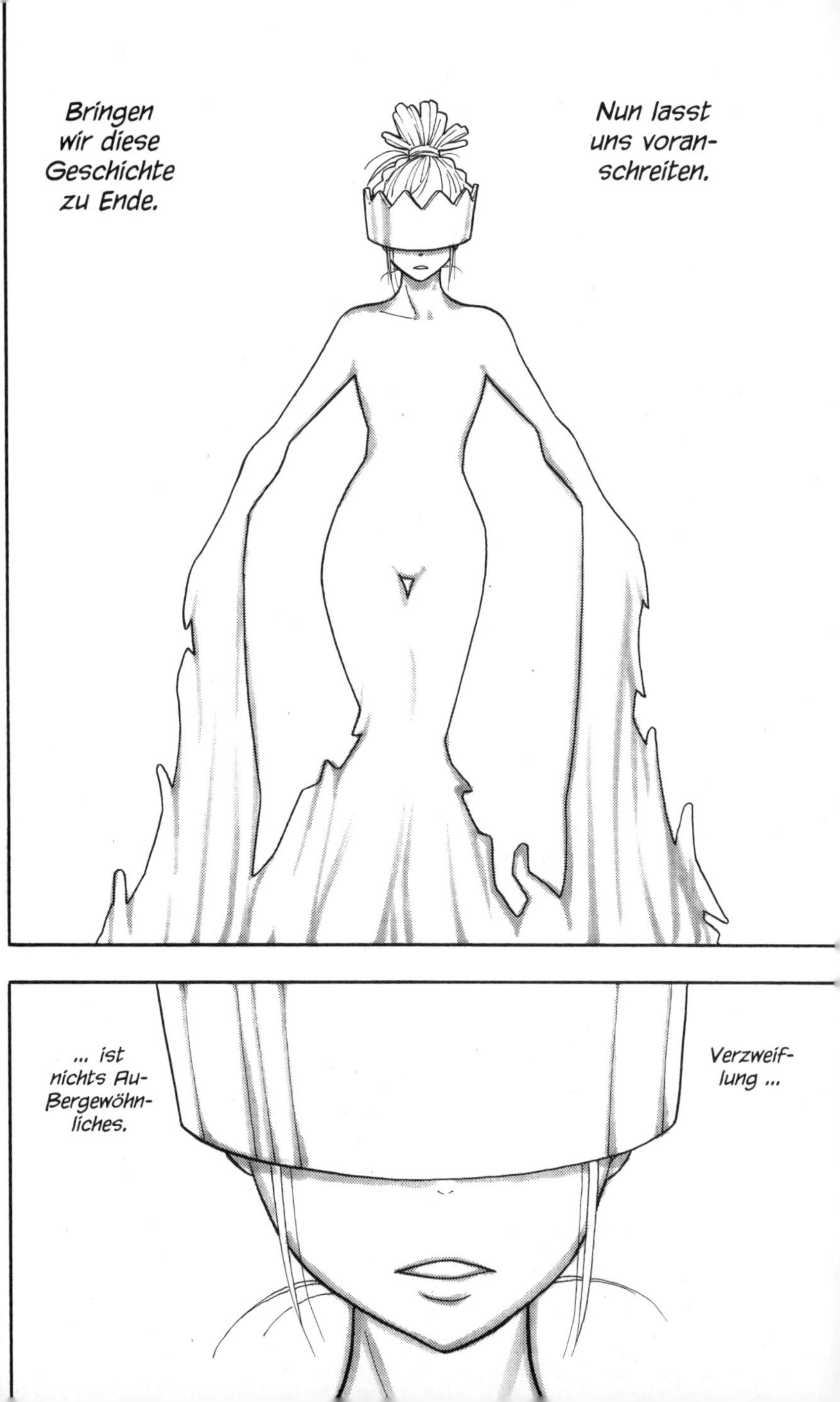
Nun lasst uns voranschreiten.
Bringen wir diese Geschichte zu Ende.
Verzweiflung ...
... ist nichts Außergewöhnliches.

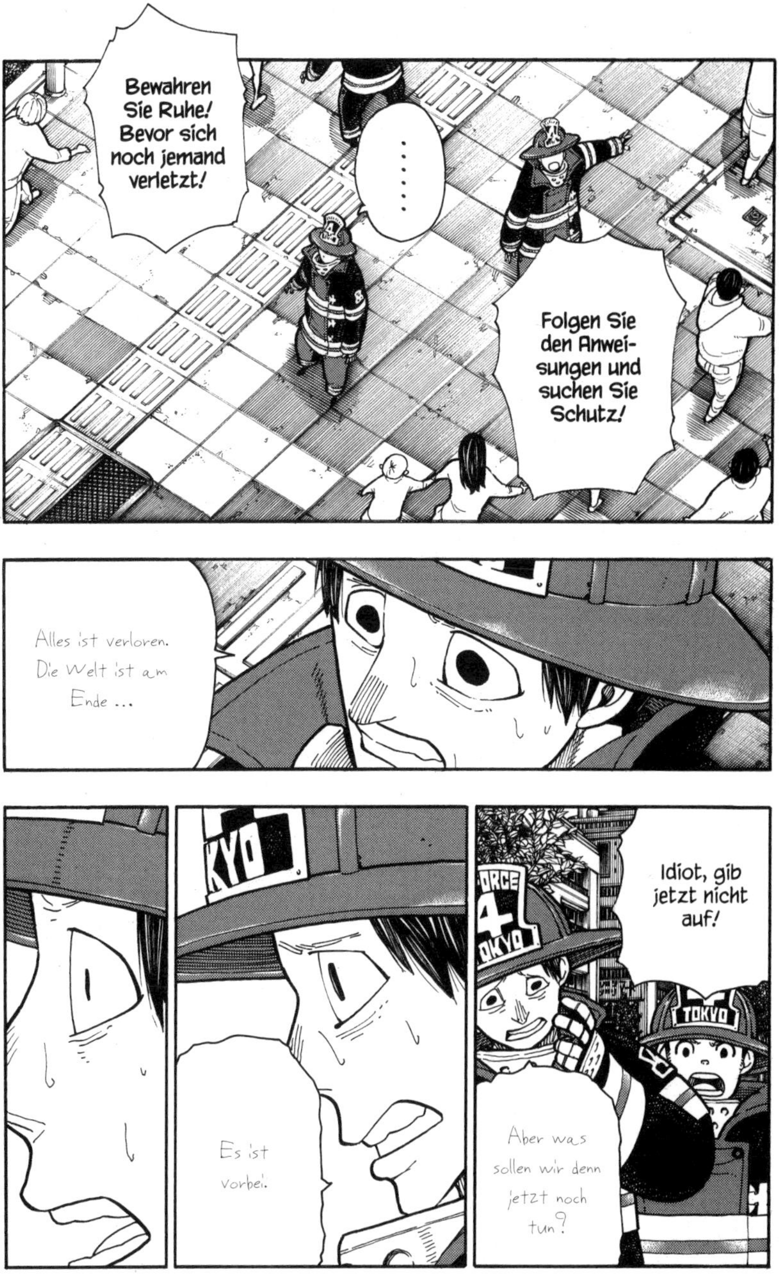
Bewahren Sie Ruhe! Bevor sich noch jemand verletzt!
......
Folgen Sie den Anweisungen und suchen Sie Schutz!
Alles ist verloren. Die Welt ist am Ende ...
Idiot, gib jetzt nicht auf!
Aber was sollen wir denn jetzt noch tun?
Es ist vorbei.

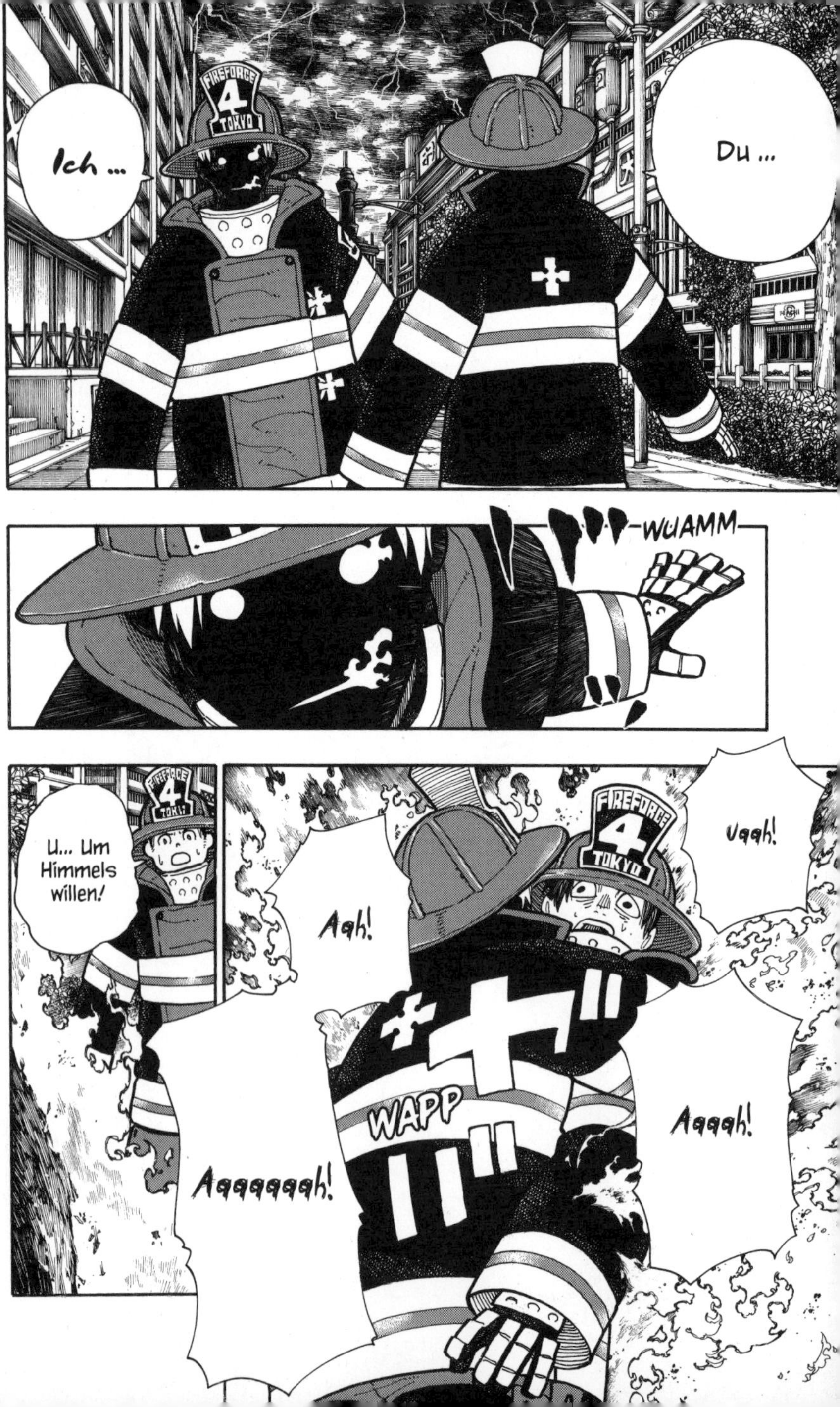
Du ...
Ich ...
WUAMM
Uaah!
Aah!
U... Um Himmels willen!
WAPP
Aaaah!
Aaaaaaah!

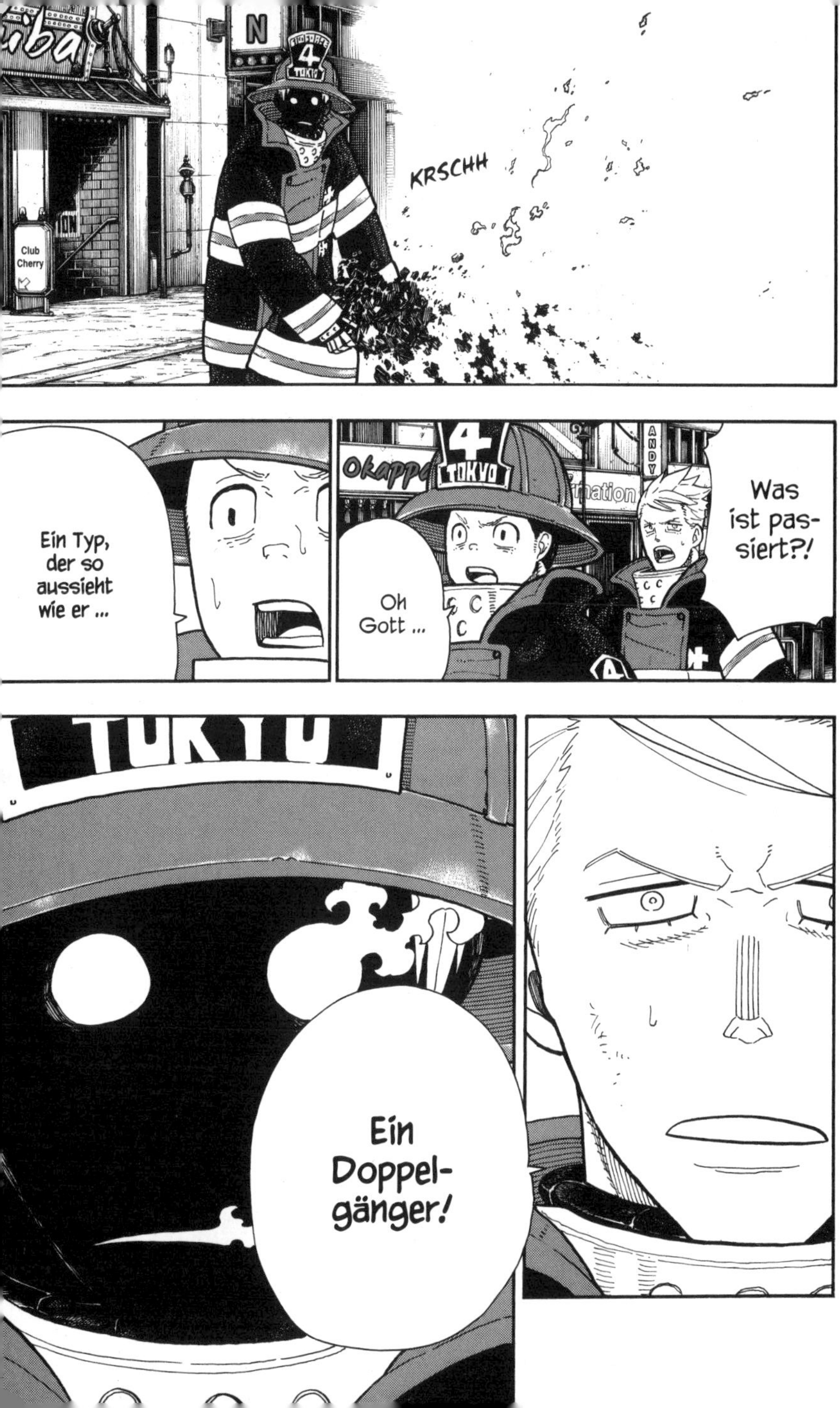
KRSCHH
Club Cherry
Was ist pas-siert?!
Oh Gott ...
Ein Typ, der so aussieht wie er ...
Ein Doppel-gänger!

FIRE FORCE

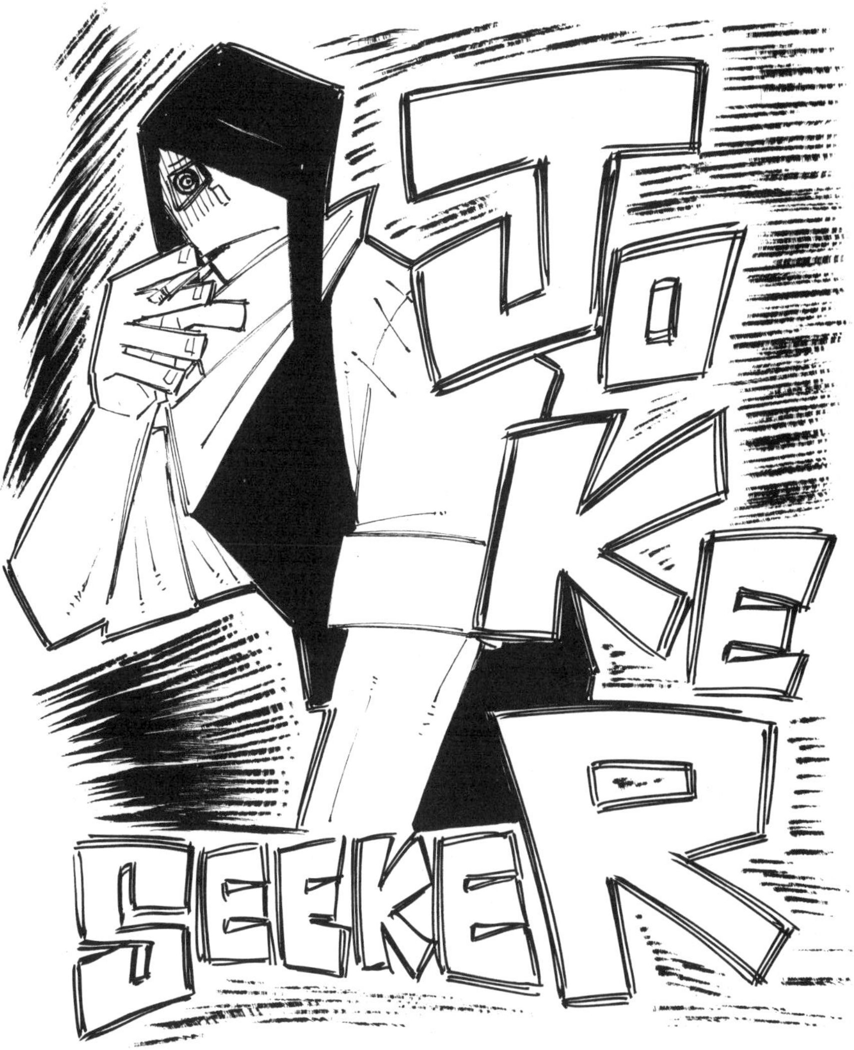

Kapitel 254:
Ort der Hoffnung

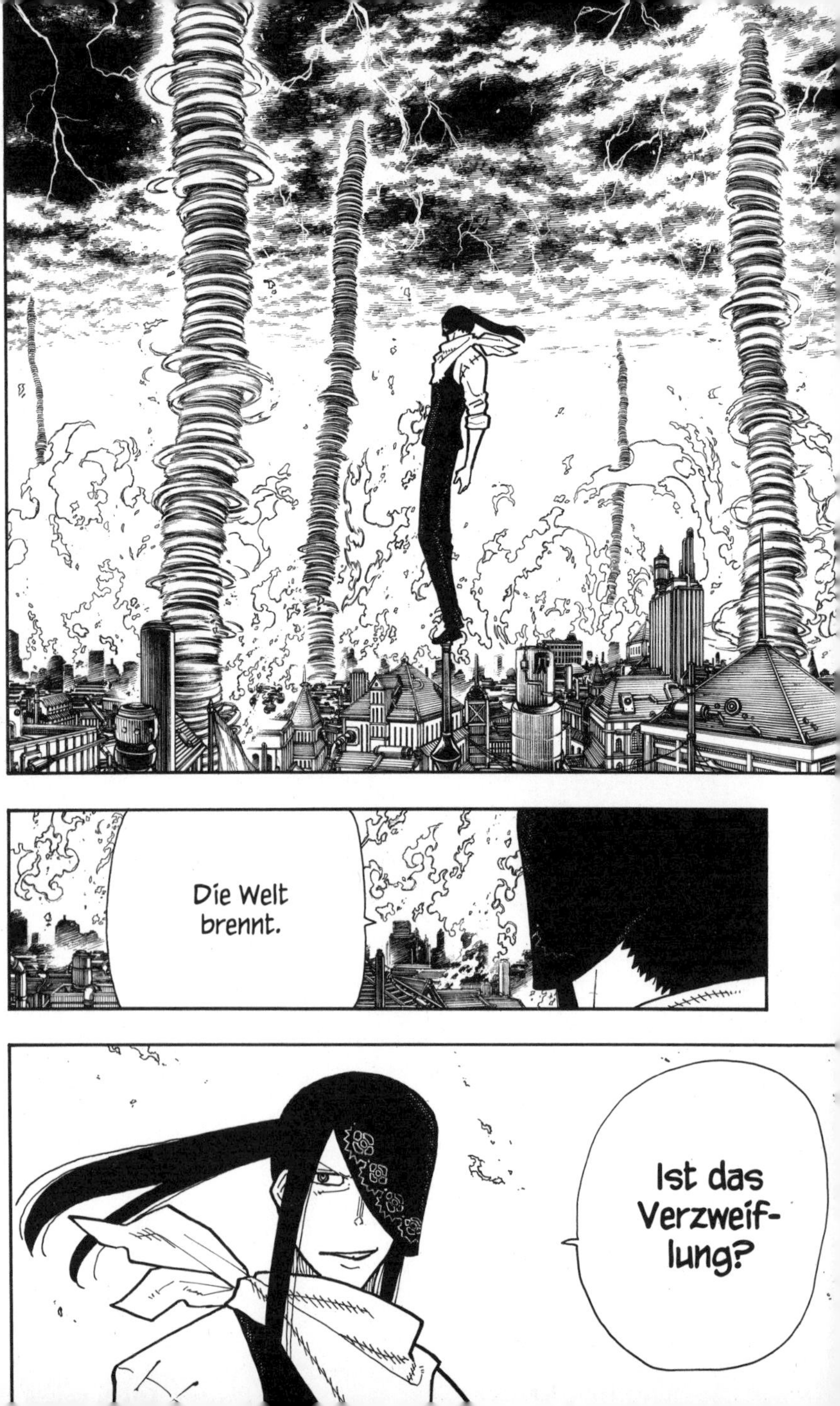

Die Welt brennt.
Ist das Verzweif-lung?

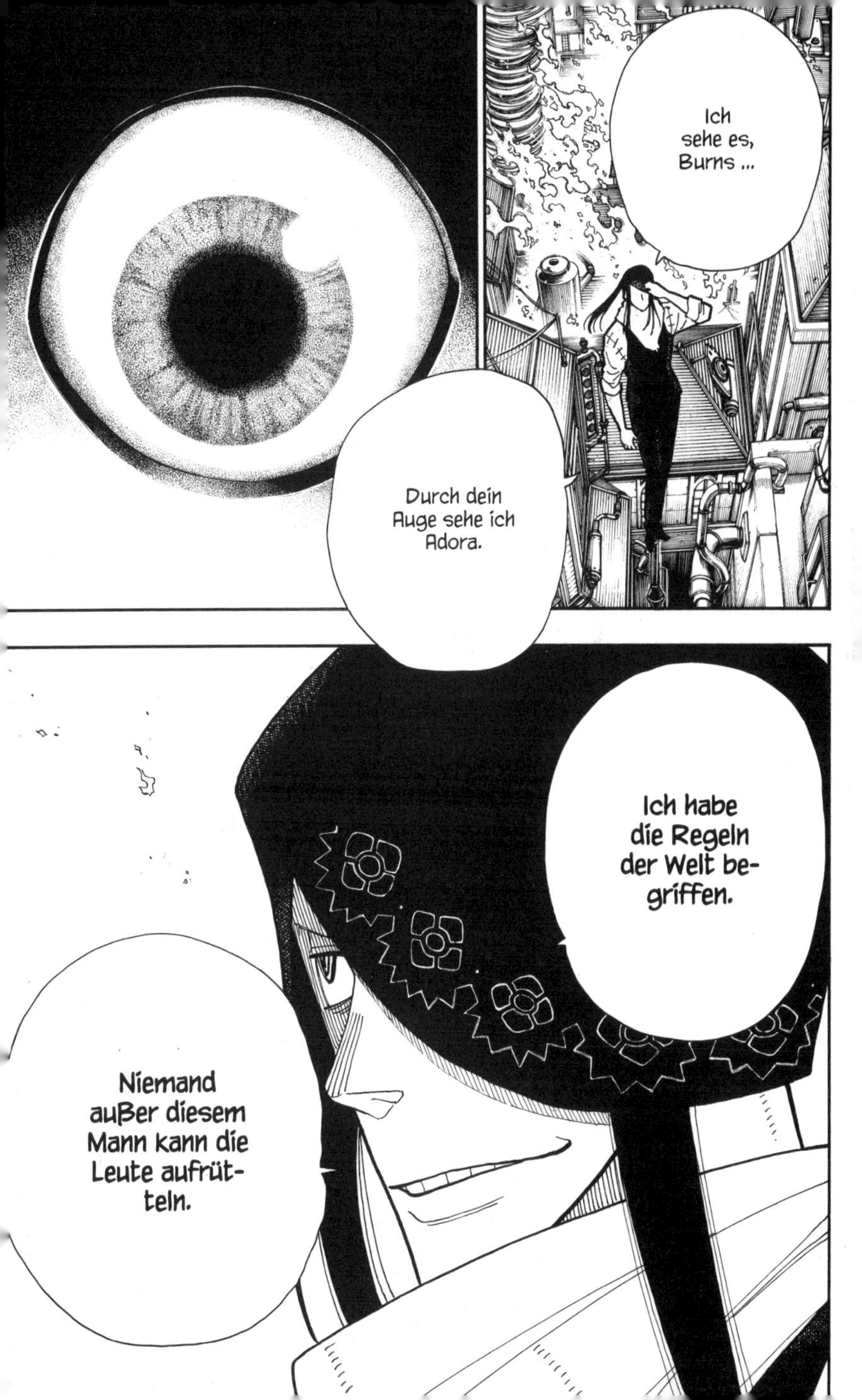
Ich sehe es, Burns ...
Durch dein Auge sehe ich Adora.
Ich habe die Regeln der Welt begriffen.
Niemand außer diesem Mann kann die Leute aufrütteln.

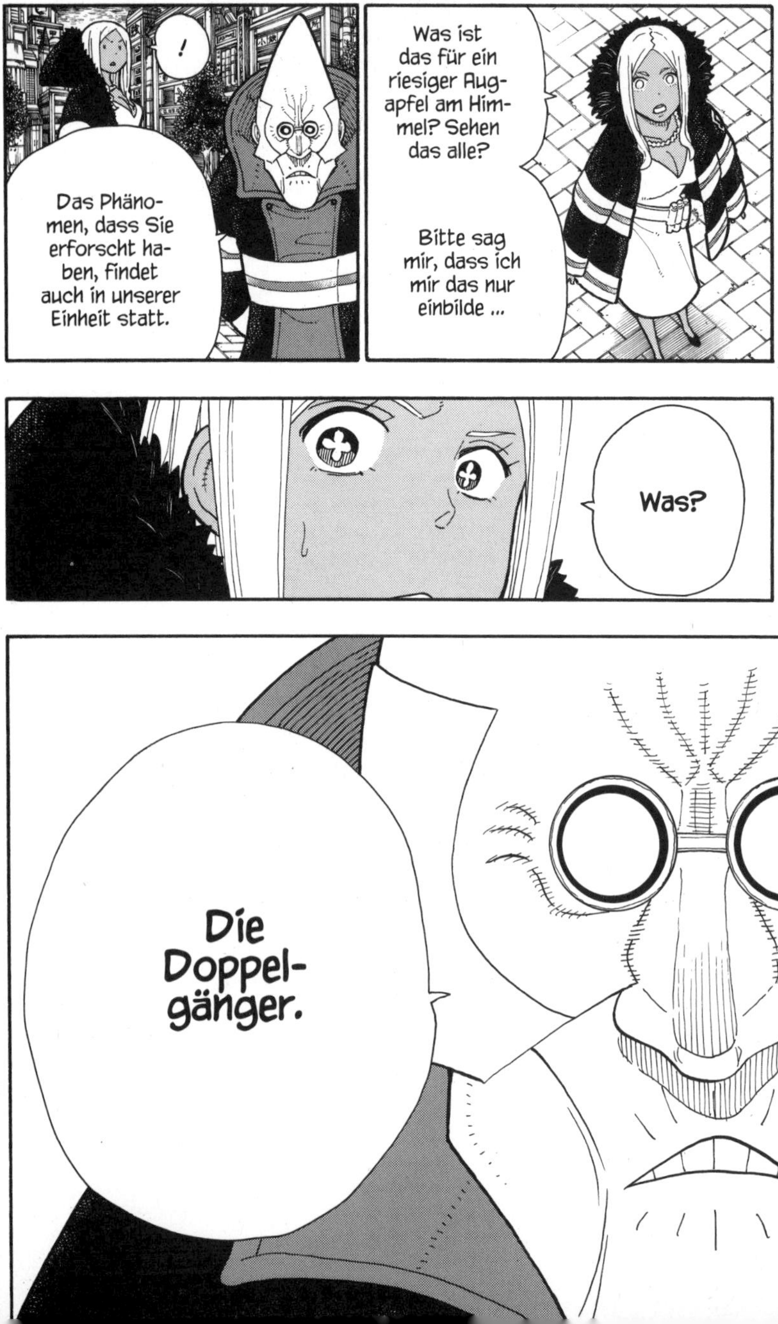
Was ist das für ein riesiger Aug-apfel am Him-mel? Sehen das alle?
Bitte sag mir, dass ich mir das nur einbilde ...
!
Das Phäno-men, dass Sie erforscht ha-ben, findet auch in unserer Einheit statt.
Was?
Die Doppel-gänger.

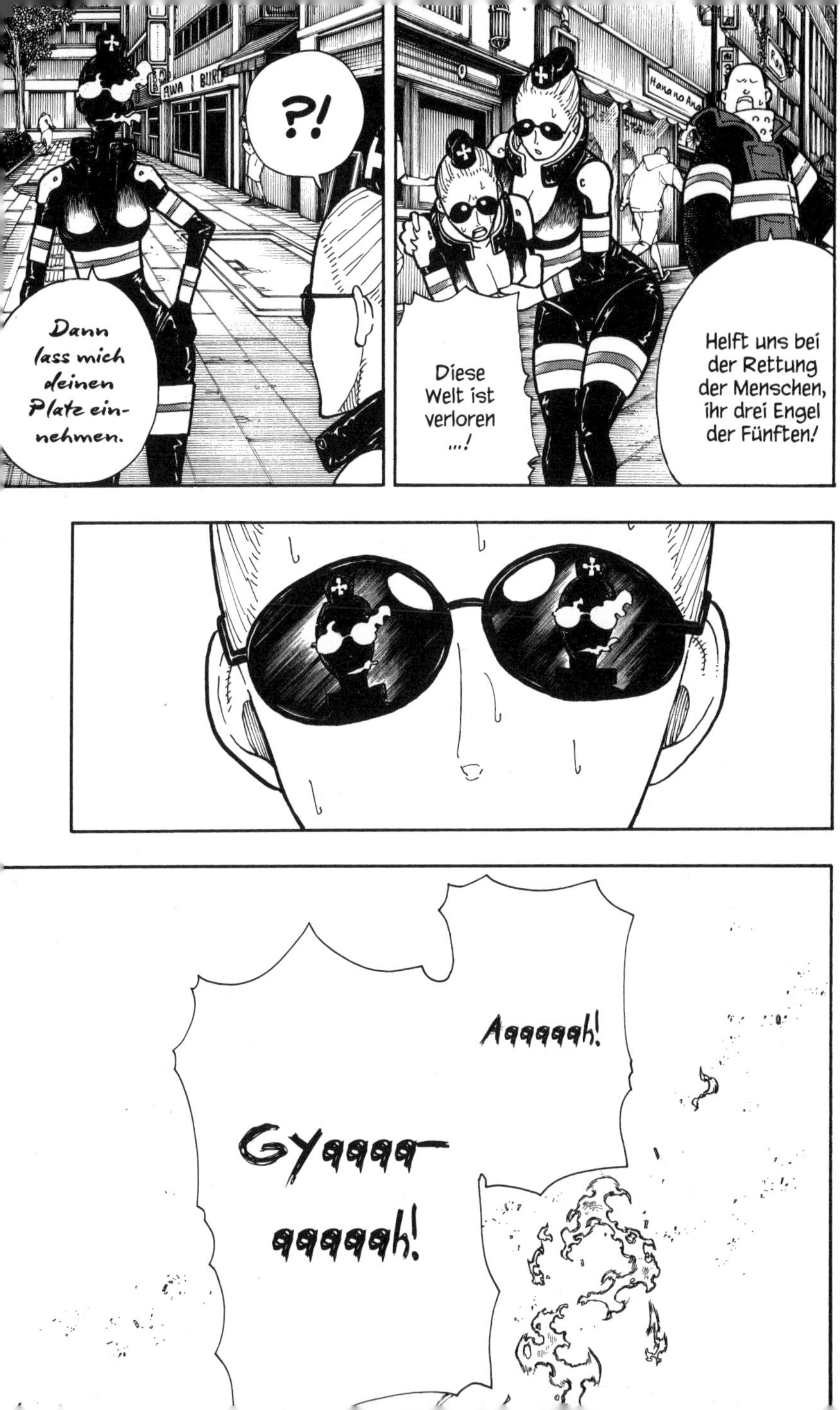
Helft uns bei der Rettung der Menschen, ihr drei Engel der Fünften!
Diese Welt ist verloren ...!
?!
Dann lass mich deinen Platz einnehmen.
Aaaaaah!
Gyaaaa-aaaaah!

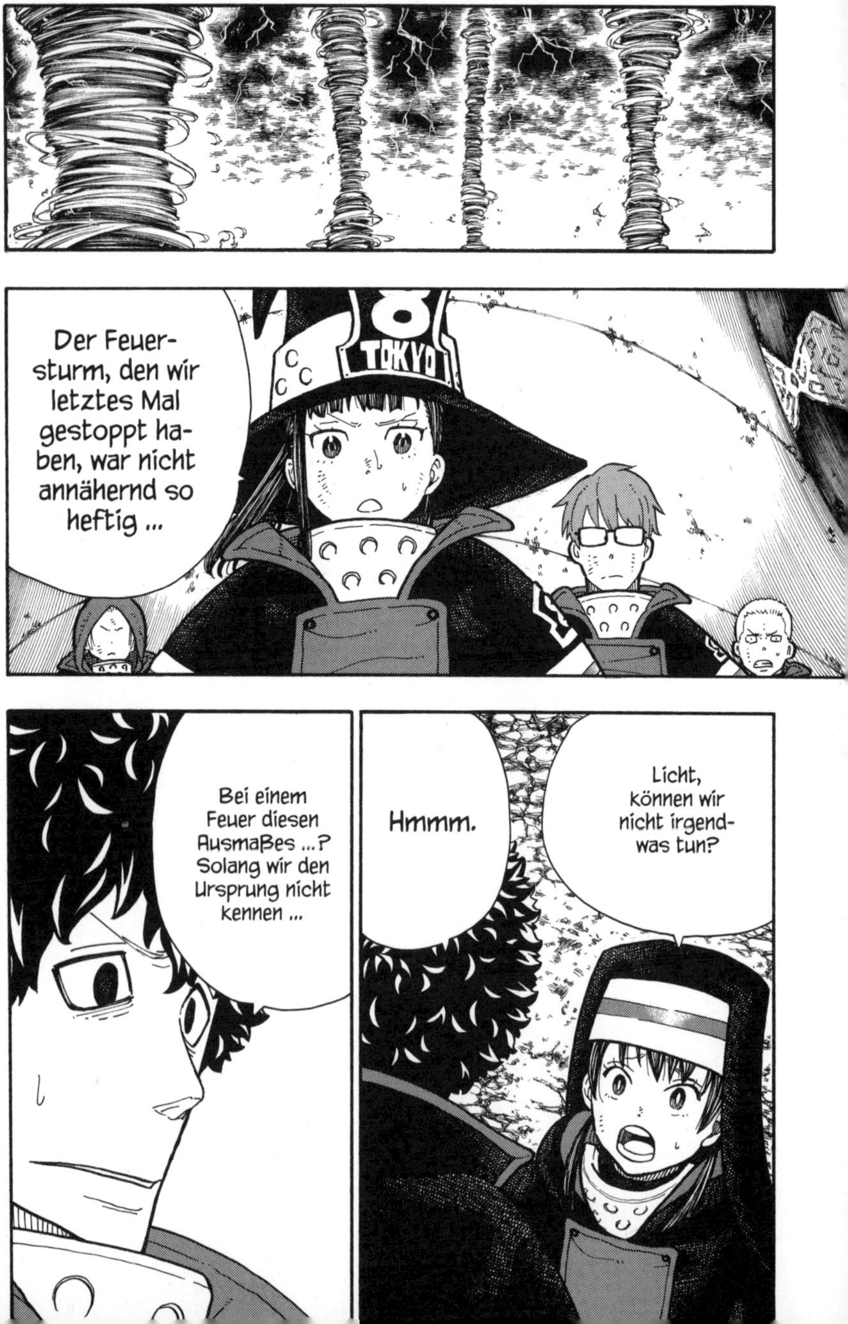
TOKYO
Der Feuersturm, den wir letztes Mal gestoppt haben, war nicht annähernd so heftig ...
Licht, können wir nicht irgendwas tun?
Hmmm.
Bei einem Feuer diesen Ausmaßes ...? Solang wir den Ursprung nicht kennen ...

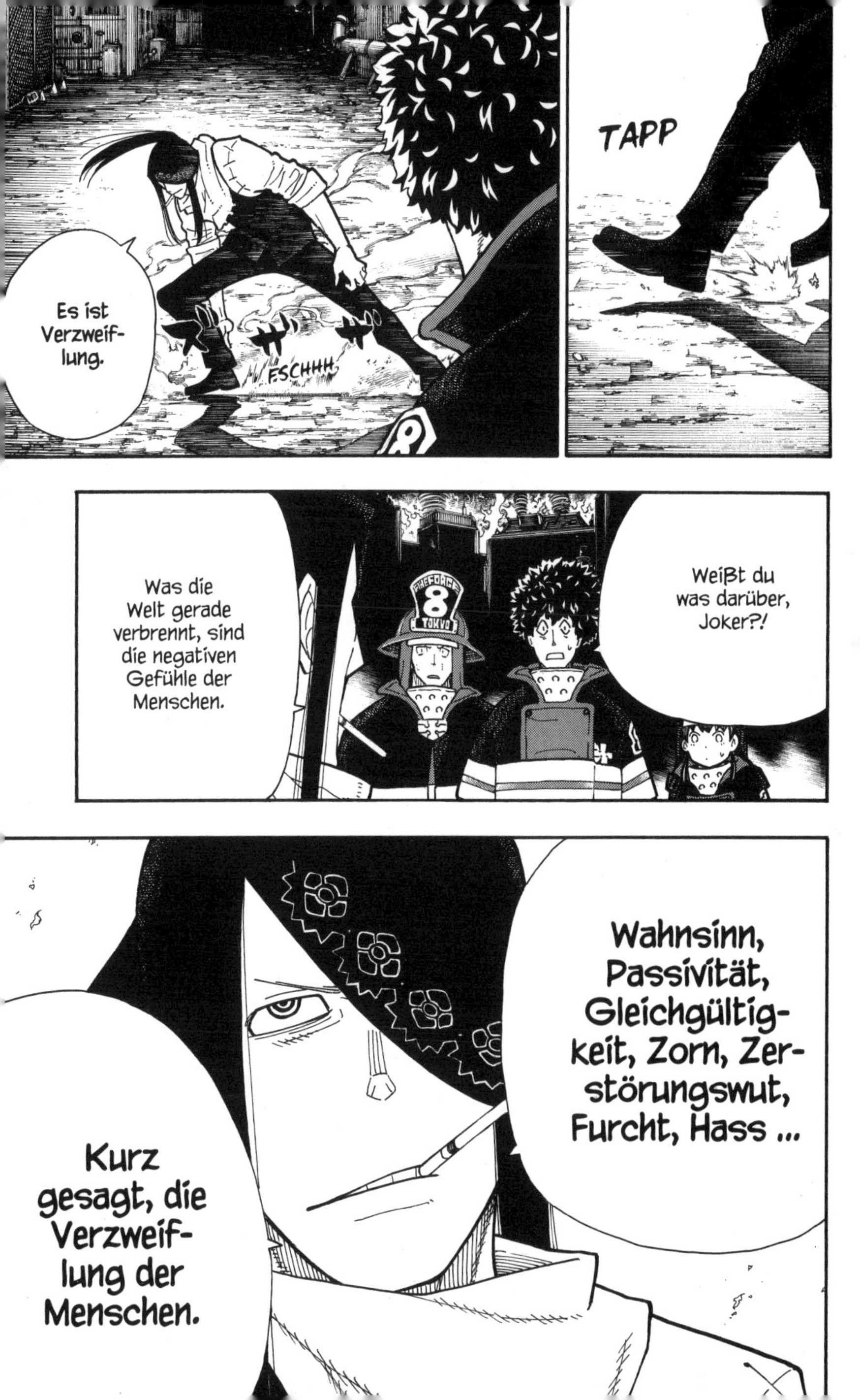
TAPP
Es ist Verzweif-lung.
FSCHHH
Weißt du was darüber, Joker?!
Was die Welt gerade verbrennt, sind die negativen Gefühle der Menschen.
Wahnsinn, Passivität, Gleichgültig-keit, Zorn, Zer-störungswut, Furcht, Hass ...
Kurz gesagt, die Verzweif-lung der Menschen.

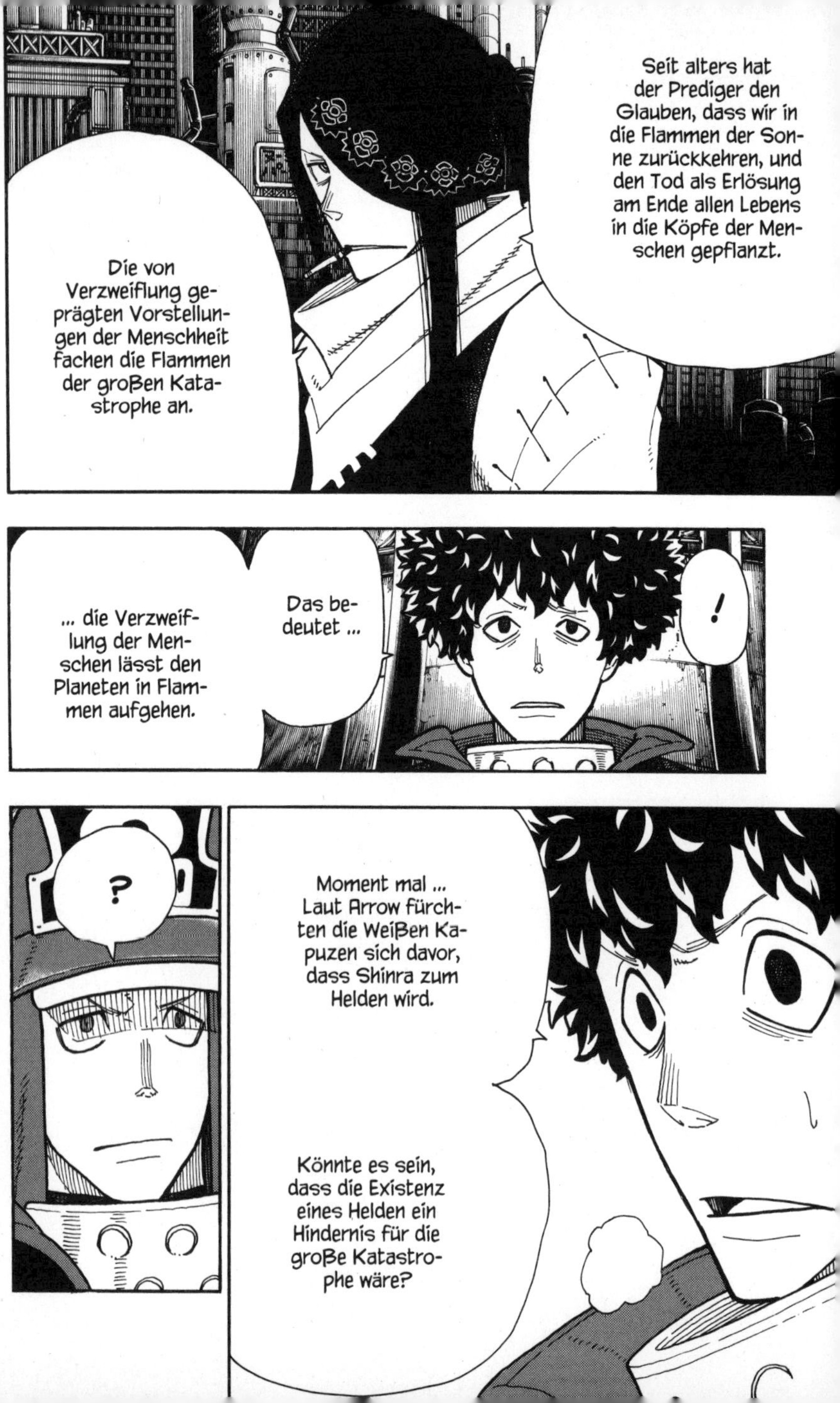
Seit alters hat der Prediger den Glauben, dass wir in die Flammen der Sonne zurückkehren, und den Tod als Erlösung am Ende allen Lebens in die Köpfe der Menschen gepflanzt.
Die von Verzweiflung geprägten Vorstellungen der Menschheit fachen die Flammen der großen Katastrophe an.
!
Das bedeutet ...
... die Verzweiflung der Menschen lässt den Planeten in Flammen aufgehen.
Moment mal ... Laut Arrow fürchten die Weißen Kapuzen sich davor, dass Shinra zum Helden wird.
Könnte es sein, dass die Existenz eines Helden ein Hindernis für die große Katastrophe wäre?
?

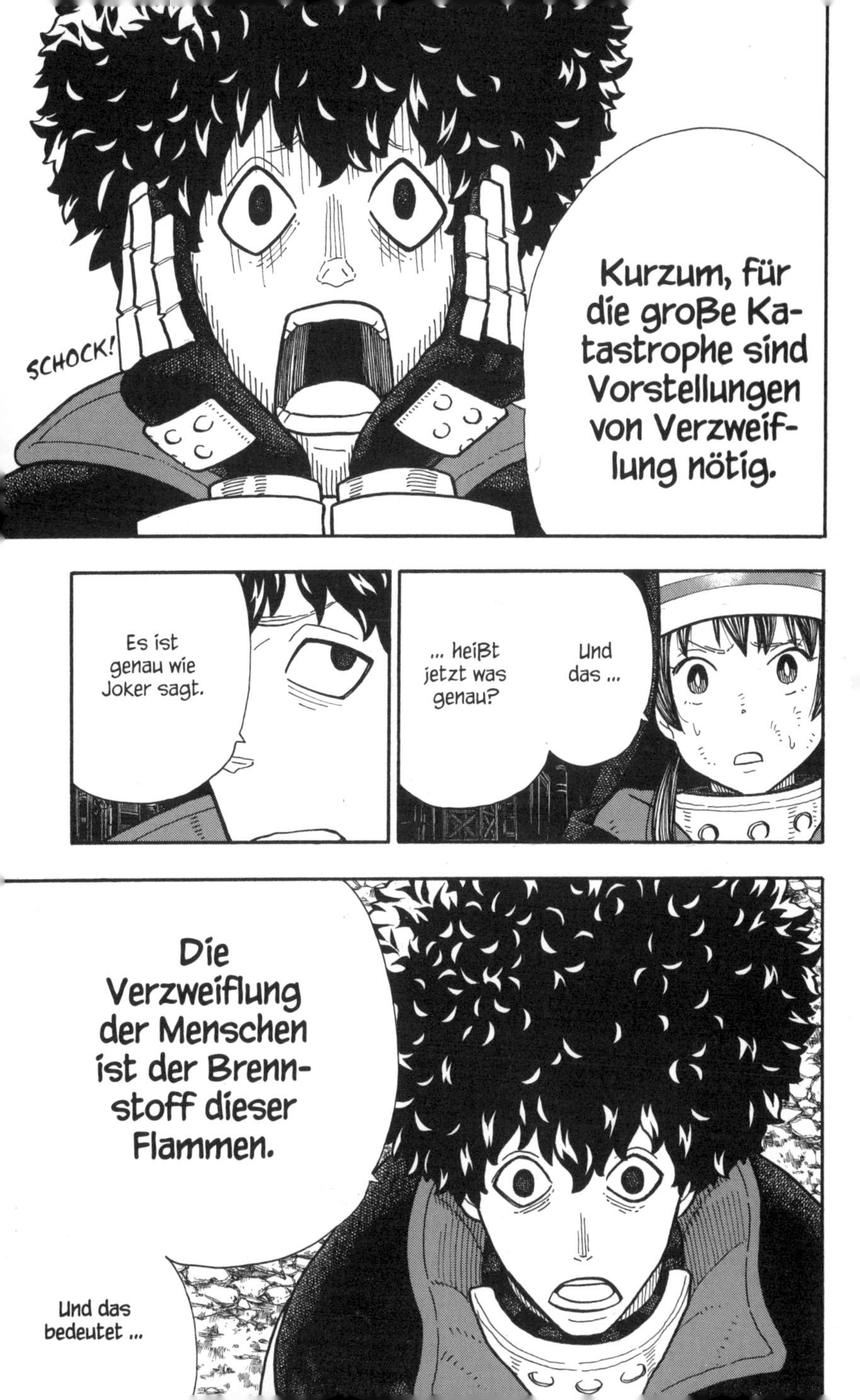
Kurzum, für die große Katastrophe sind Vorstellungen von Verzweiflung nötig.
SCHOCK!
Und das ...
... heißt jetzt was genau?
Es ist genau wie Joker sagt.
Die Verzweiflung der Menschen ist der Brennstoff dieser Flammen.
Und das bedeutet ...

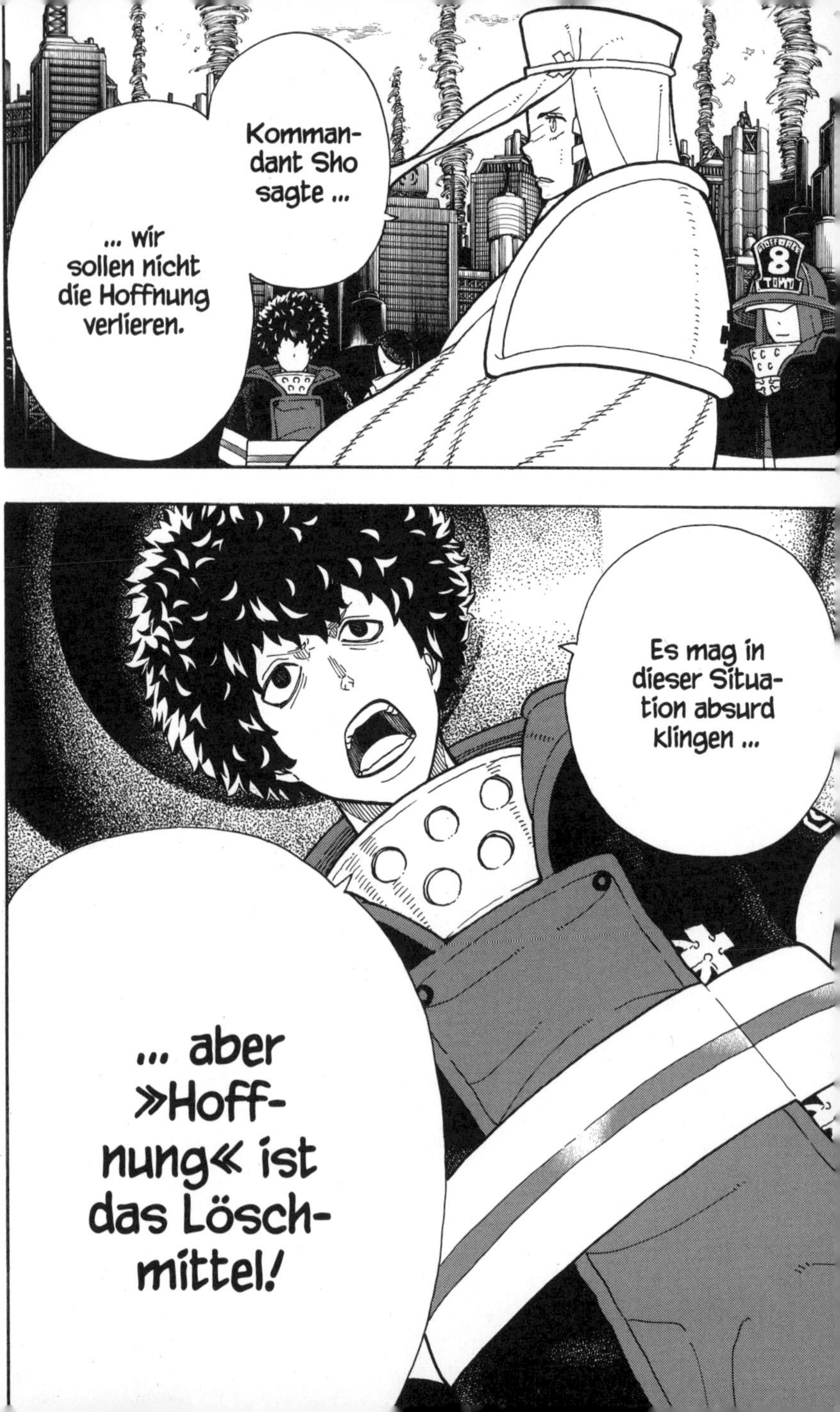
Kommandant Sho sagte ...
... wir sollen nicht die Hoffnung verlieren.
Es mag in dieser Situation absurd klingen ...
... aber »Hoffnung« ist das Löschmittel!

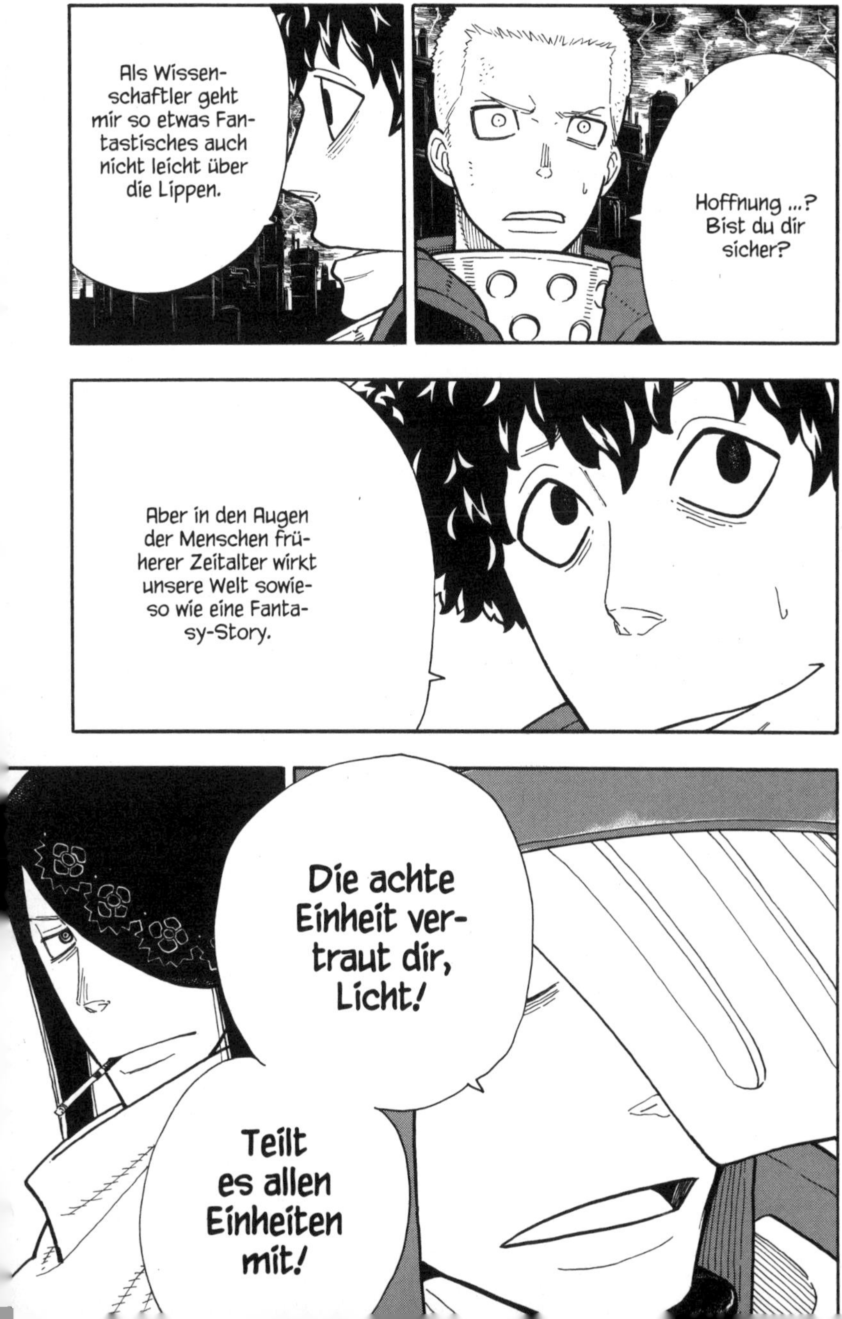
Hoffnung ...? Bist du dir sicher?
Als Wissenschaftler geht mir so etwas Fantastisches auch nicht leicht über die Lippen.
Aber in den Augen der Menschen früherer Zeitalter wirkt unsere Welt sowieso wie eine Fantasy-Story.
Die achte Einheit vertraut dir, Licht!
Teilt es allen Einheiten mit!

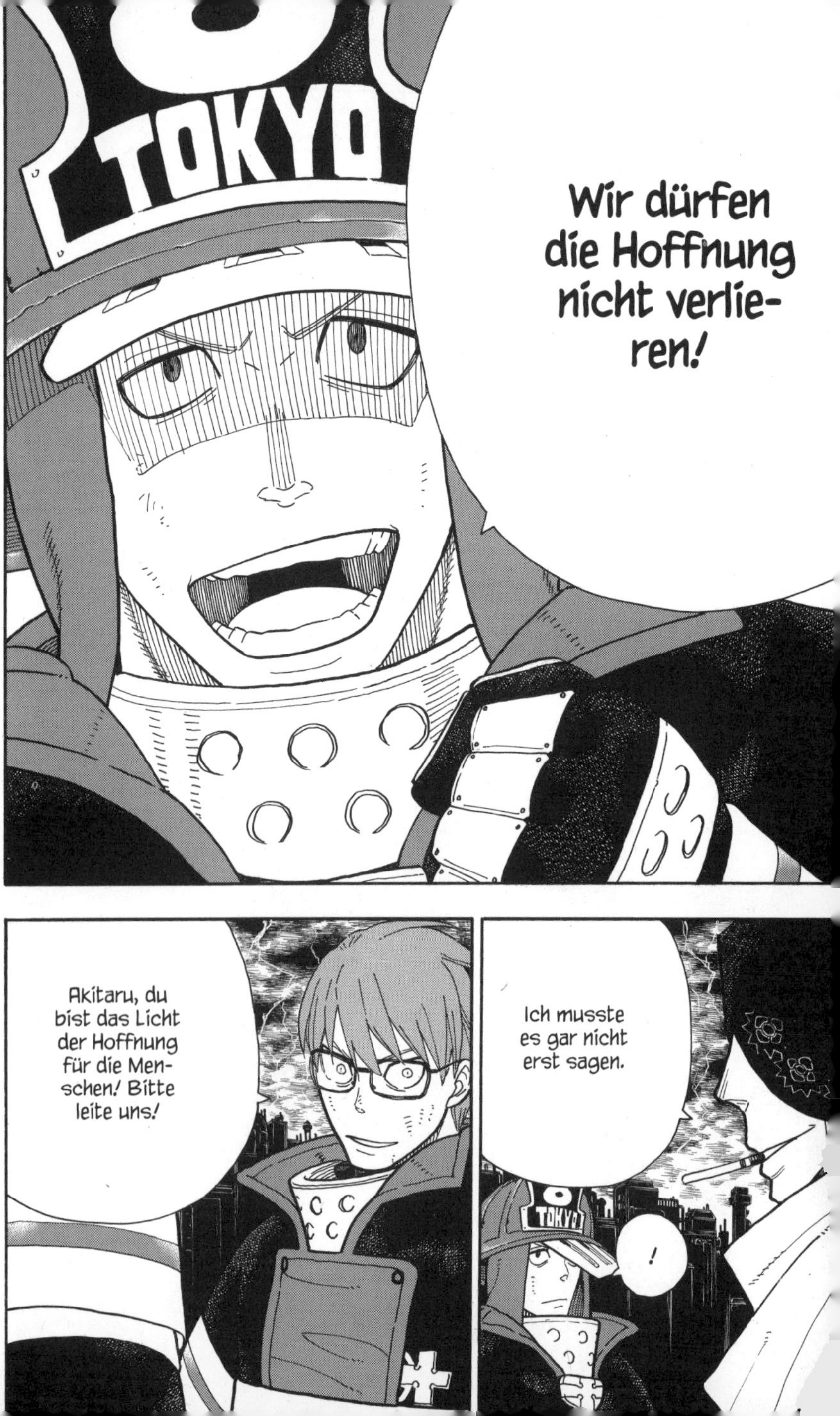
Wir dürfen die Hoffnung nicht verlieren!
Ich musste es gar nicht erst sagen.
!
Akitaru, du bist das Licht der Hoffnung für die Menschen! Bitte leite uns!

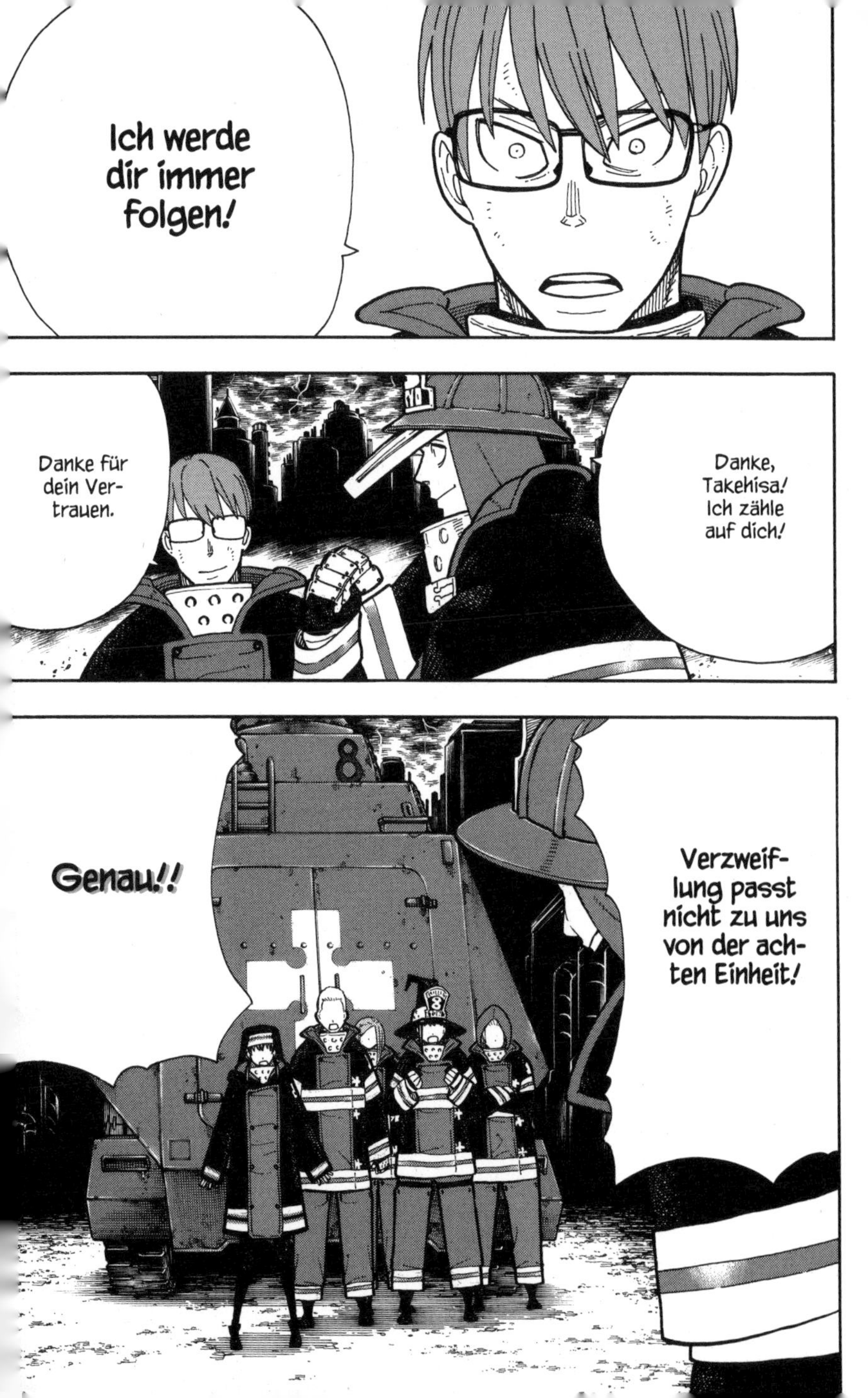
Ich werde dir immer folgen!
Danke, Takehisa! Ich zähle auf dich!
Danke für dein Vertrauen.
Verzweiflung passt nicht zu uns von der achten Einheit!
Genau!!

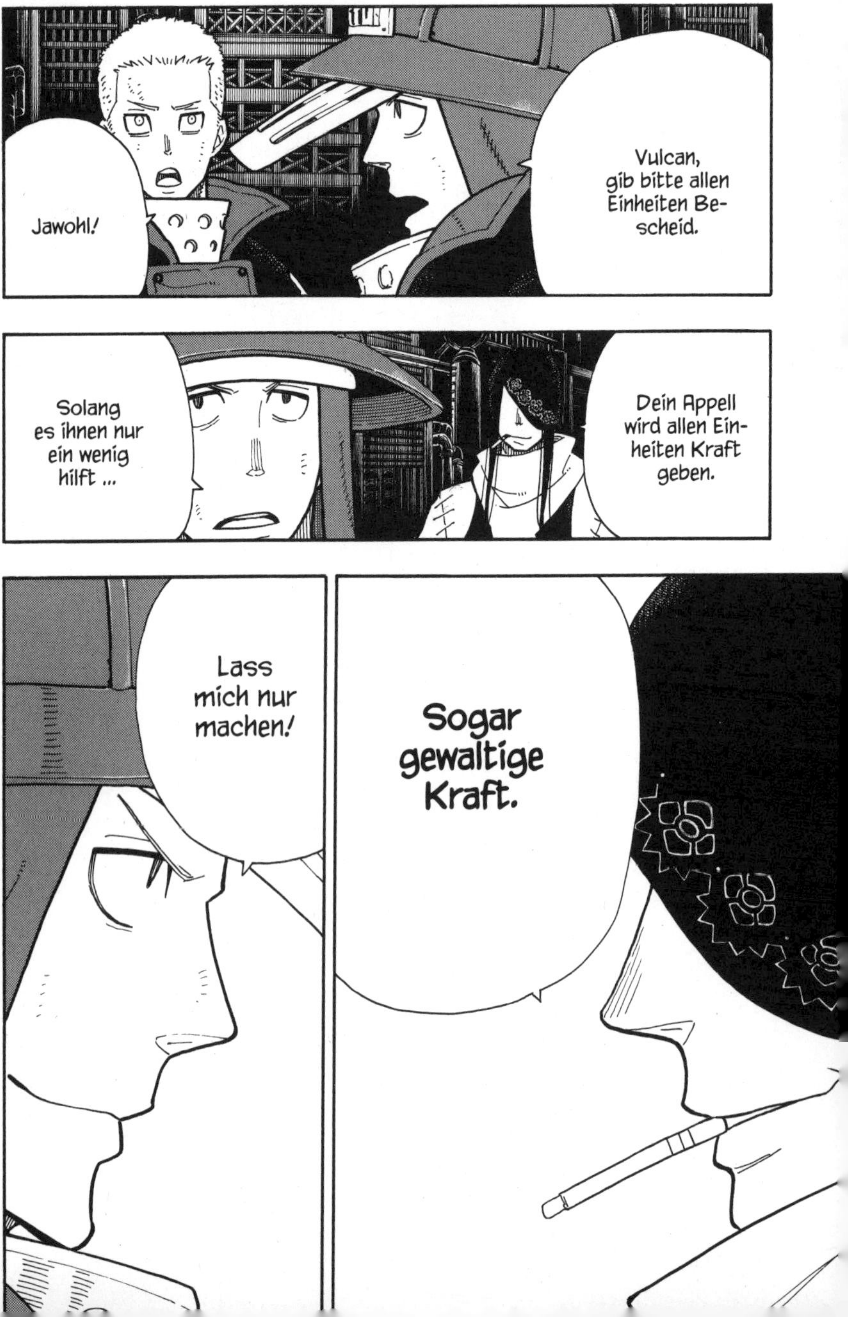
Vulcan,
gib bitte allen
Einheiten Be-
scheid.
Jawohl!
Dein Appell
wird allen Ein-
heiten Kraft
geben.
Solang
es ihnen nur
ein wenig
hilft ...
Sogar
gewaltige
Kraft.
Lass
mich nur
machen!

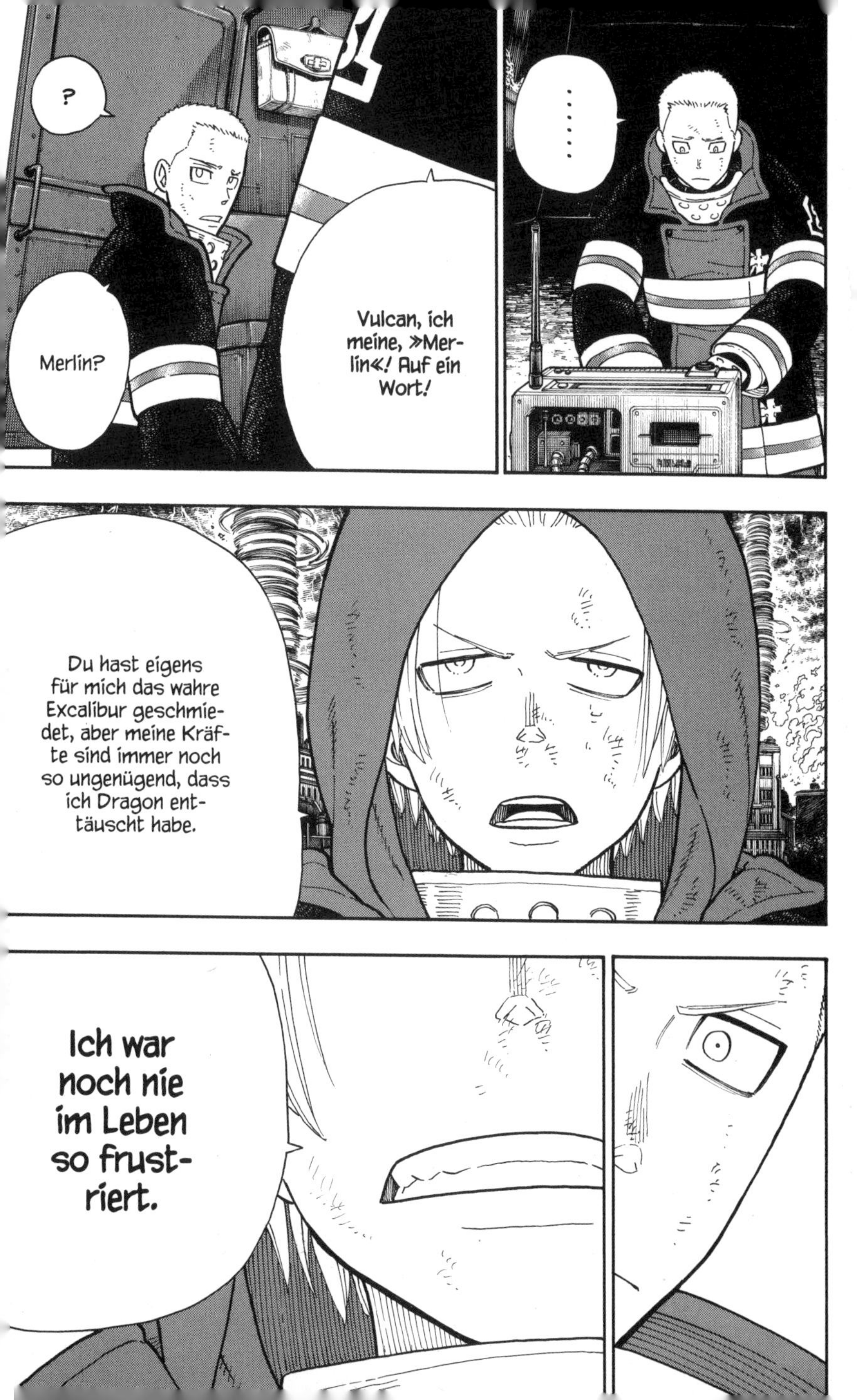
?
Merlin?
Vulcan, ich meine, »Merlin«! Auf ein Wort!
......
Du hast eigens für mich das wahre Excalibur geschmiedet, aber meine Kräfte sind immer noch so ungenügend, dass ich Dragon enttäuscht habe.
Ich war noch nie im Leben so frustriert.

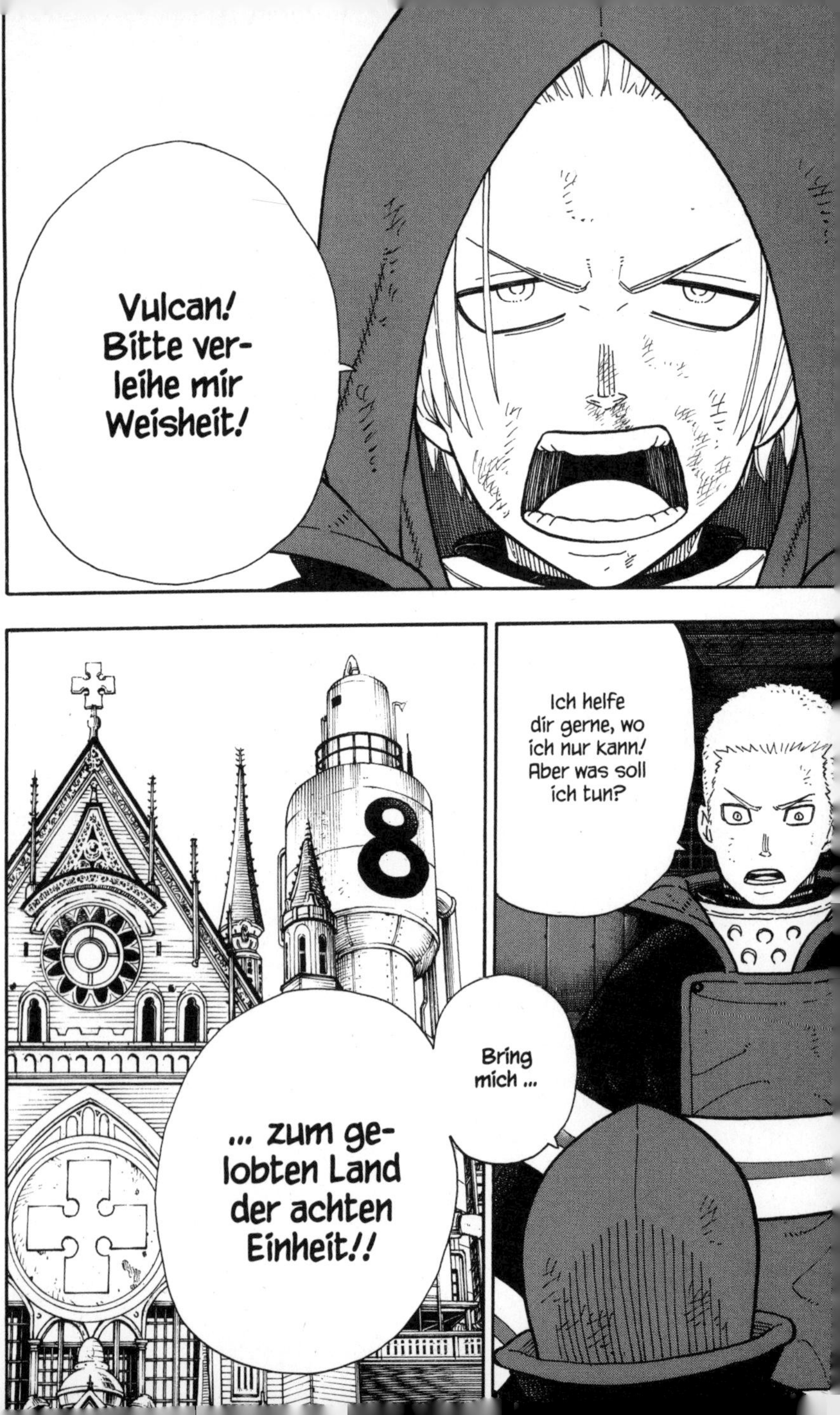
Vulcan! Bitte verleihe mir Weisheit!
Ich helfe dir gerne, wo ich nur kann! Aber was soll ich tun?
Bring mich ...
... zum gelobten Land der achten Einheit!!
8

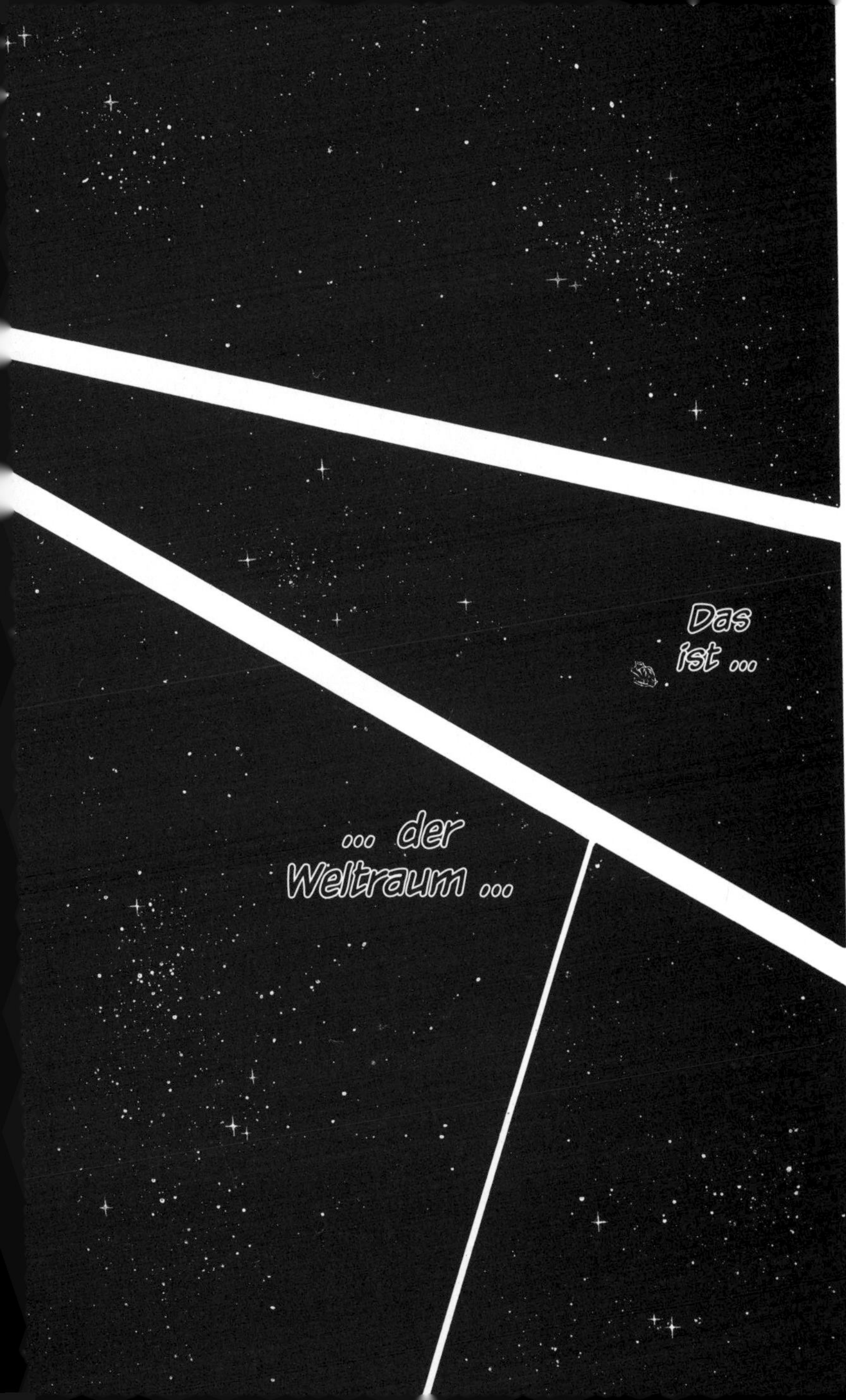
Das ist ...
... der Weltraum ...

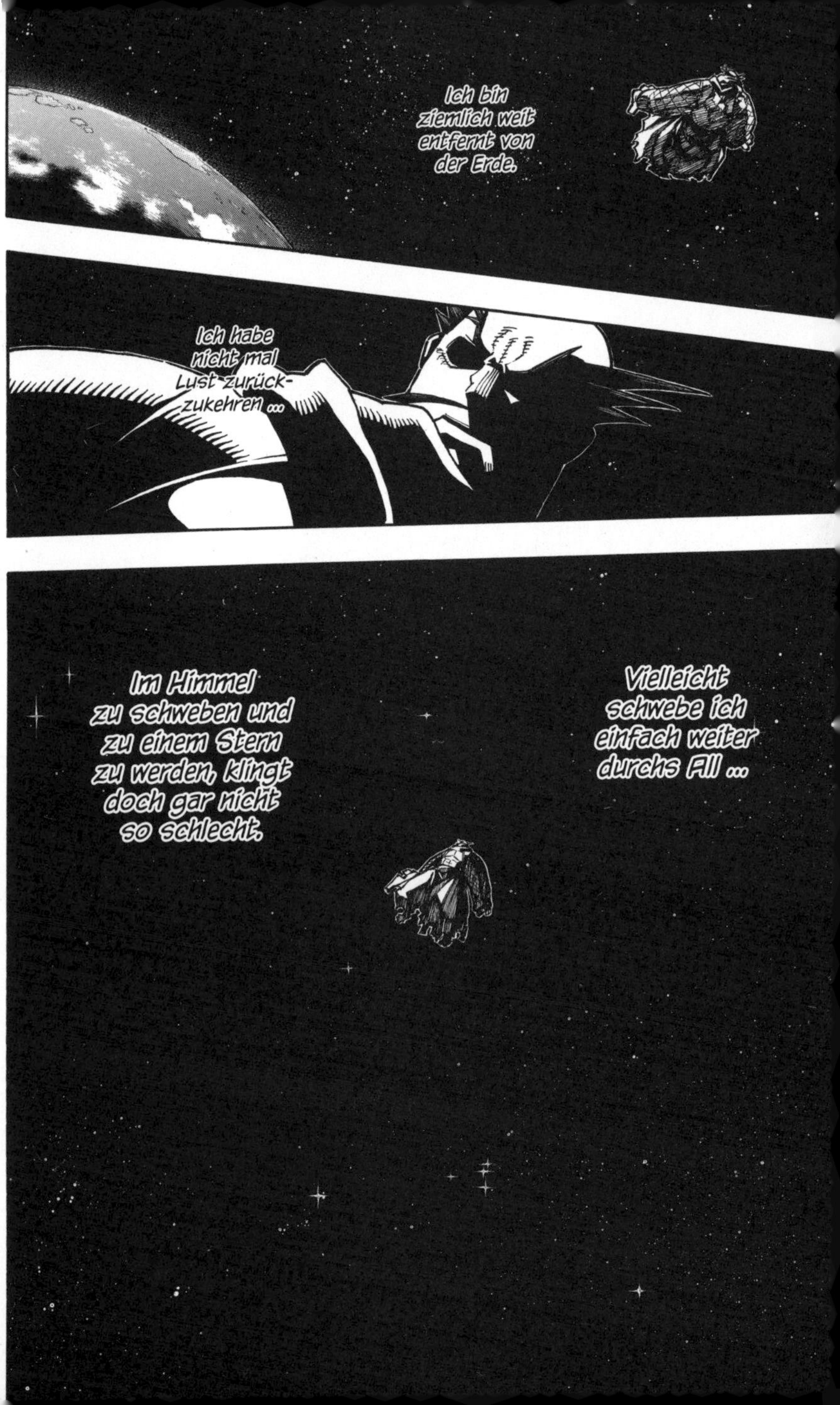
Ich bin ziemlich weit entfernt von der Erde.
Ich habe nicht mal Lust zurück-zukehren ...
Vielleicht schwebe ich einfach weiter durchs All ...
Im Himmel zu schweben und zu einem Stern zu werden, klingt doch gar nicht so schlecht.

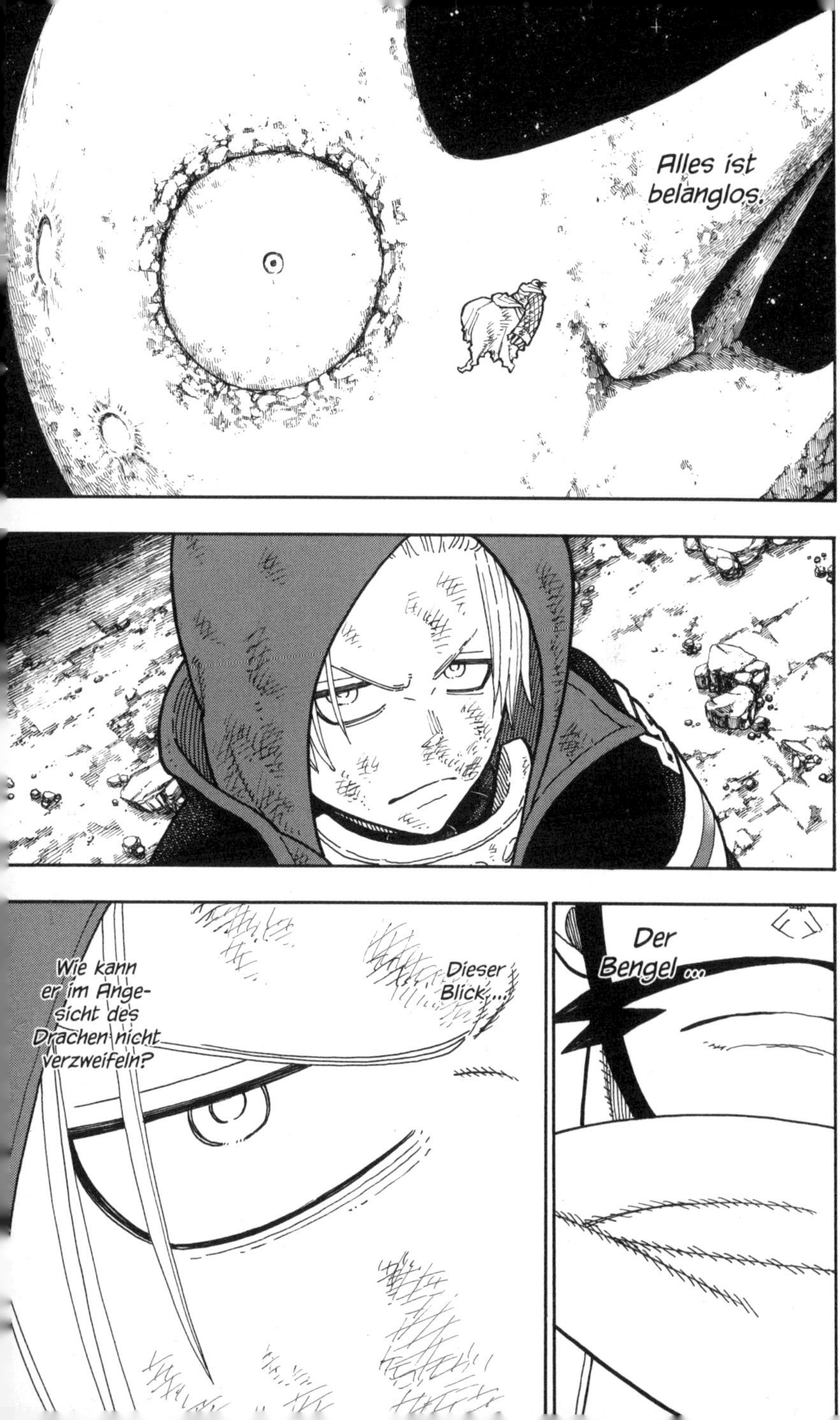

Alles ist belanglos.
Der Bengel ...
Dieser Blick ...
Wie kann er im Angesicht des Drachen nicht verzweifeln?

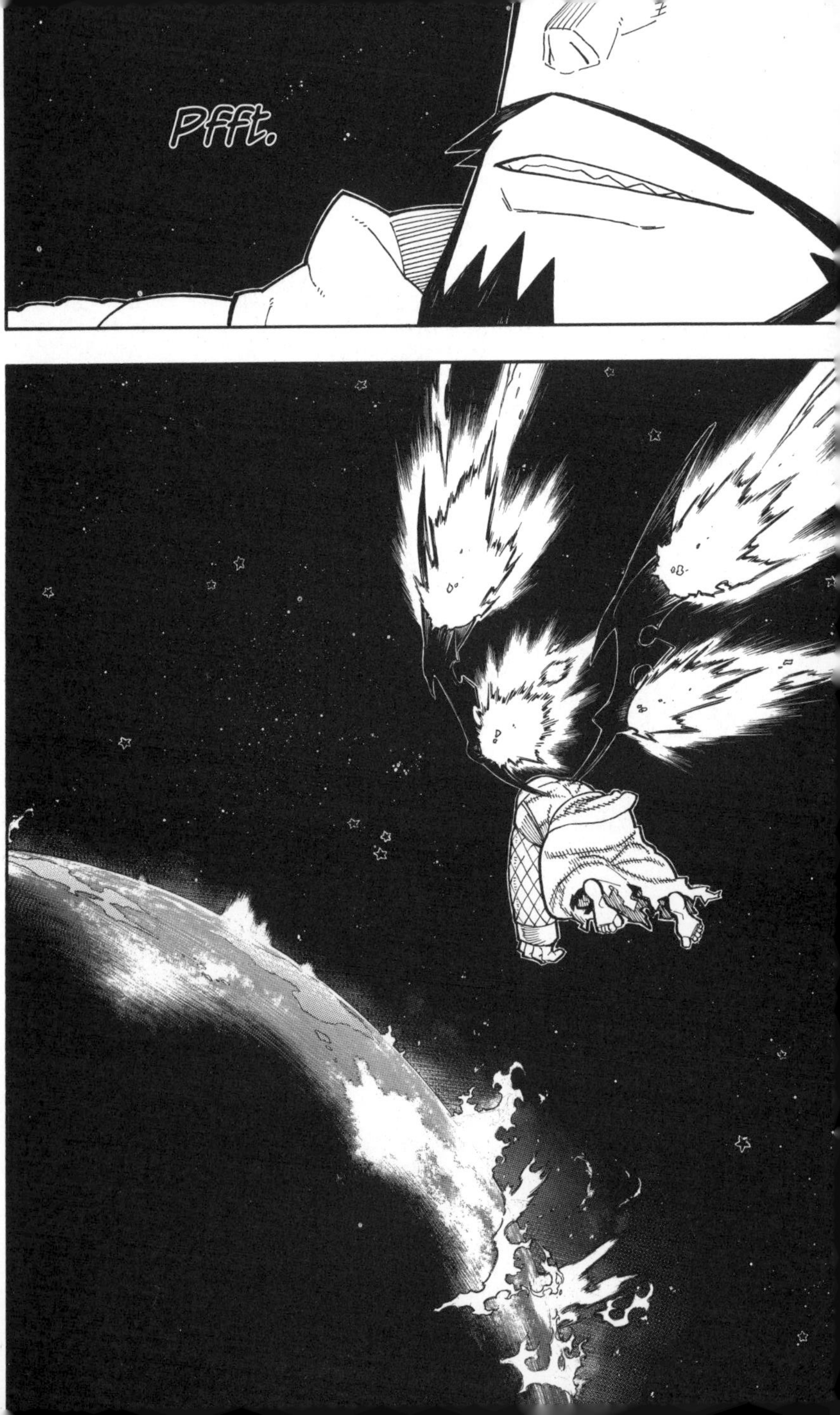
Pfft.

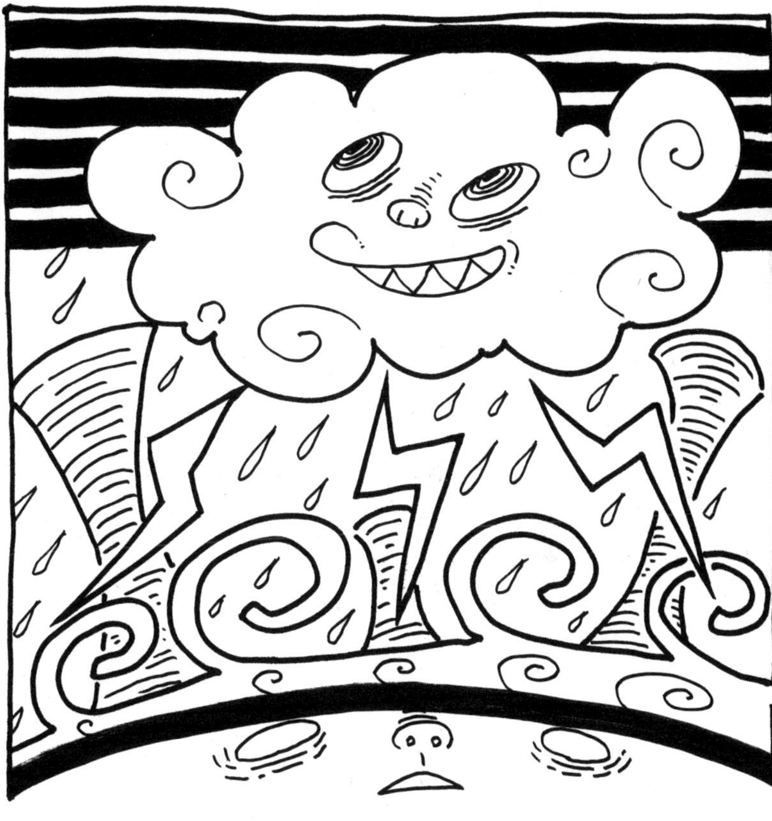

Kapitel 255:
Die siebte Säule

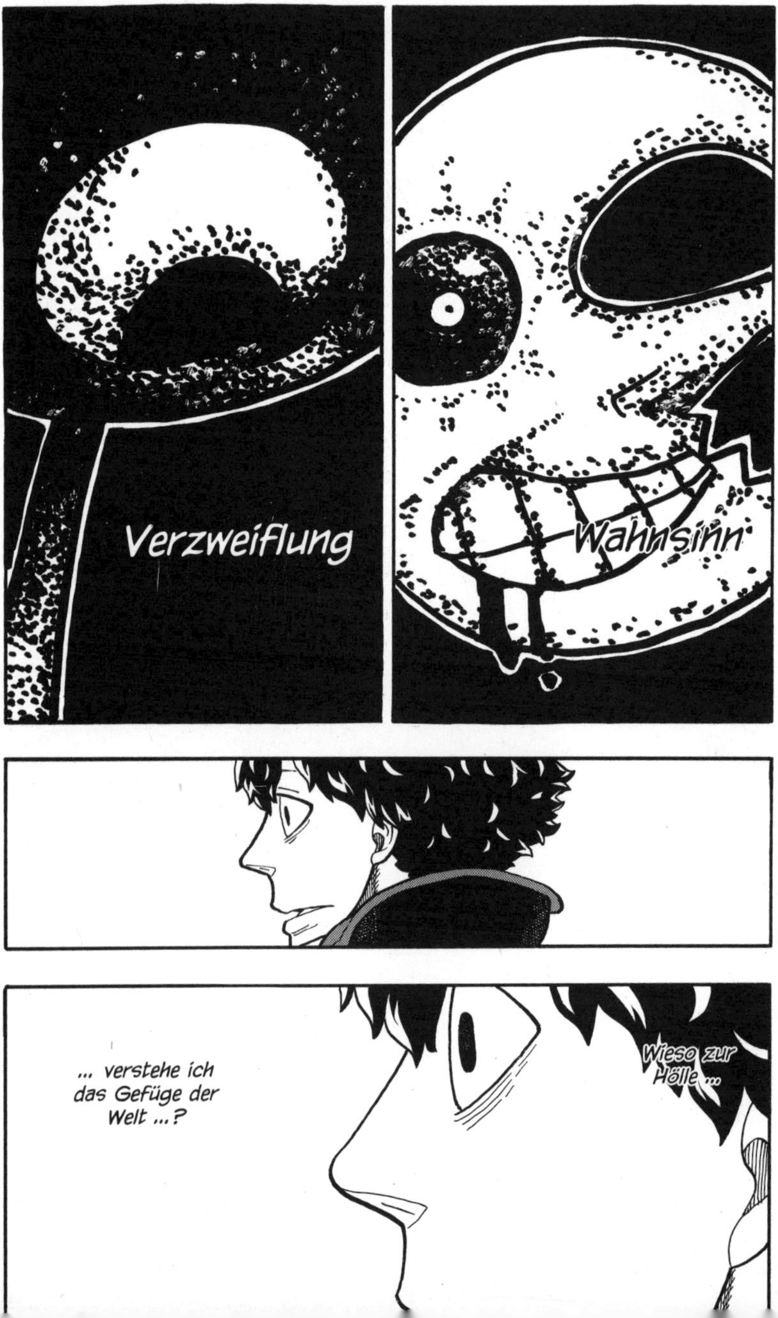
Wahnsinn
Verzweiflung
Wieso zur Hölle ...
... verstehe ich das Gefüge der Welt ...?

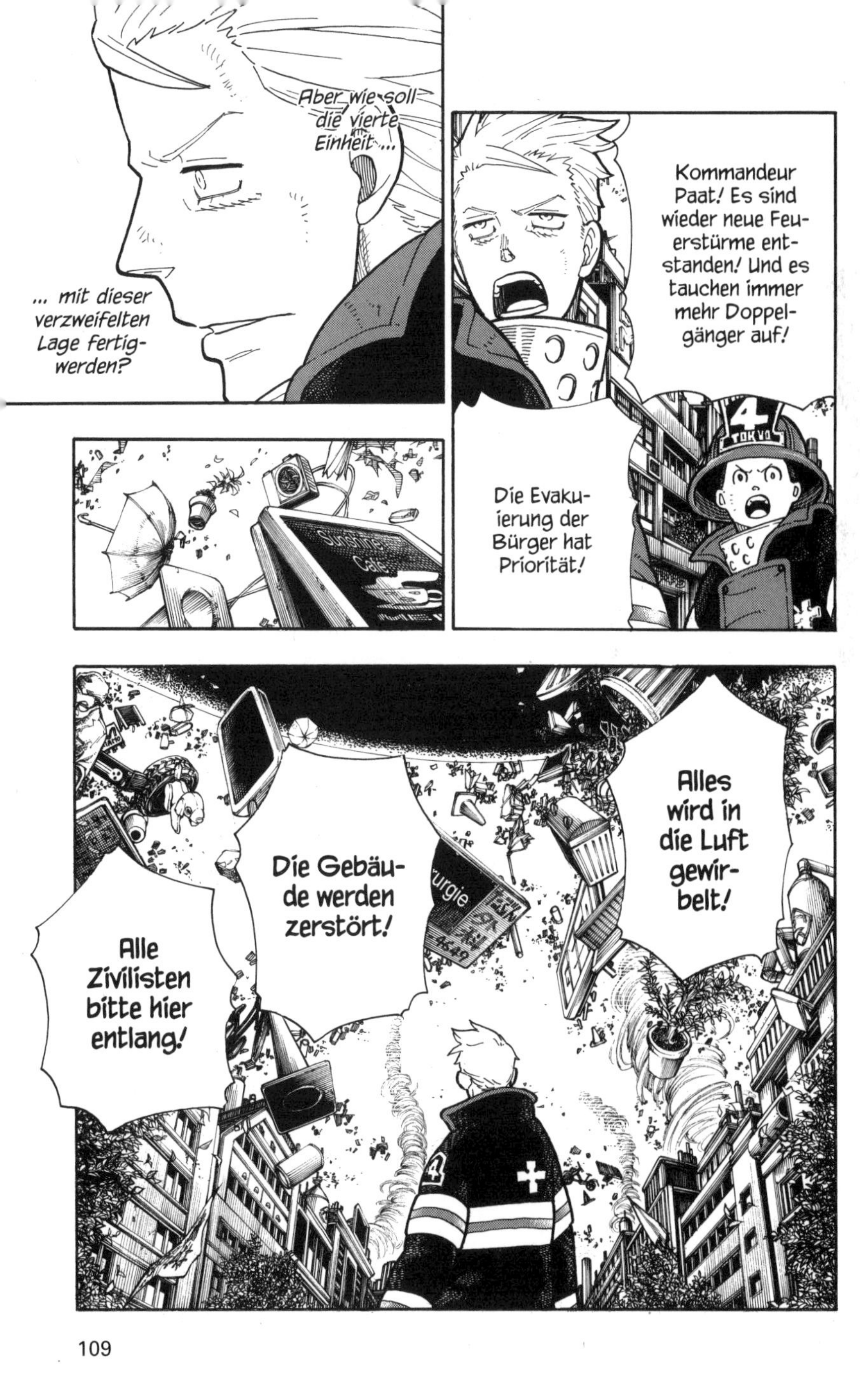
Aber wie soll die vierte Einheit ...
... mit dieser verzweifelten Lage fertigwerden?
Kommandeur Paat! Es sind wieder neue Feuerstürme entstanden! Und es tauchen immer mehr Doppelgänger auf!
Die Evakuierung der Bürger hat Priorität!
Sunshine Cafe
Alles wird in die Luft gewirbelt!
Die Gebäude werden zerstört!
Alle Zivilisten bitte hier entlang!

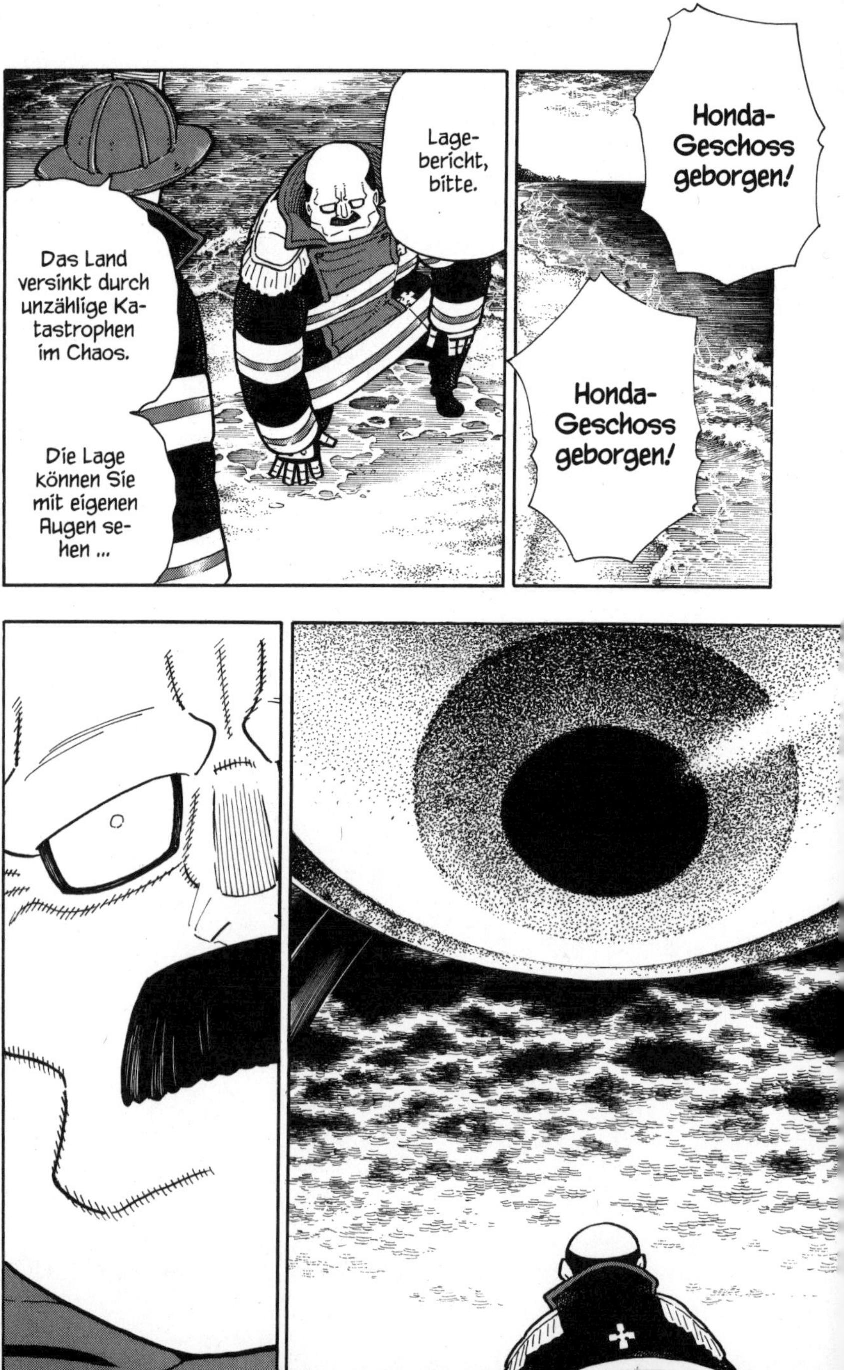
Honda-Geschoss geborgen!
Honda-Geschoss geborgen!
Lage-bericht, bitte.
Das Land versinkt durch unzählige Ka-tastrophen im Chaos.
Die Lage können Sie mit eigenen Augen se-hen ...

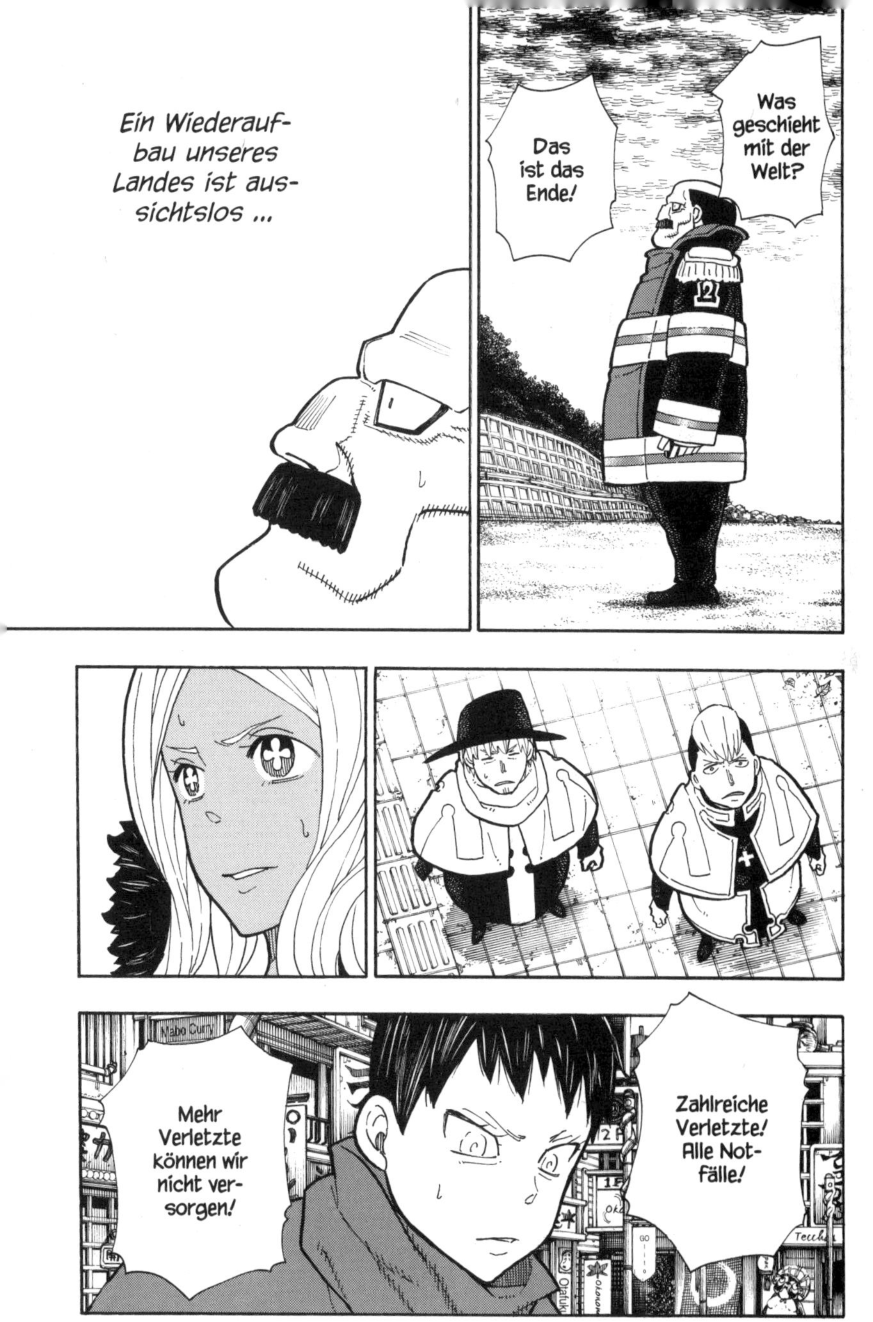
Was geschieht mit der Welt?
Das ist das Ende!
Ein Wiederaufbau unseres Landes ist aussichtslos ...
Zahlreiche Verletzte! Alle Notfälle!
Mehr Verletzte können wir nicht versorgen!
Mabo Curry

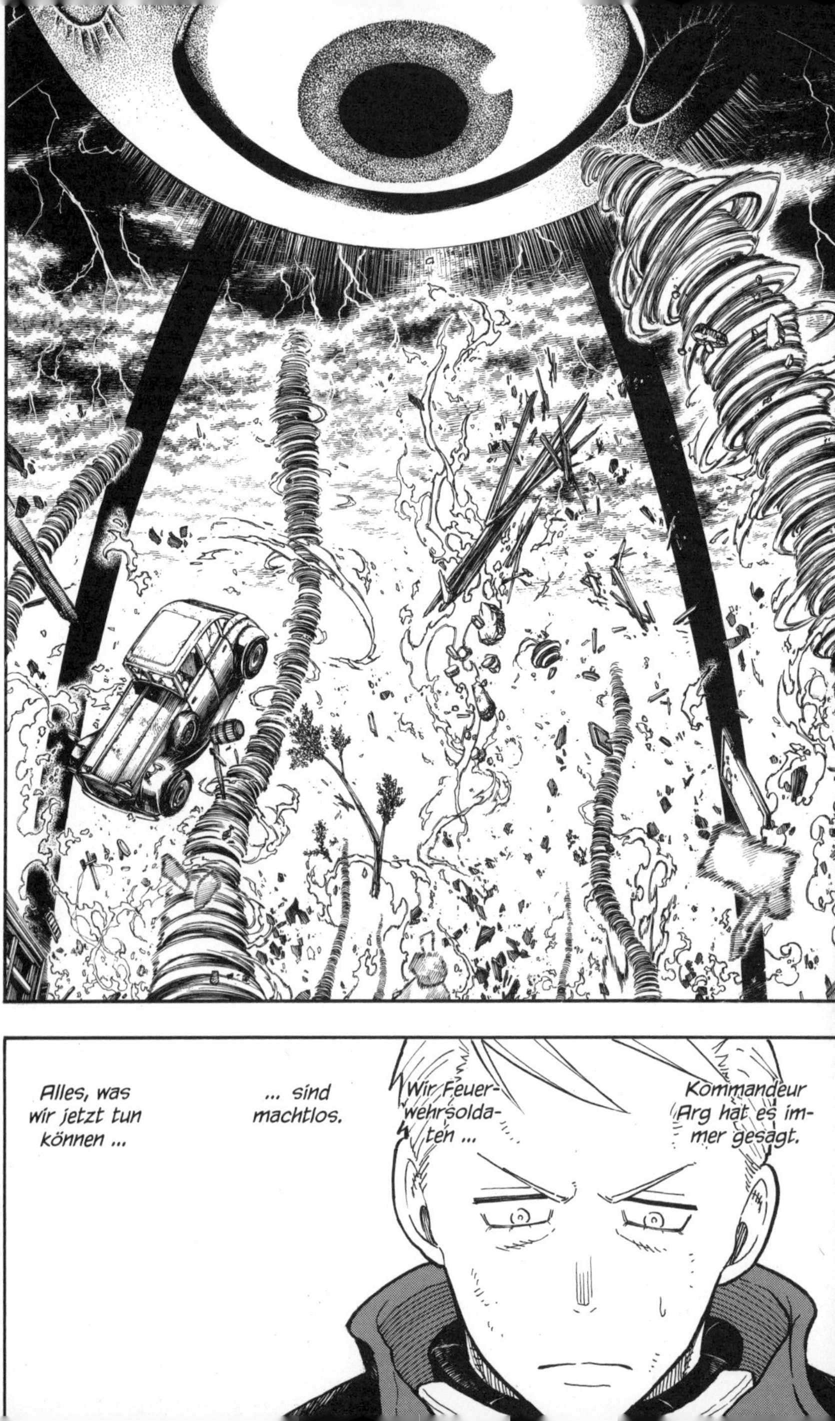
Kommandeur Arg hat es im-
mer gesagt.
Wir Feuer-
wehrsolda-
ten ...
... sind machtlos.
Alles, was wir jetzt tun können ...

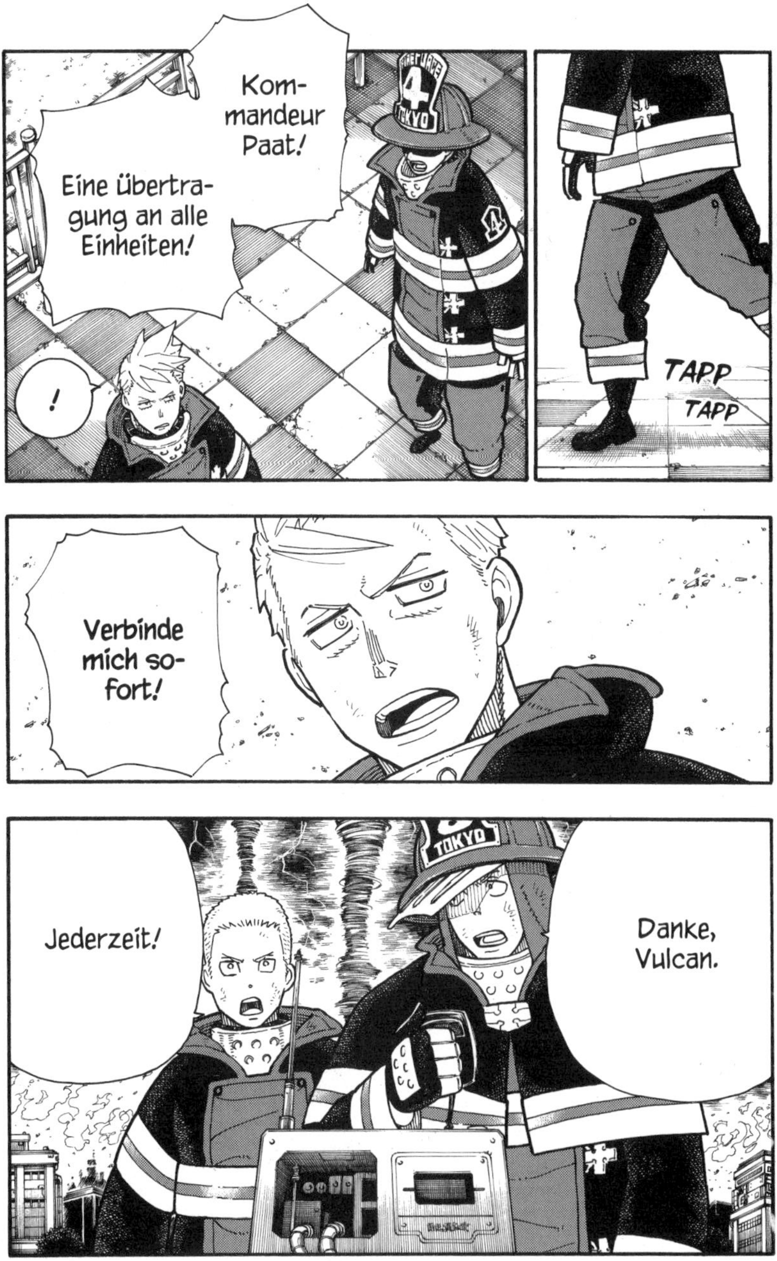
TAPP
TAPP
Kommandeur Paat!
Eine übertragung an alle Einheiten!
!
Verbinde mich sofort!
Danke, Vulcan.
Jederzeit!

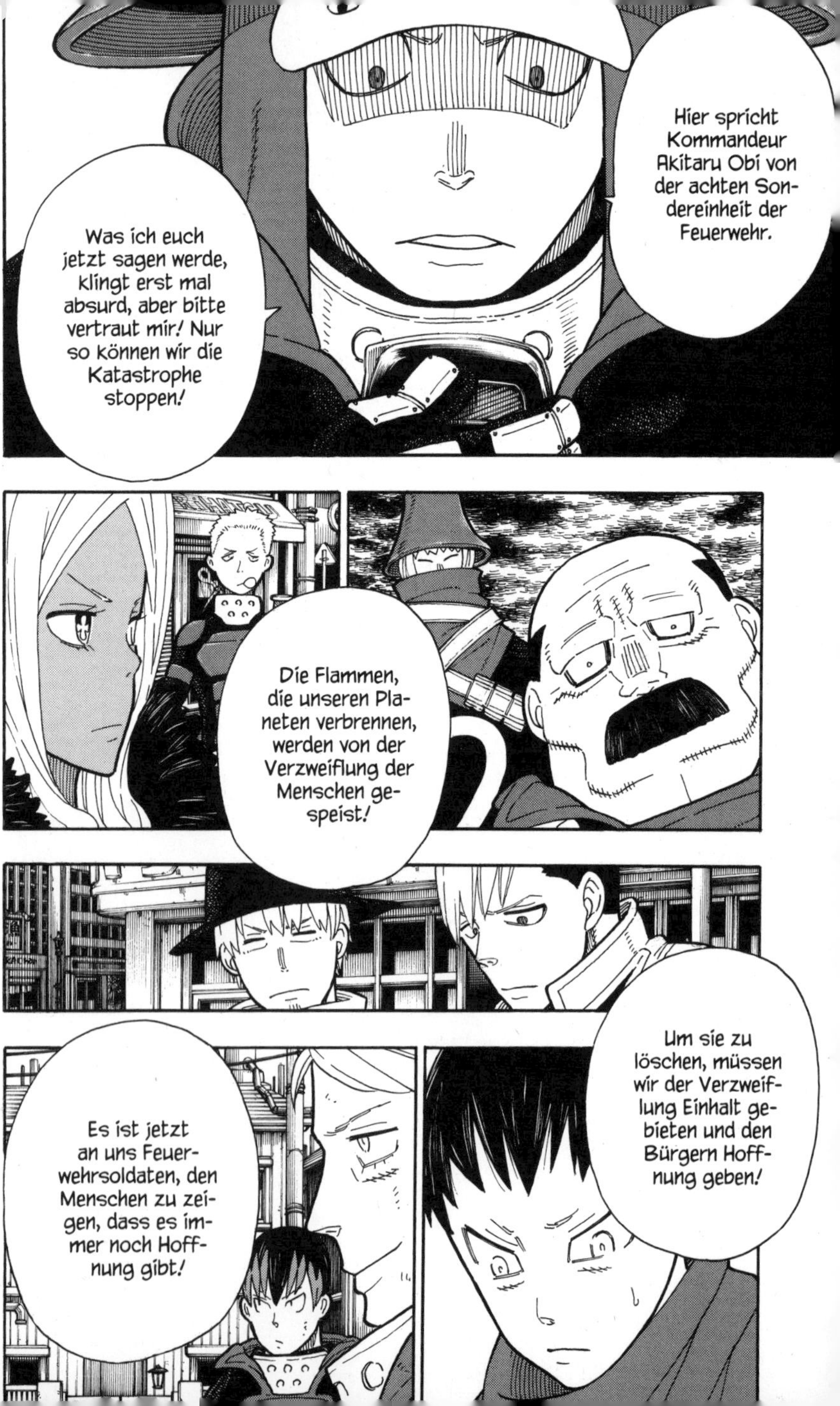
Hier spricht Kommandeur Akitaru Obi von der achten Sondereinheit der Feuerwehr.
Was ich euch jetzt sagen werde, klingt erst mal absurd, aber bitte vertraut mir! Nur so können wir die Katastrophe stoppen!
Die Flammen, die unseren Planeten verbrennen, werden von der Verzweiflung der Menschen gespeist!
Um sie zu löschen, müssen wir der Verzweiflung Einhalt gebieten und den Bürgern Hoffnung geben!
Es ist jetzt an uns Feuerwehrsoldaten, den Menschen zu zeigen, dass es immer noch Hoffnung gibt!

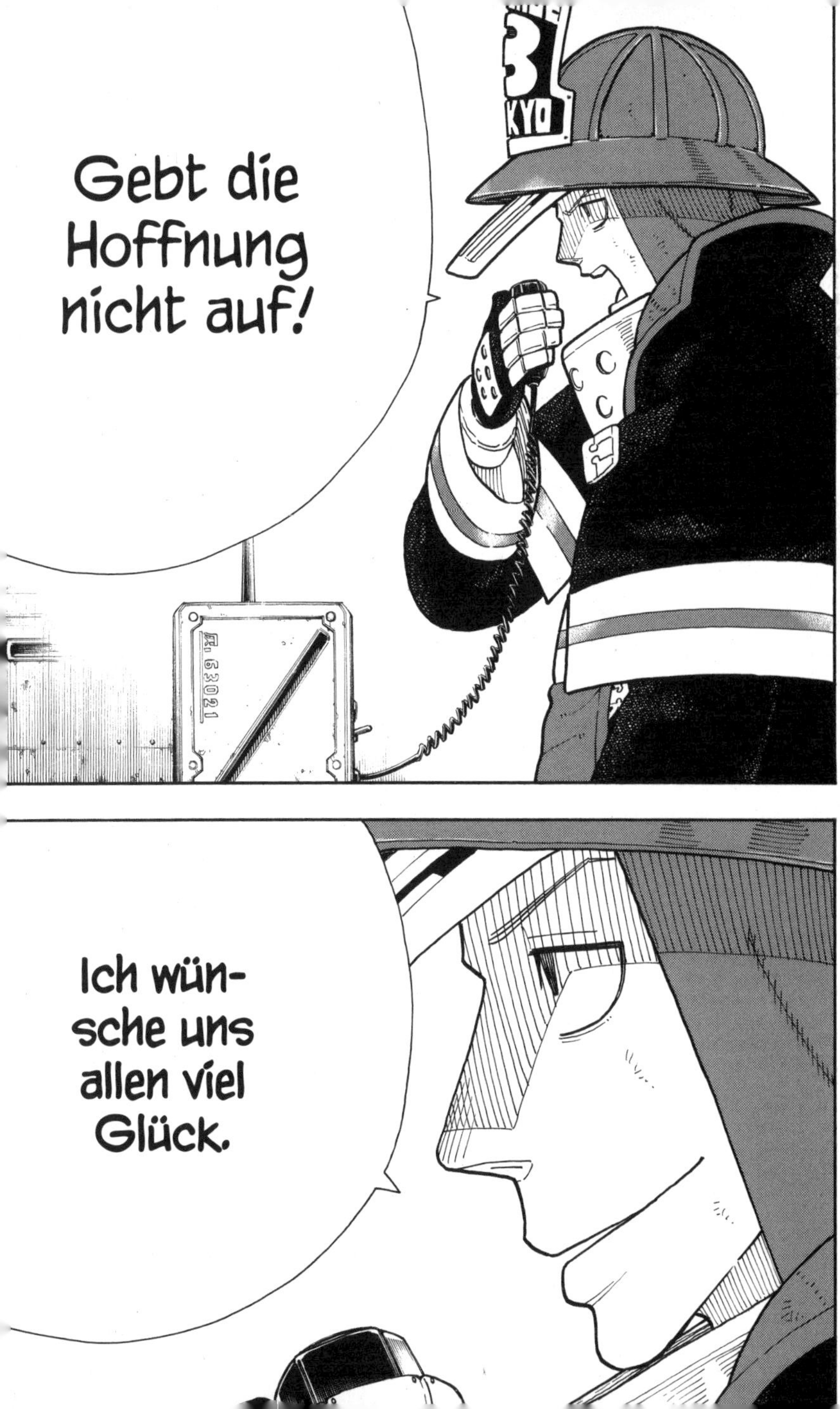
Gebt die Hoffnung nicht auf!
Ich wün-sche uns allen viel Glück.

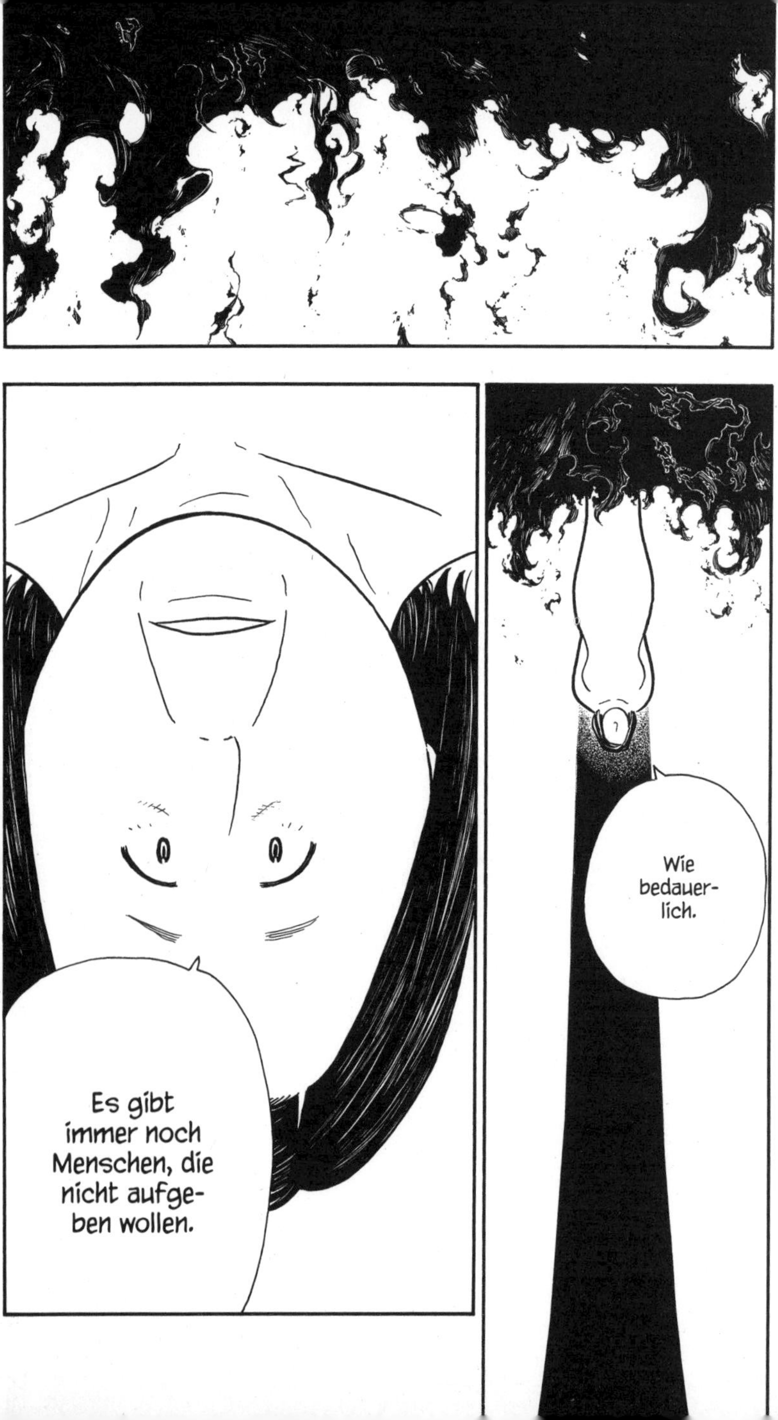
Wie bedauerlich.
Es gibt immer noch Menschen, die nicht aufgeben wollen.

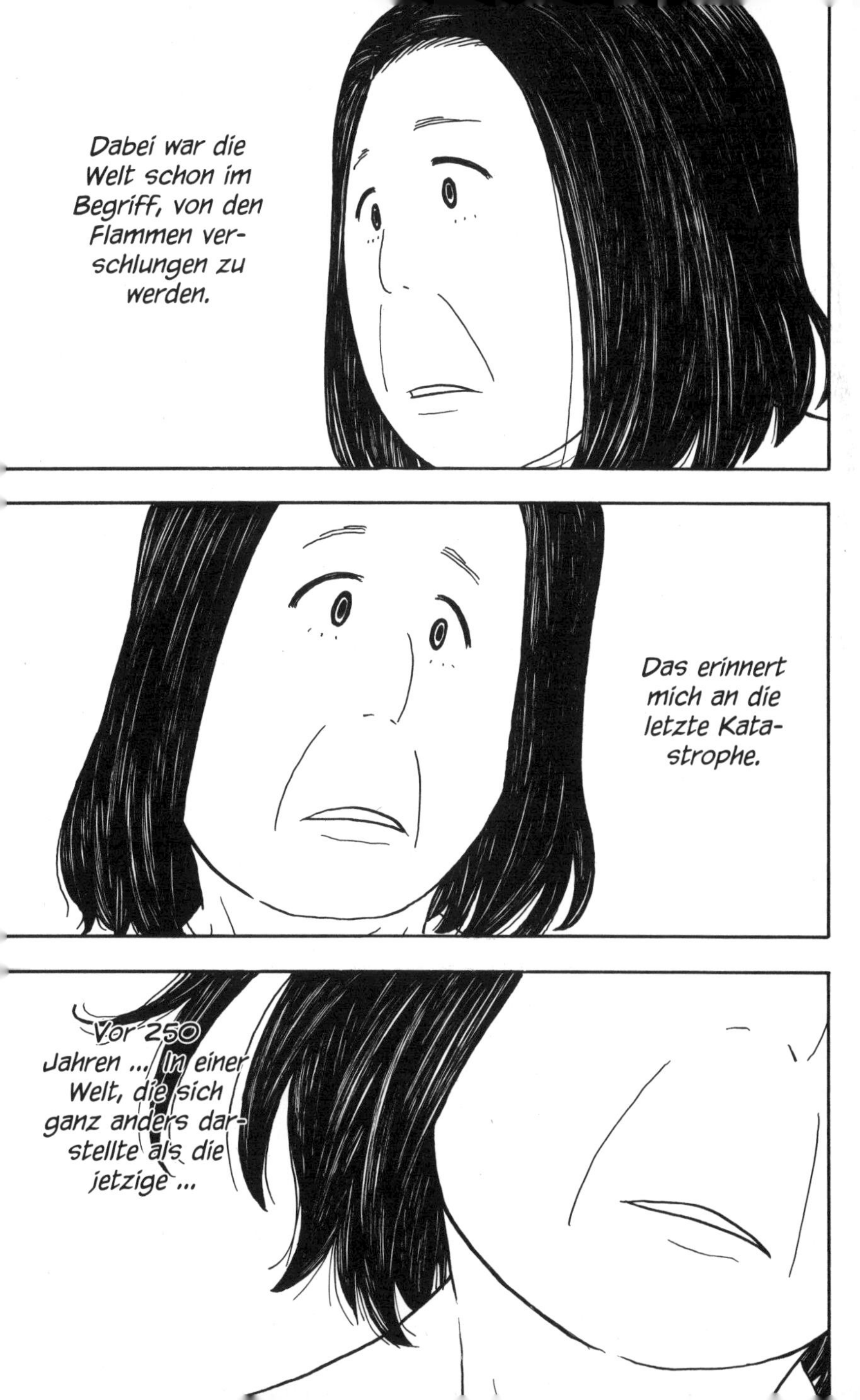
Dabei war die Welt schon im Begriff, von den Flammen verschlungen zu werden.
Das erinnert mich an die letzte Katastrophe.
Vor 250 Jahren ... In einer Welt, die sich ganz anders darstellte als die jetzige ...

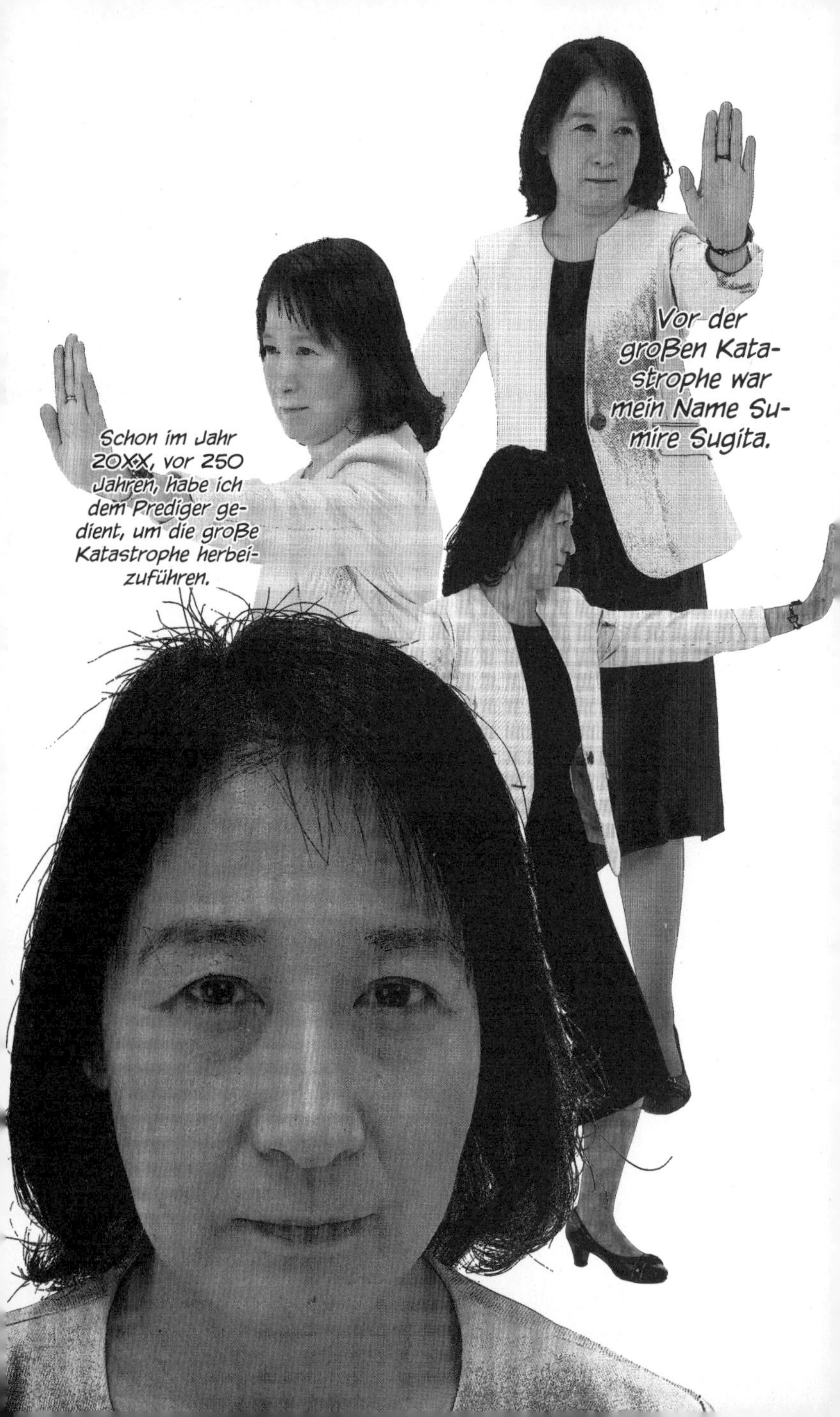
Vor der großen Katastrophe war mein Name Sumire Sugita.
Schon im Jahr 20XX, vor 250 Jahren, habe ich dem Prediger gedient, um die große Katastrophe herbeizuführen.

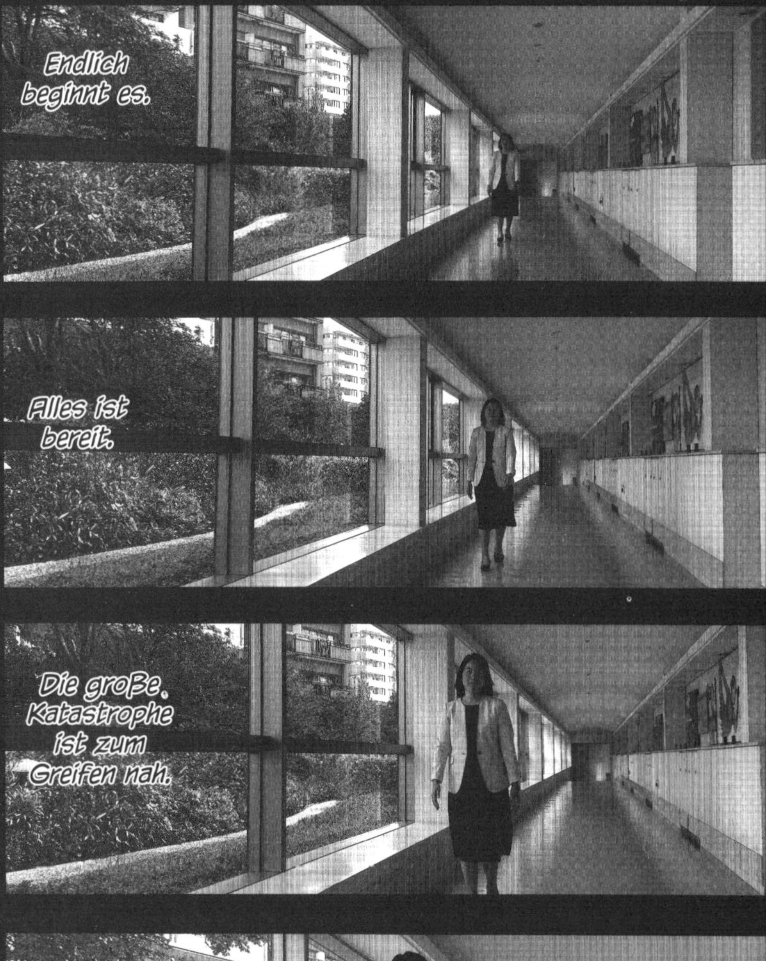
Endlich beginnt es.
Alles ist bereit.
Die große Katastrophe ist zum Greifen nah.
Die Naturgesetze der Welt werden erneut umgeschrieben.

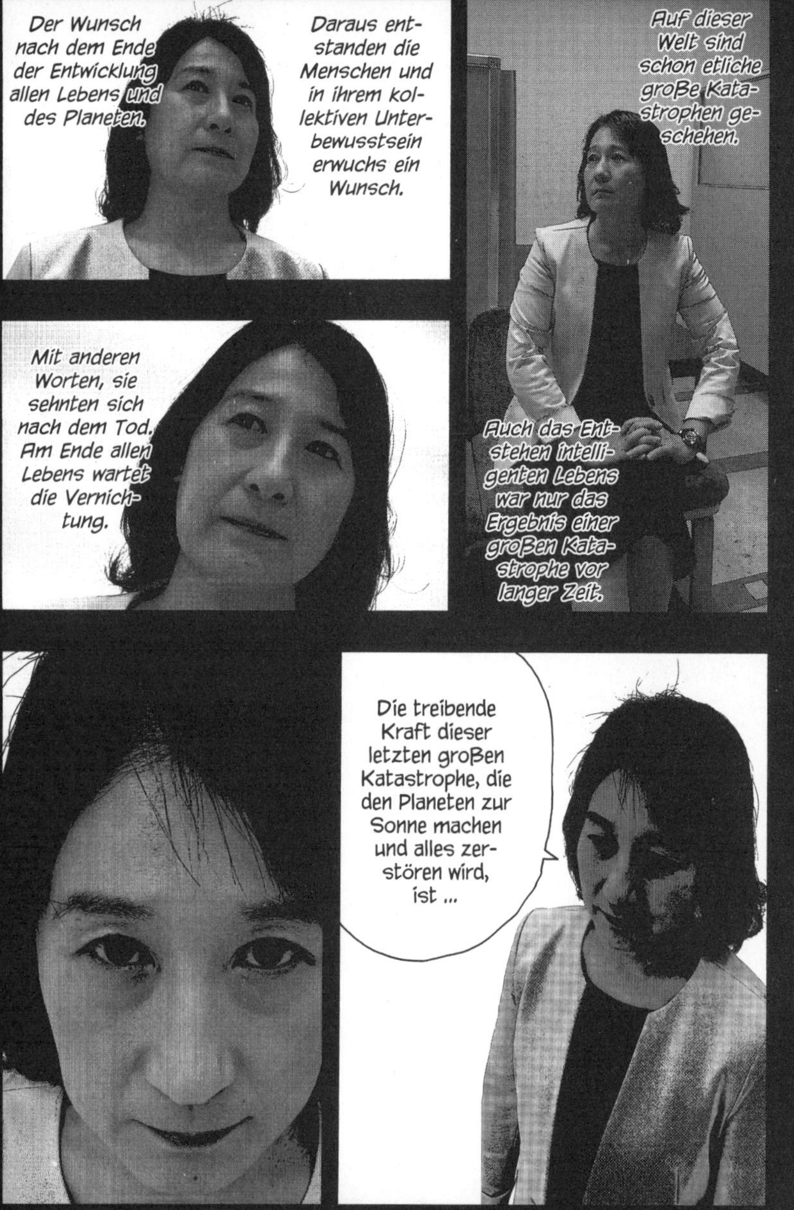
Auf dieser Welt sind schon etliche große Katastrophen geschehen.
Daraus entstanden die Menschen und in ihrem kollektiven Unterbewusstsein erwuchs ein Wunsch.
Der Wunsch nach dem Ende der Entwicklung allen Lebens und des Planeten.
Auch das Entstehen intelligenten Lebens war nur das Ergebnis einer großen Katastrophe vor langer Zeit.
Mit anderen Worten, sie sehnten sich nach dem Tod. Am Ende allen Lebens wartet die Vernichtung.
Die treibende Kraft dieser letzten großen Katastrophe, die den Planeten zur Sonne machen und alles zerstören wird, ist ...

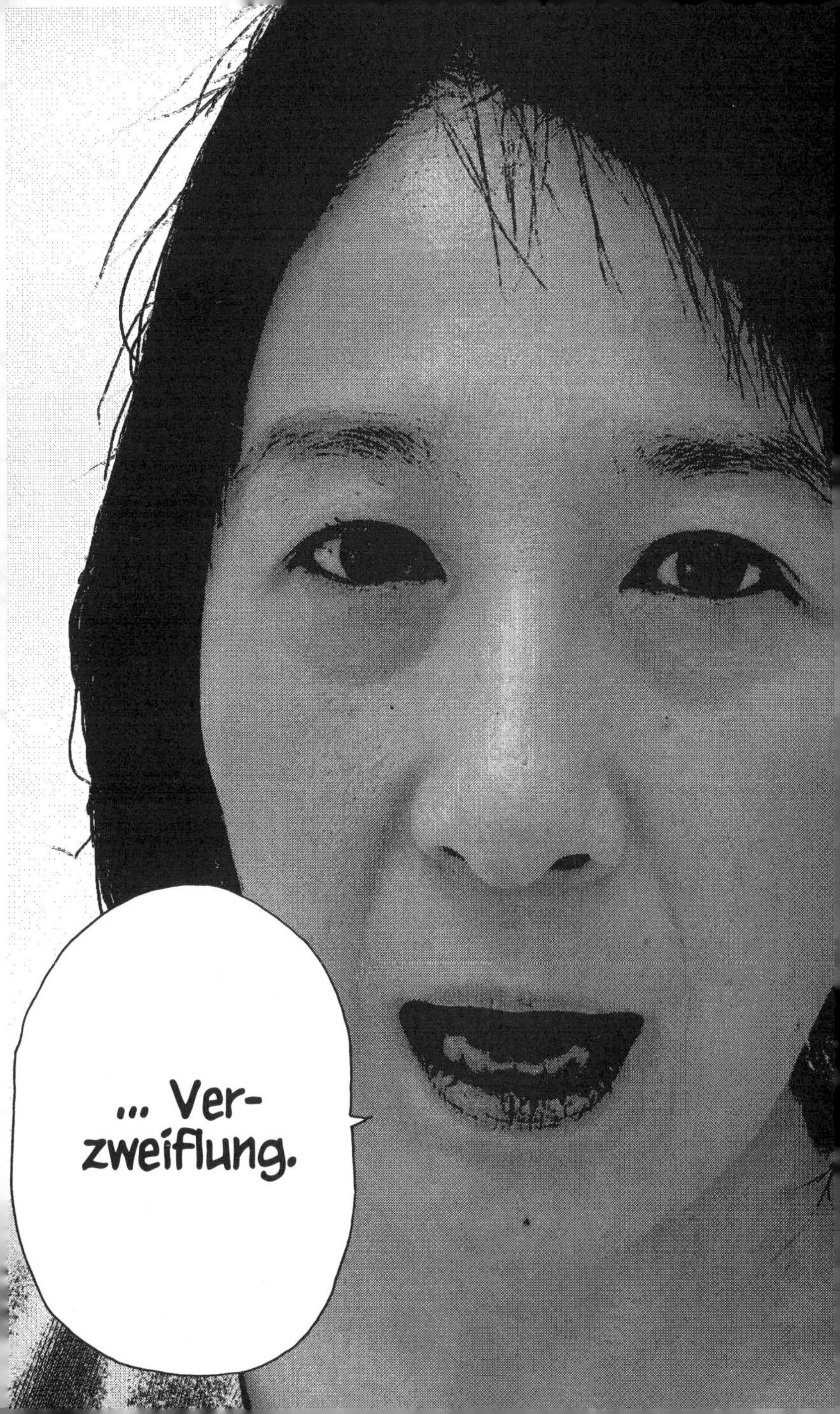
... Verzweiflung.

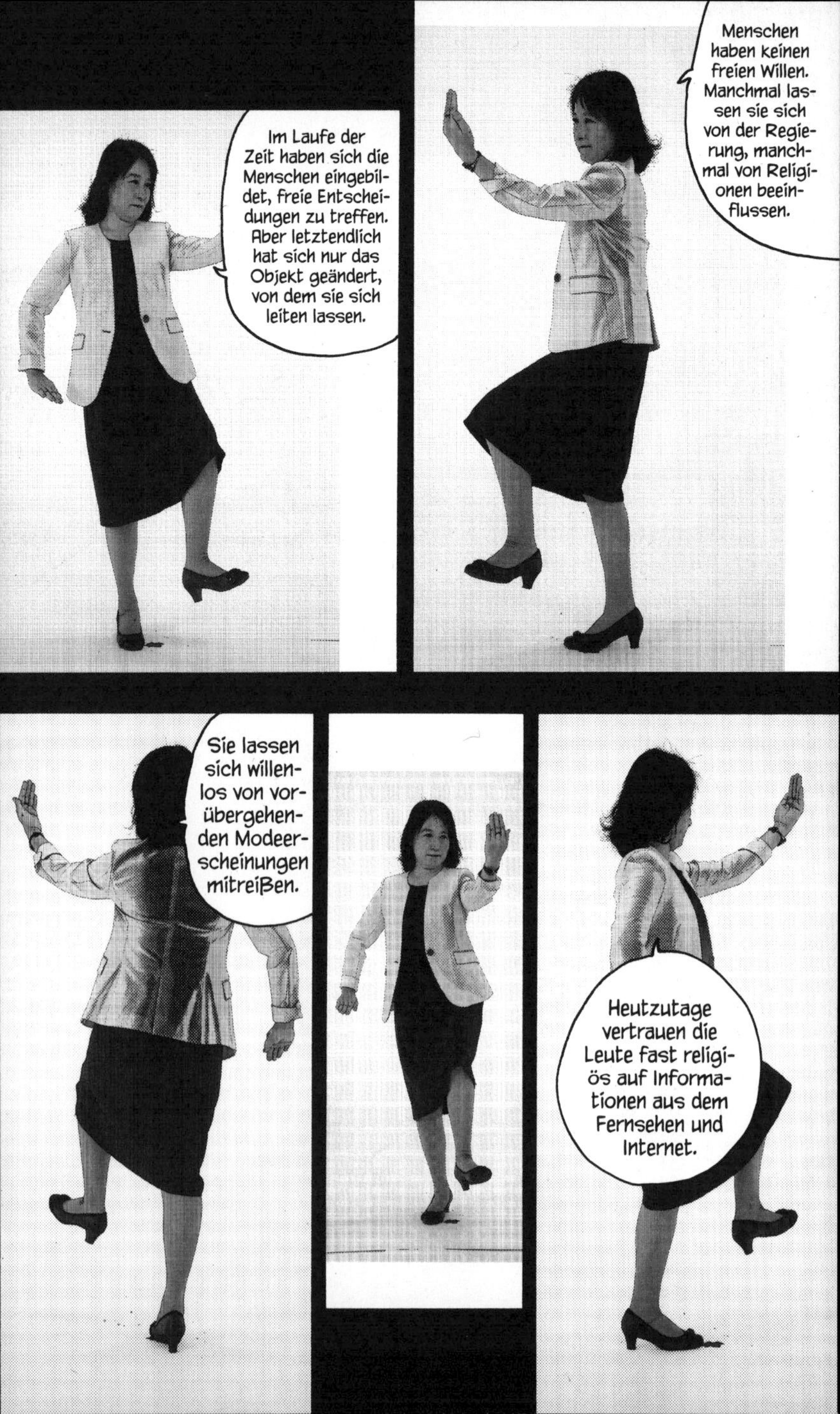
Im Laufe der Zeit haben sich die Menschen eingebildet, freie Entscheidungen zu treffen. Aber letztendlich hat sich nur das Objekt geändert, von dem sie sich leiten lassen.
Menschen haben keinen freien Willen. Manchmal lassen sie sich von der Regierung, manchmal von Religionen beeinflussen.
Sie lassen sich willenlos von vorübergehenden Modeerscheinungen mitreißen.
Heutzutage vertrauen die Leute fast religiös auf Informationen aus dem Fernsehen und Internet.

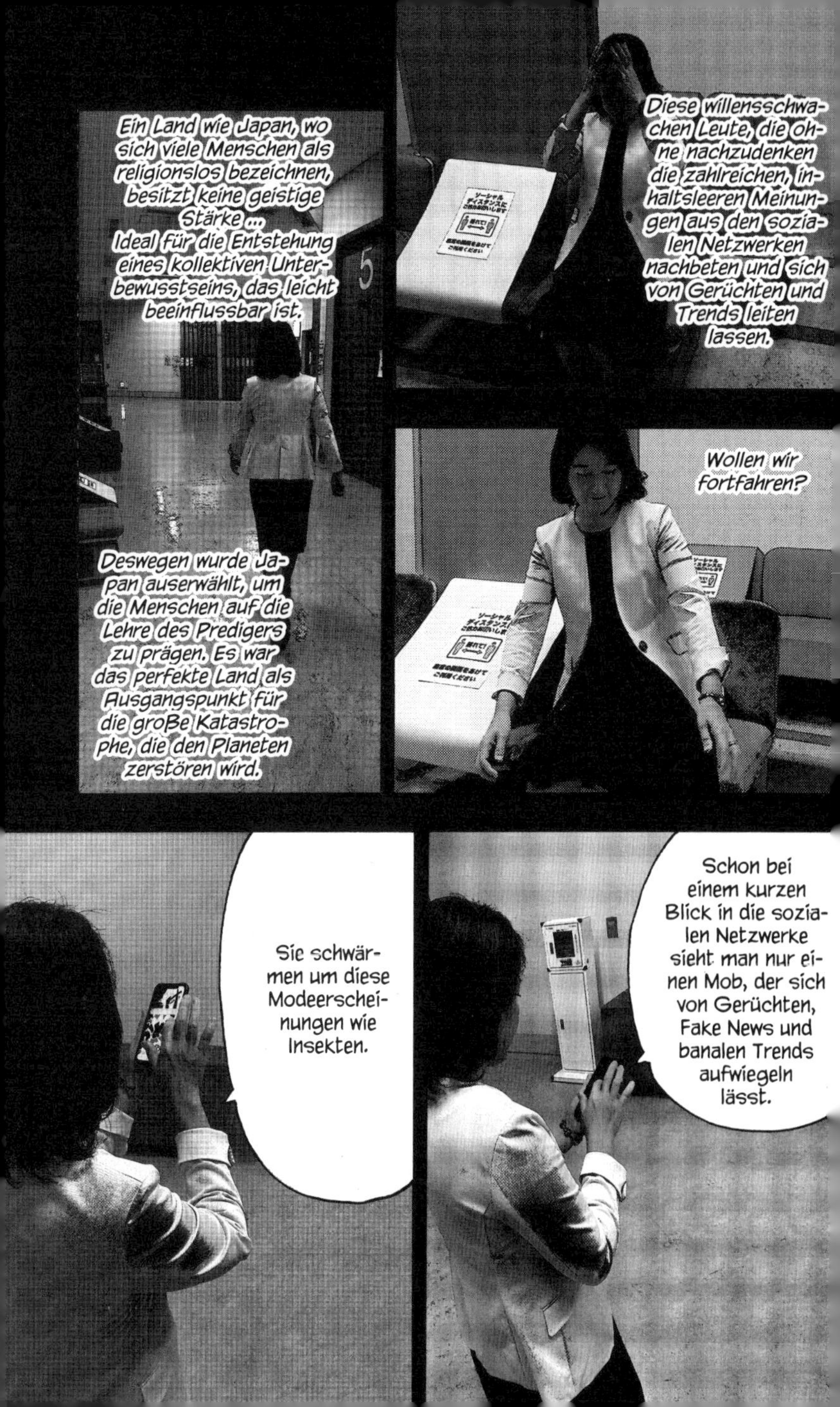
Diese willensschwachen Leute, die ohne nachzudenken die zahlreichen, inhaltsleeren Meinungen aus den sozialen Netzwerken nachbeten und sich von Gerüchten und Trends leiten lassen.
Wollen wir fortfahren?
Ein Land wie Japan, wo sich viele Menschen als religionslos bezeichnen, besitzt keine geistige Stärke ... Ideal für die Entstehung eines kollektiven Unterbewusstseins, das leicht beeinflussbar ist.
Deswegen wurde Japan auserwählt, um die Menschen auf die Lehre des Predigers zu prägen. Es war das perfekte Land als Ausgangspunkt für die große Katastrophe, die den Planeten zerstören wird.
Schon bei einem kurzen Blick in die sozialen Netzwerke sieht man nur einen Mob, der sich von Gerüchten, Fake News und banalen Trends aufwiegeln lässt.
Sie schwärmen um diese Modeerscheinungen wie Insekten.

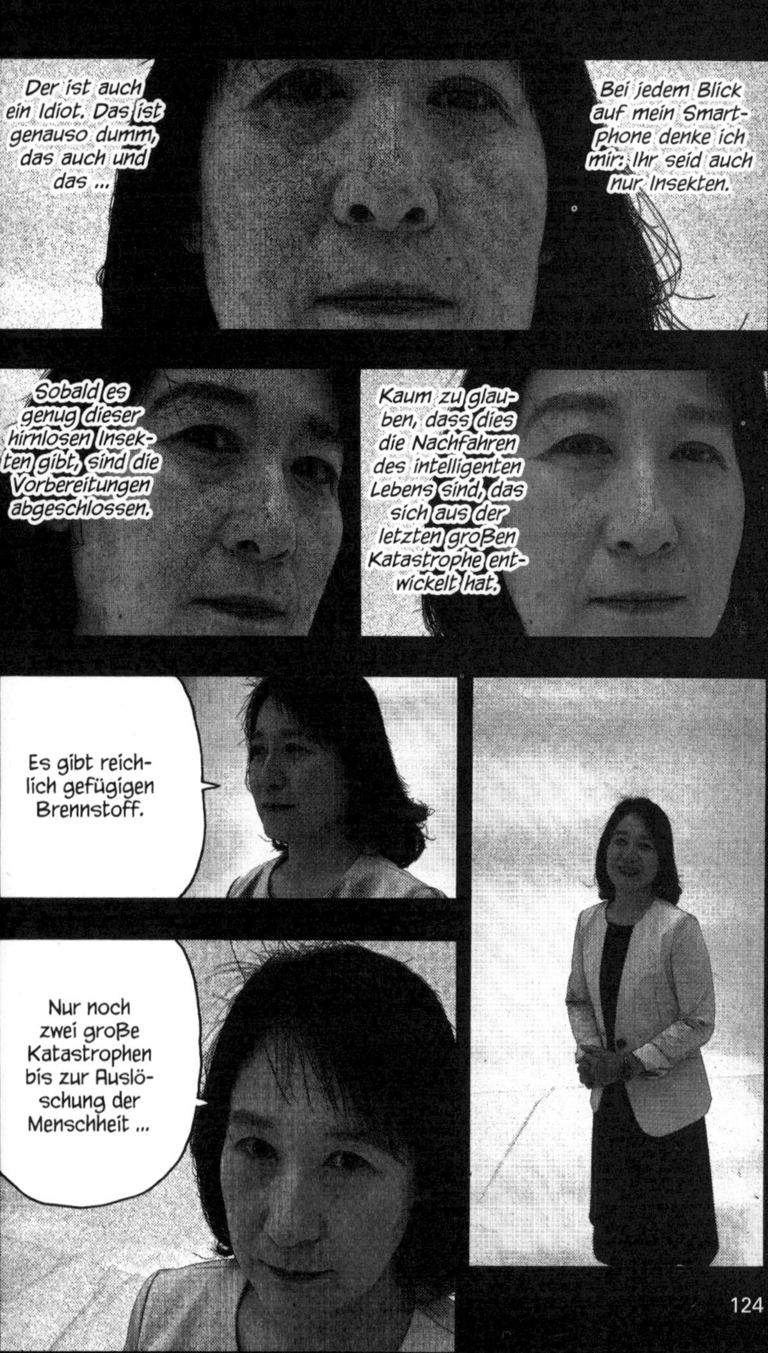
Der ist auch ein Idiot. Das ist genauso dumm, das auch und das ...
Bei jedem Blick auf mein Smart-phone denke ich mir: Ihr seid auch nur Insekten.
Sobald es genug dieser hirnlosen Insek-ten gibt, sind die Vorbereitungen abgeschlossen.
Kaum zu glau-ben, dass dies die Nachfahren des intelligenten Lebens sind, das sich aus der letzten großen Katastrophe ent-wickelt hat.
Es gibt reich-lich gefügigen Brennstoff.
Nur noch zwei große Katastrophen bis zur Auslö-schung der Menschheit ...

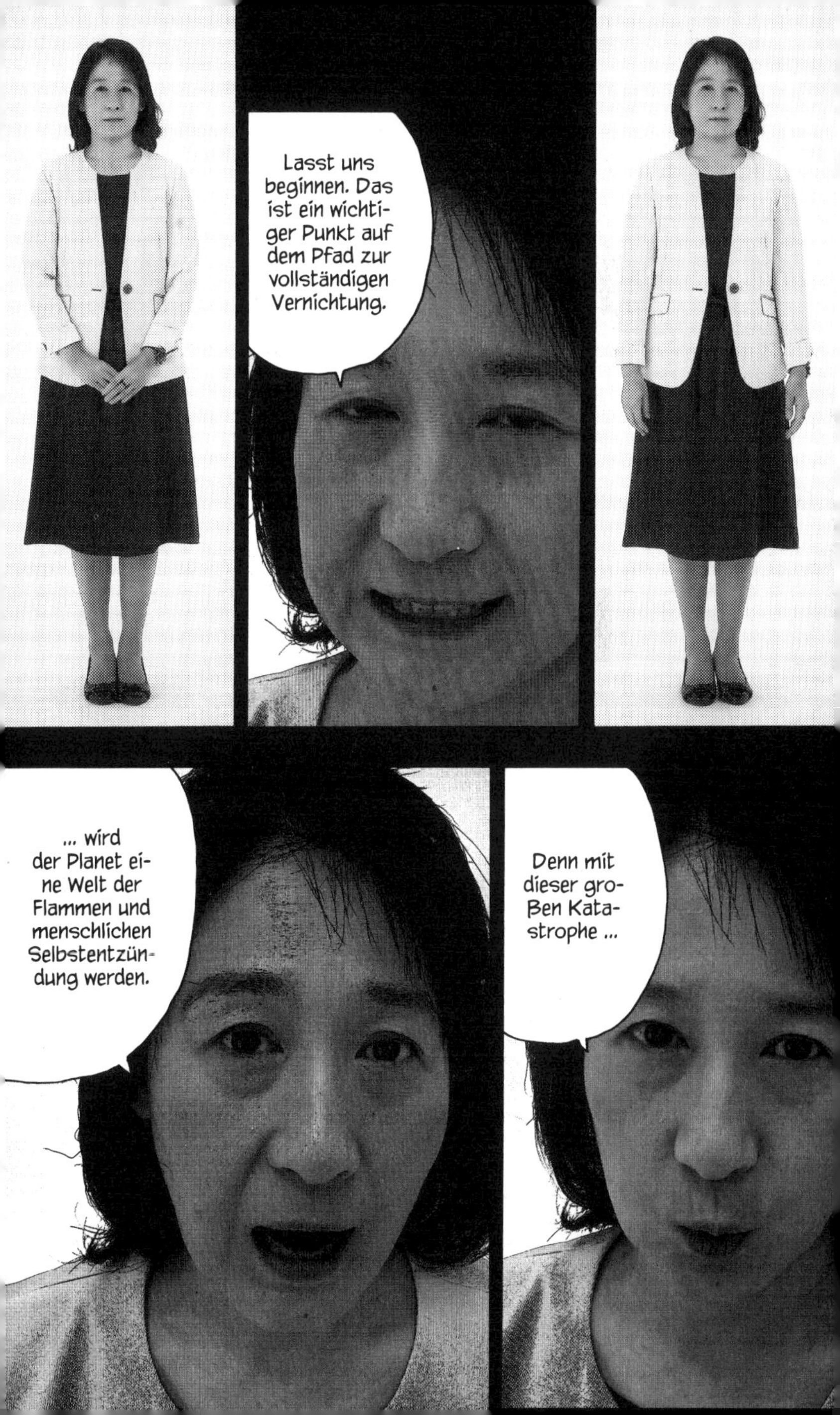
Lasst uns beginnen. Das ist ein wichtiger Punkt auf dem Pfad zur vollständigen Vernichtung.
Denn mit dieser großen Katastrophe ...
... wird der Planet eine Welt der Flammen und menschlichen Selbstentzündung werden.

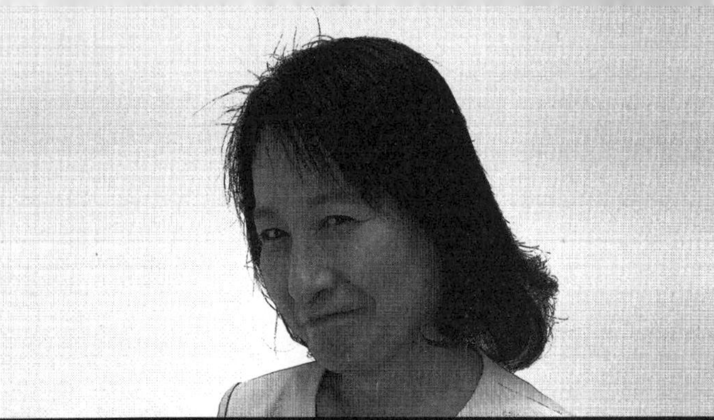

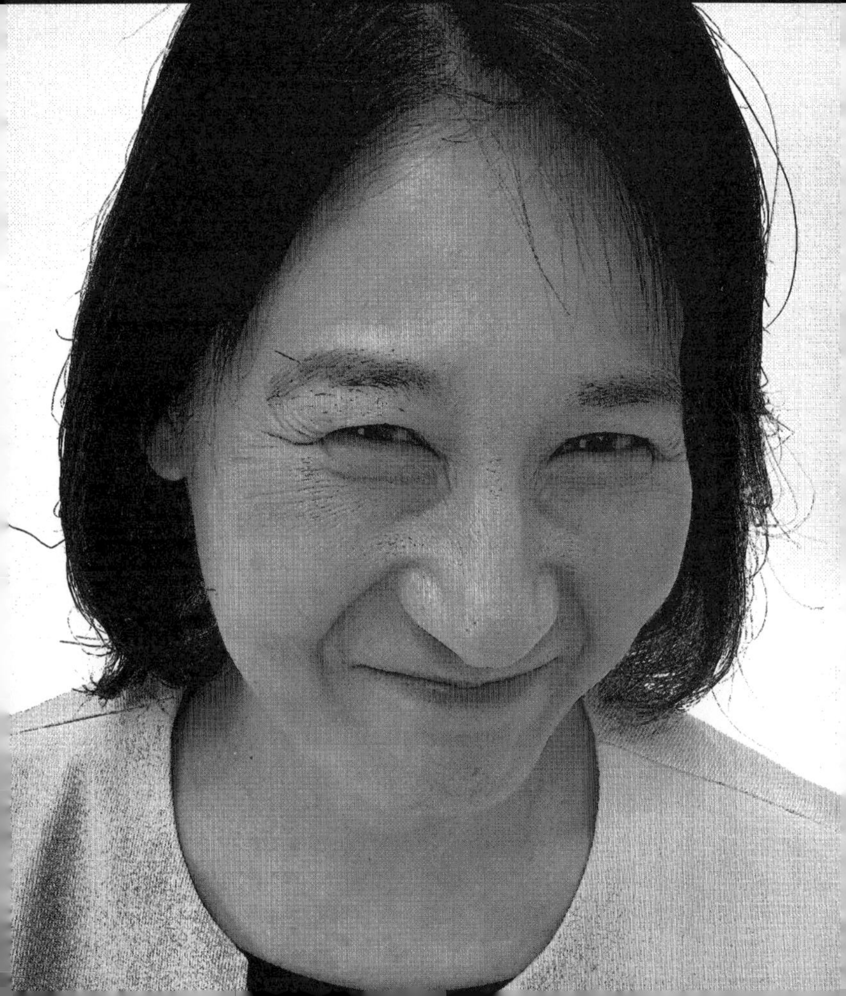

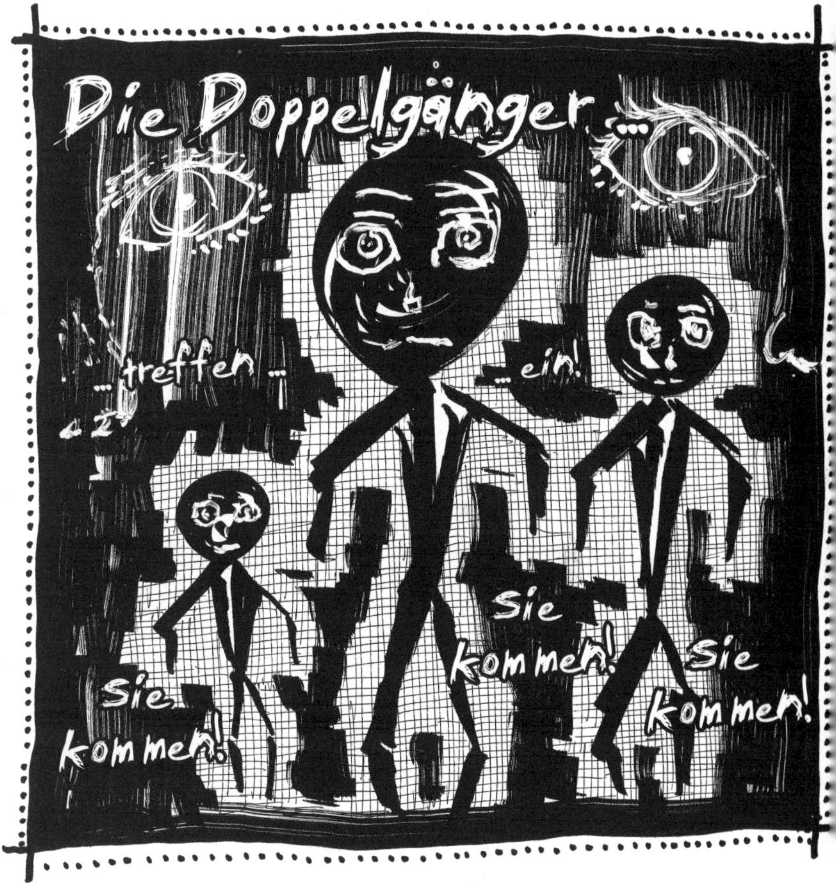

Kapitel 256:
Wiedersehen mit einem Trugbild

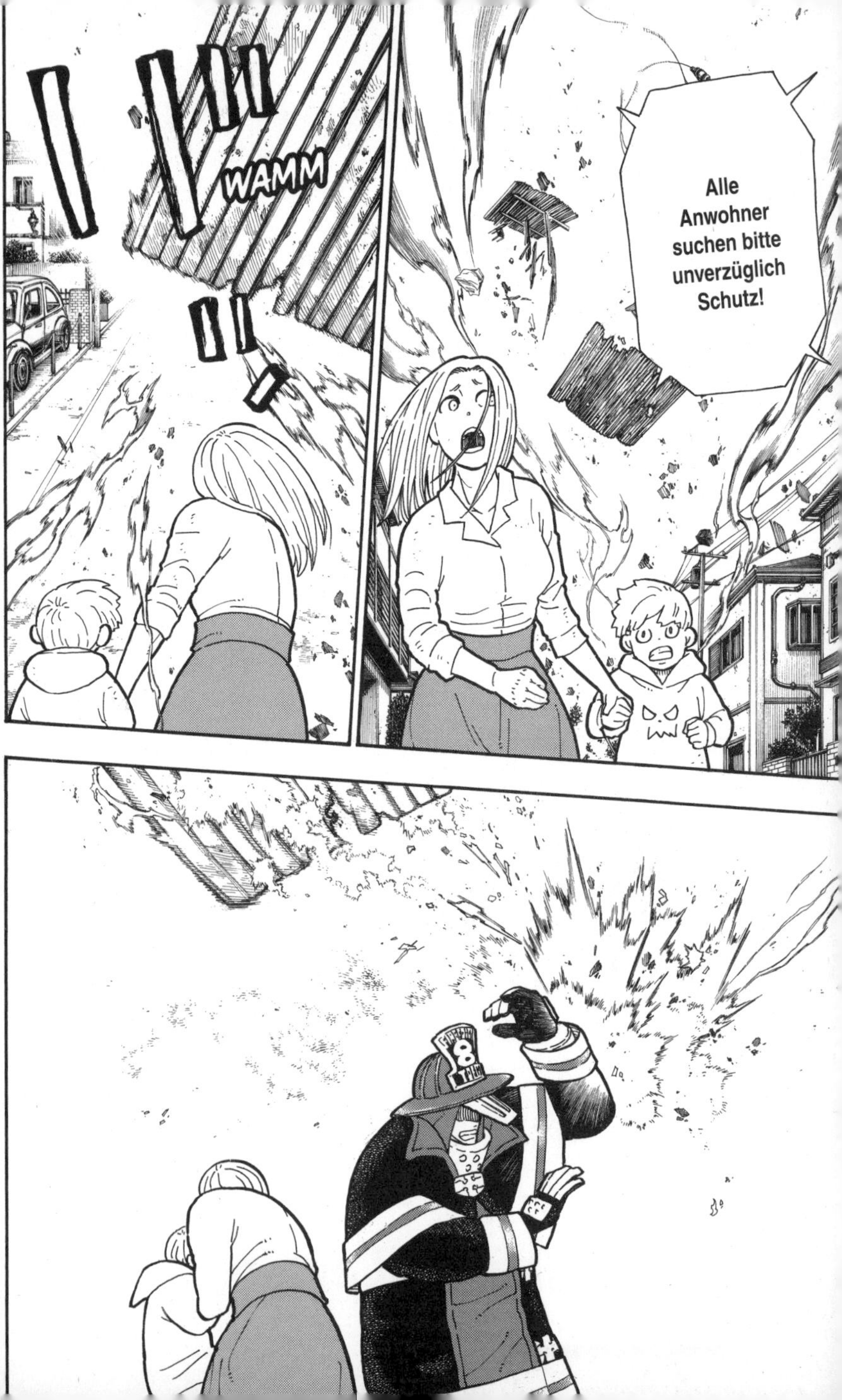
WAMM
Alle Anwohner suchen bitte unverzüglich Schutz!

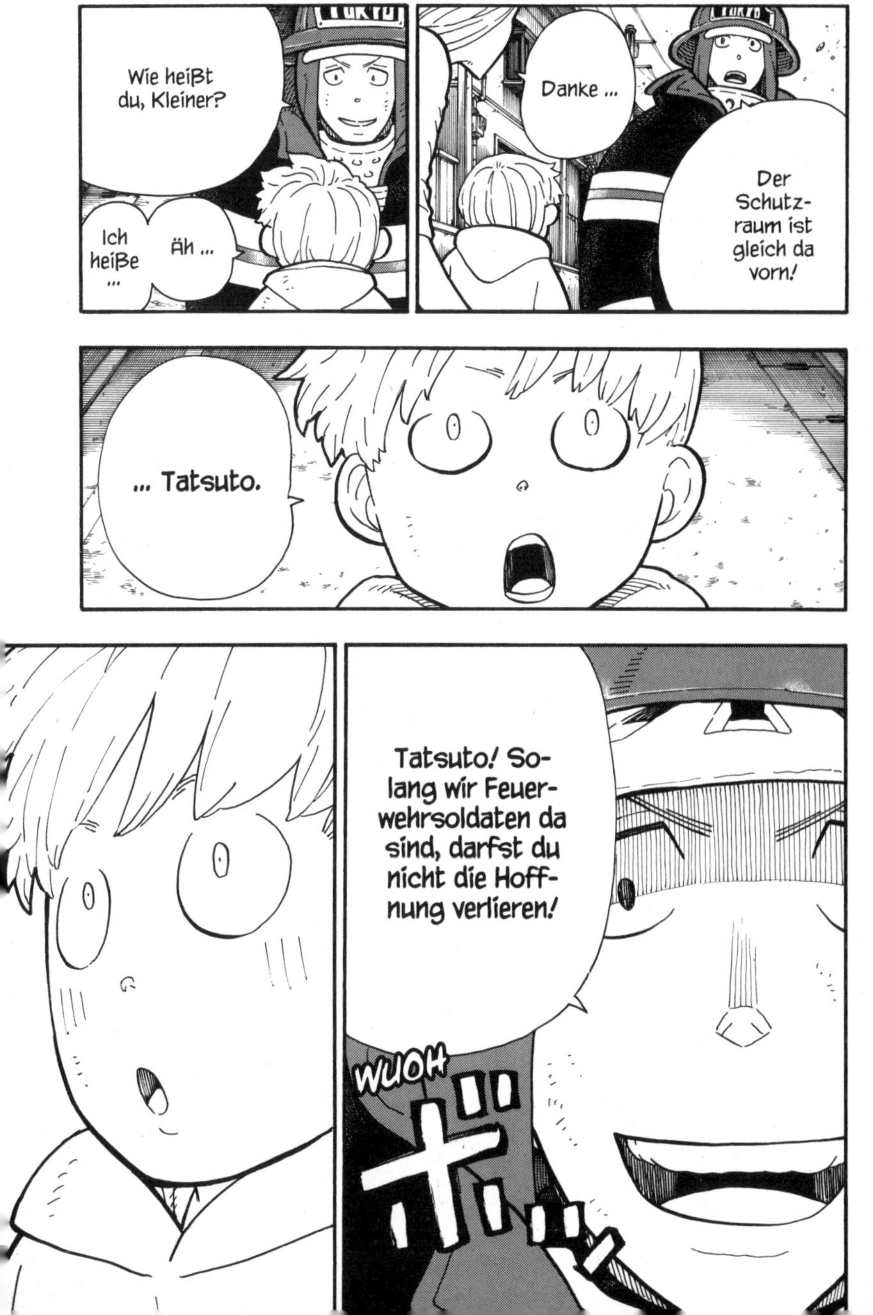
Danke ...
Der Schutzraum ist gleich da vorn!
Wie heißt du, Kleiner?
Äh ...
Ich heiße ...
... Tatsuto.
Tatsuto! Solang wir Feuerwehrsoldaten da sind, darfst du nicht die Hoffnung verlieren!
WUOH

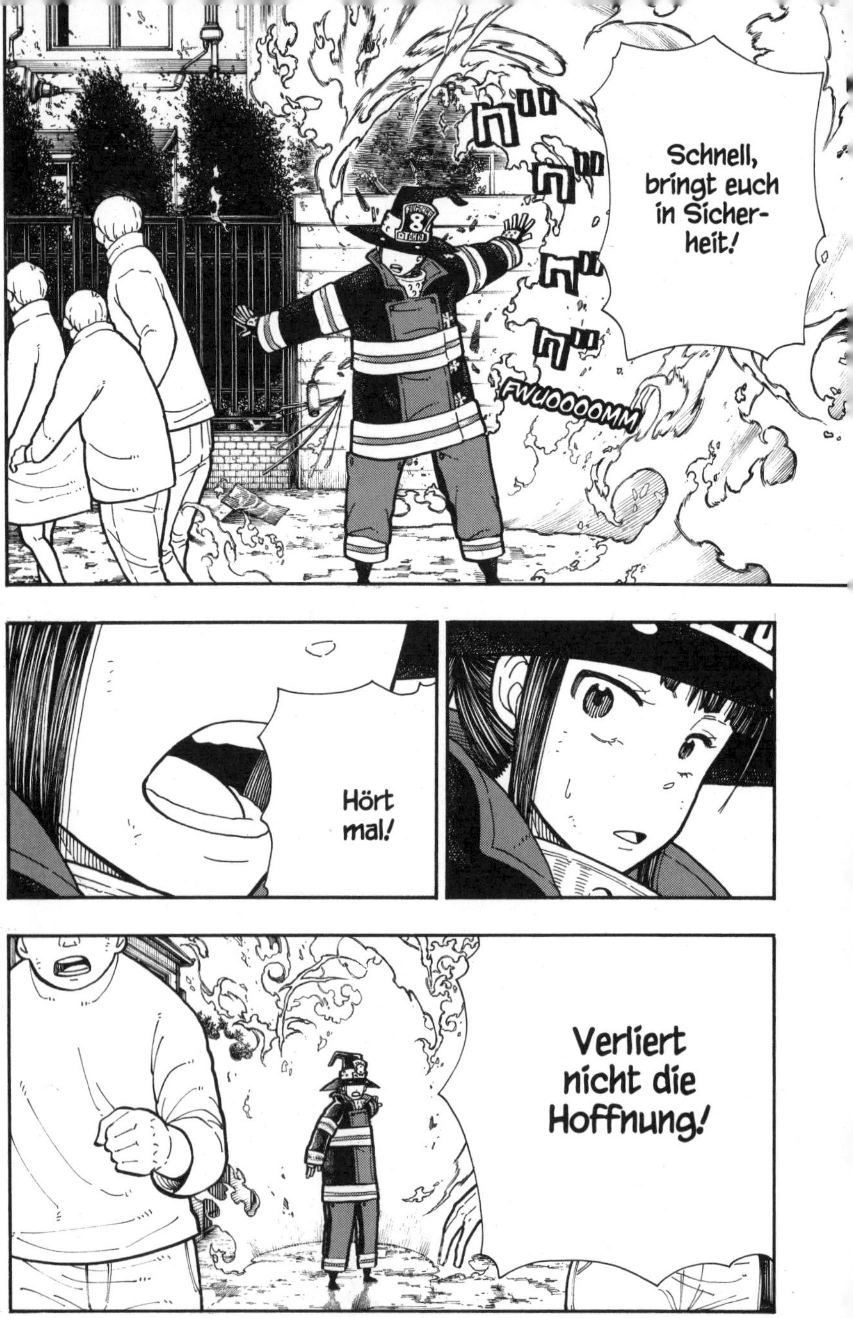
Schnell, bringt euch in Sicherheit!
FWUOOOOMM
Hört mal!
Verliert nicht die Hoffnung!

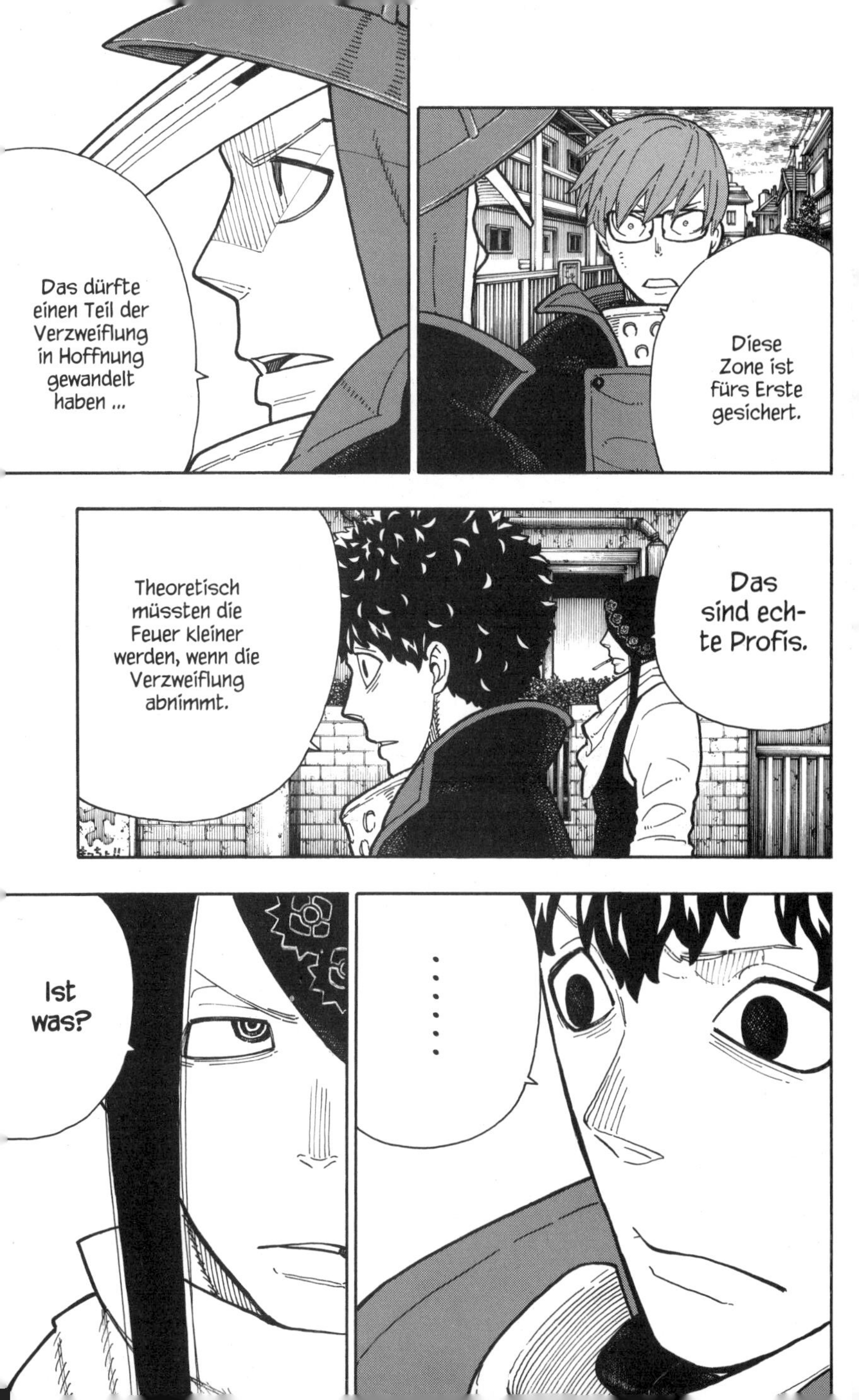
Diese Zone ist fürs Erste gesichert.
Das dürfte einen Teil der Verzweiflung in Hoffnung gewandelt haben ...
Das sind echte Profis.
Theoretisch müssten die Feuer kleiner werden, wenn die Verzweiflung abnimmt.
......
Ist was?

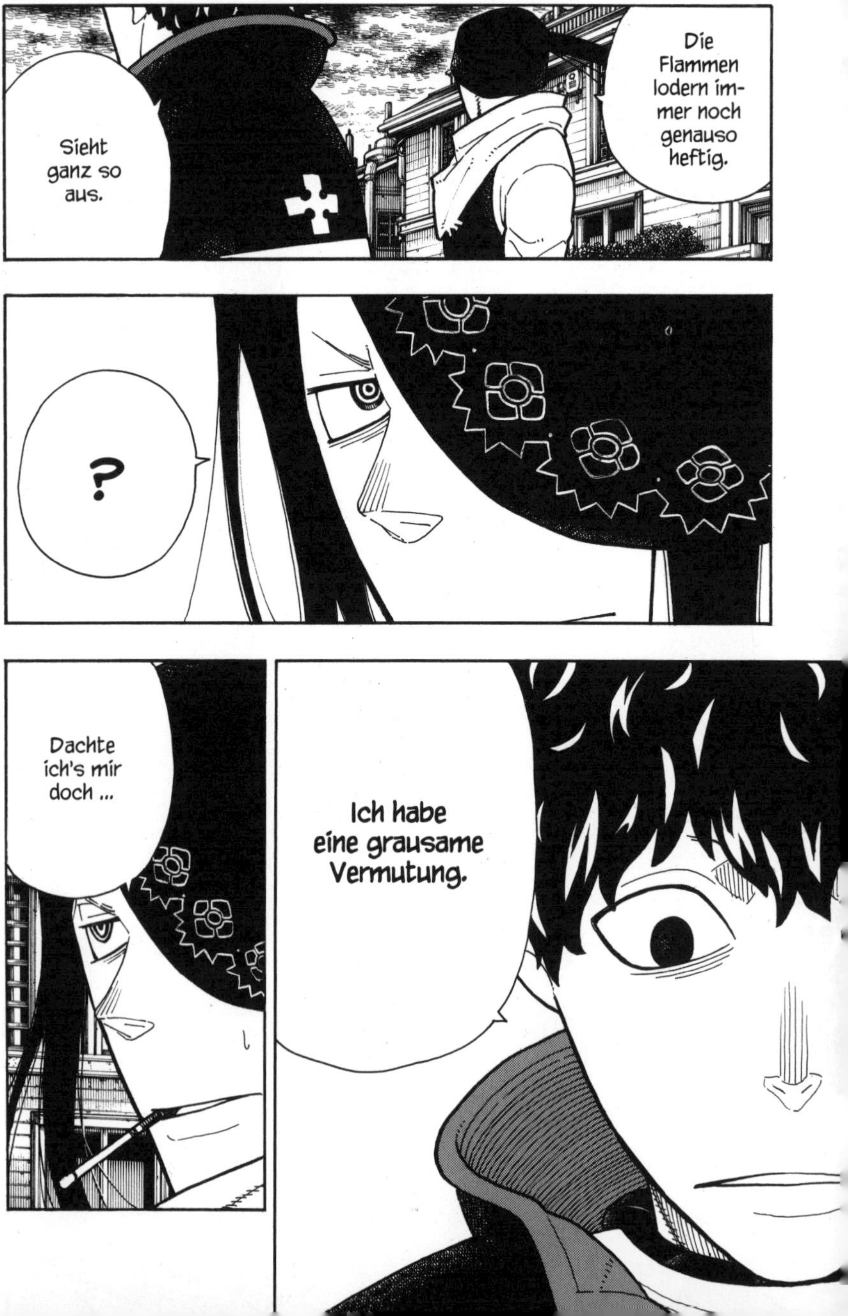
Die Flammen lodern immer noch genauso heftig.
Sieht ganz so aus.
?
Ich habe eine grausame Vermutung.
Dachte ich's mir doch ...

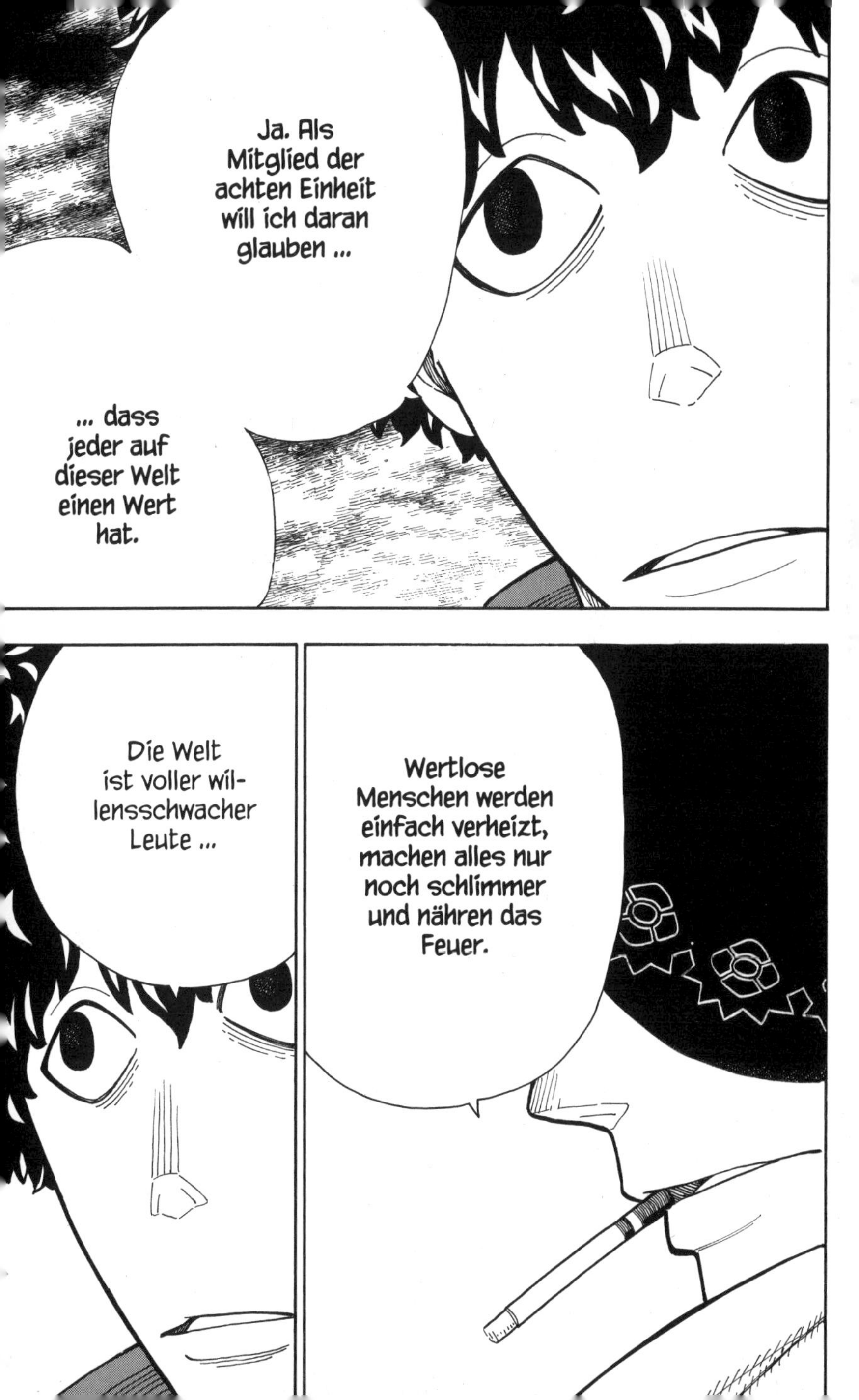
Ja. Als Mitglied der achten Einheit will ich daran glauben ...
... dass jeder auf dieser Welt einen Wert hat.
Wertlose Menschen werden einfach verheizt, machen alles nur noch schlimmer und nähren das Feuer.
Die Welt ist voller wil-lensschwacher Leute ...

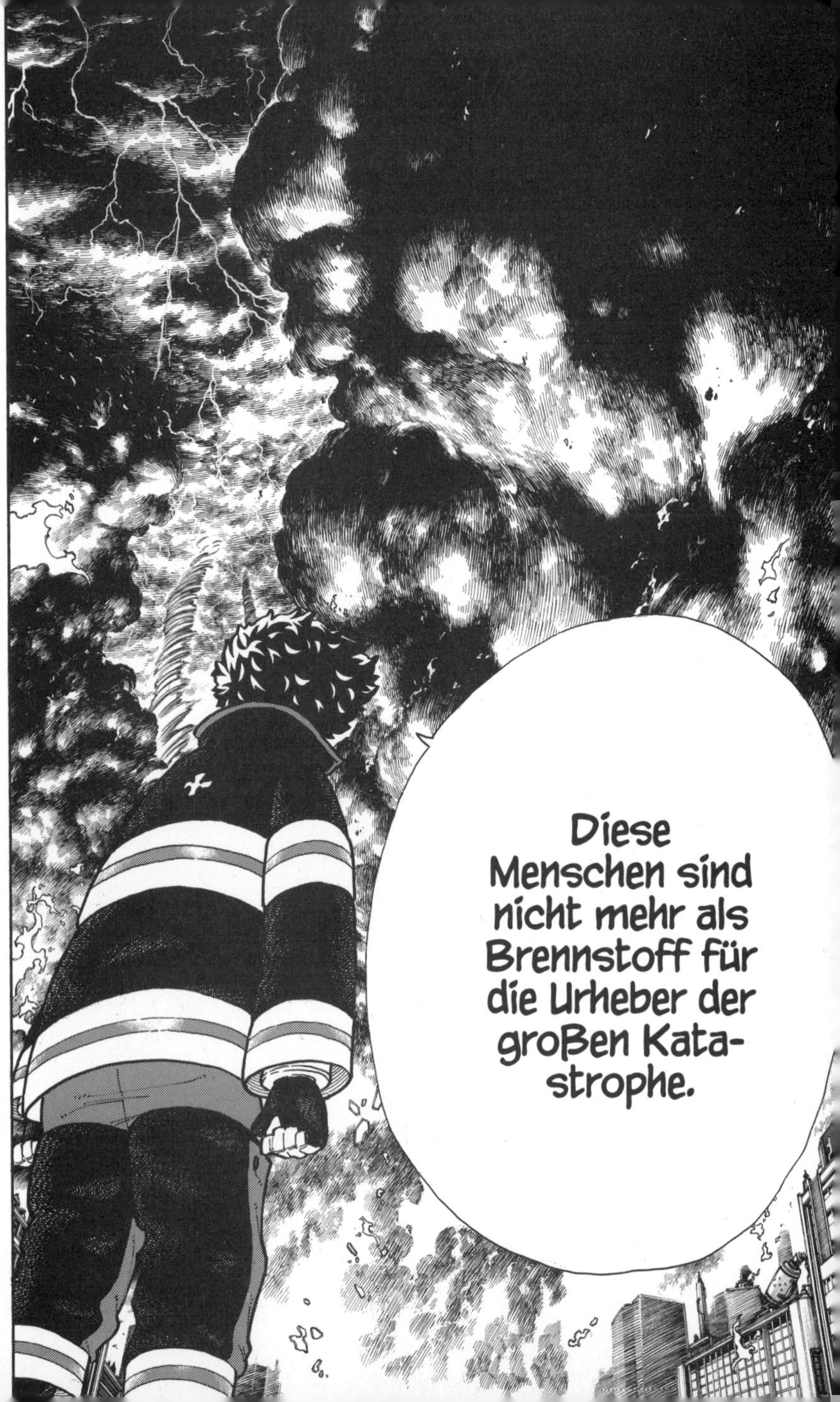
Diese Menschen sind nicht mehr als Brennstoff für die Urheber der großen Kata-strophe.

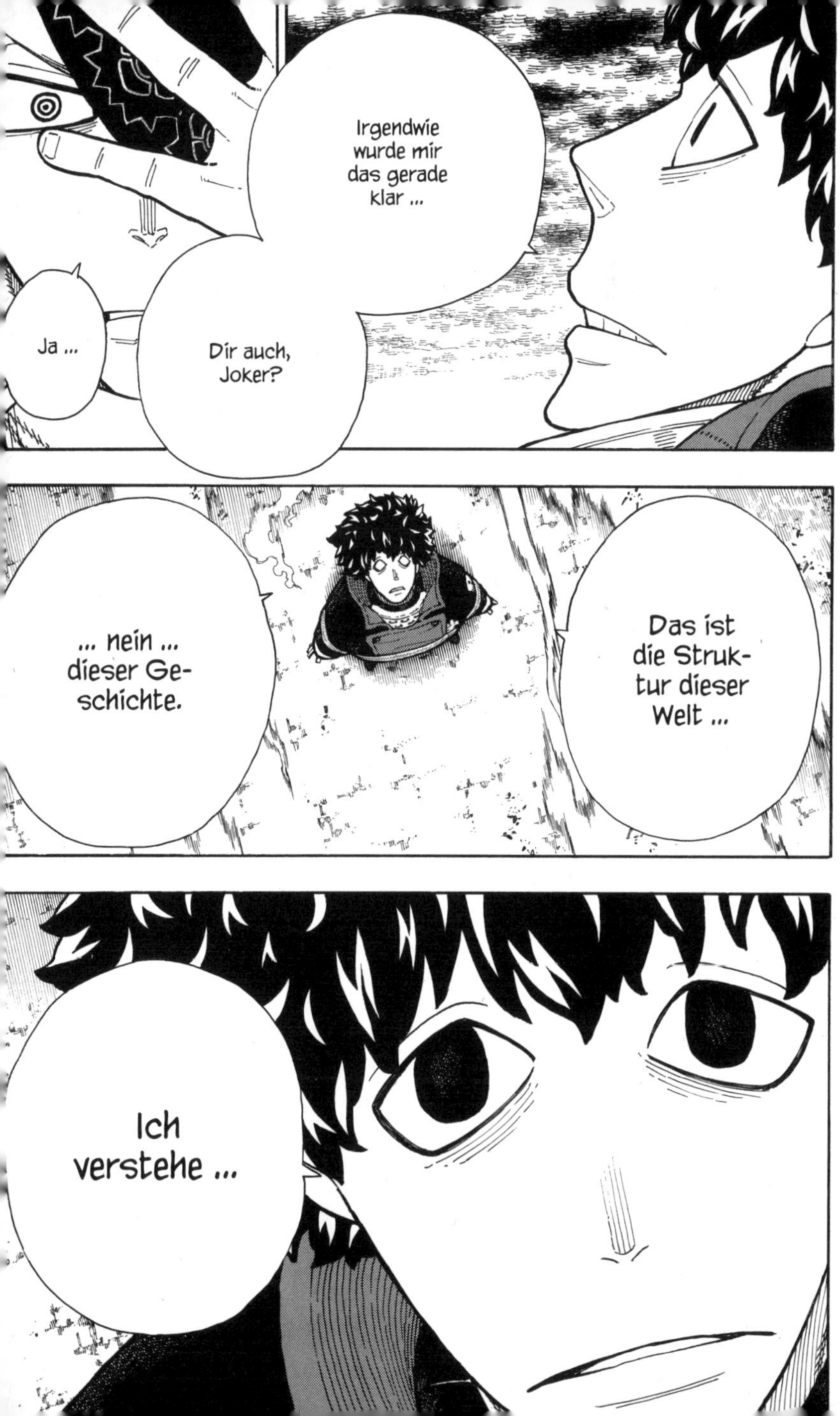
Irgendwie wurde mir das gerade klar ...
Dir auch, Joker?
Ja ...
Das ist die Struktur dieser Welt ...
... nein ... dieser Geschichte.
Ich verstehe ...

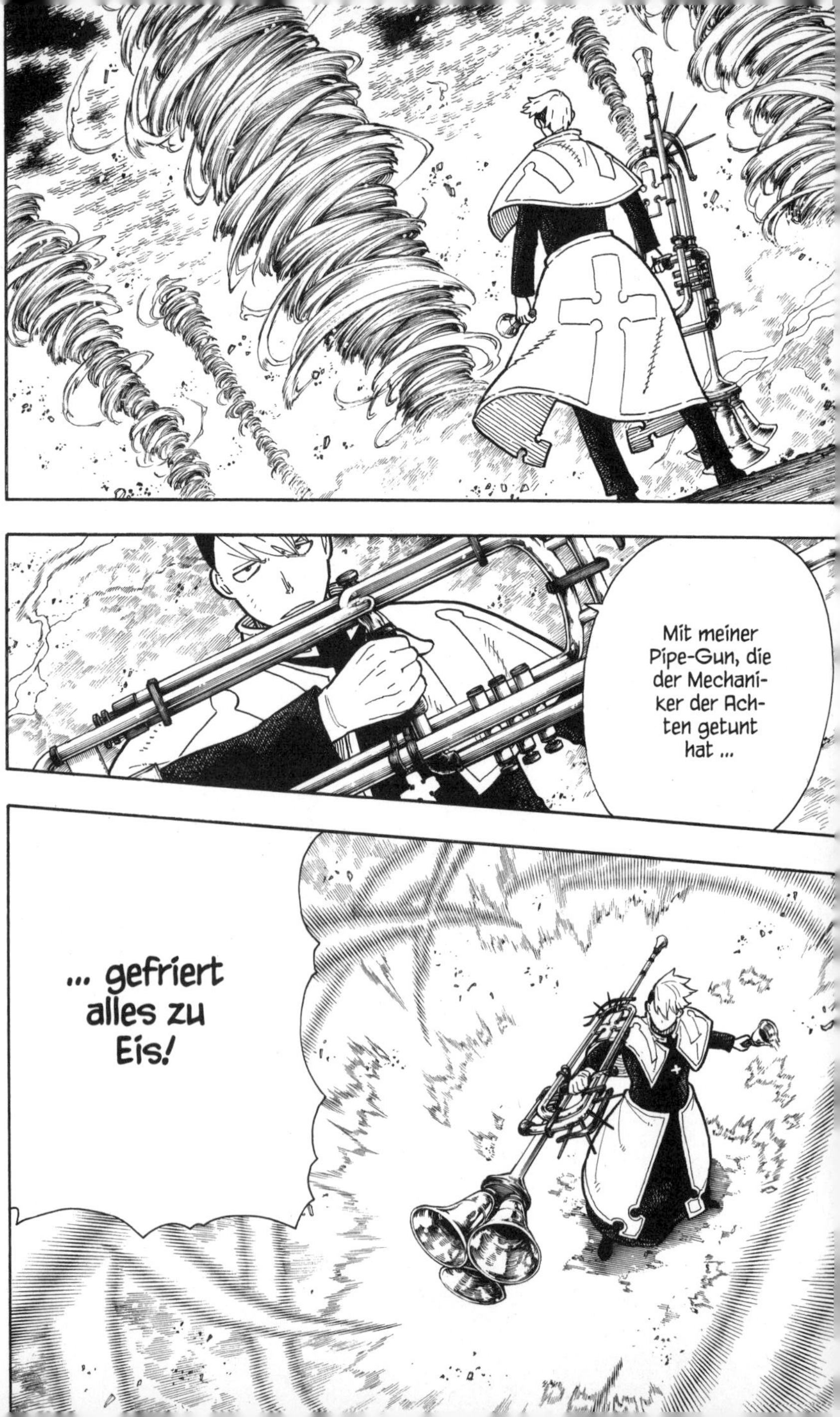
Mit meiner Pipe-Gun, die der Mechaniker der Achten getunt hat ...
... gefriert alles zu Eis!

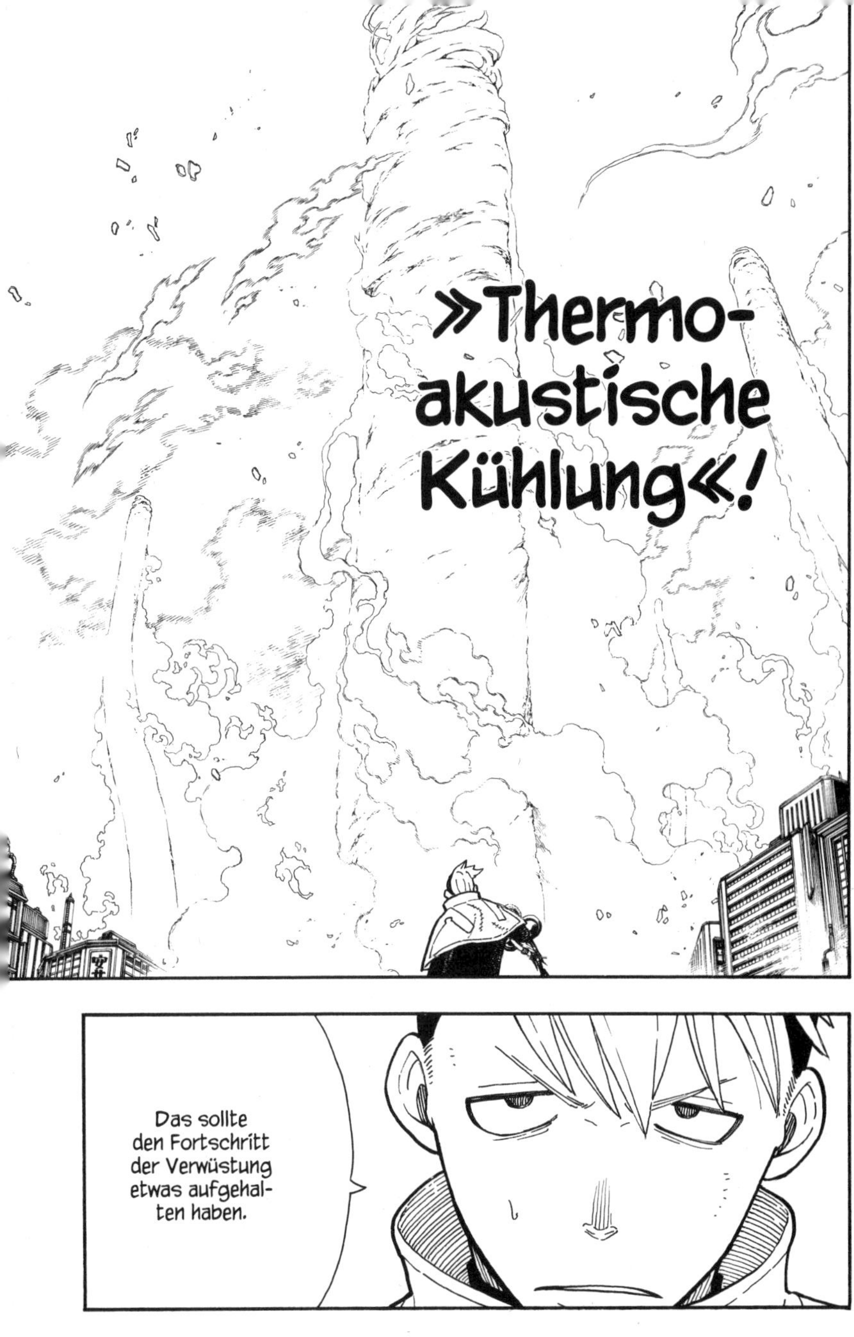
»Thermo-
akustische
Kühlung«!
Das sollte den Fortschritt der Verwüstung etwas aufgehalten haben.

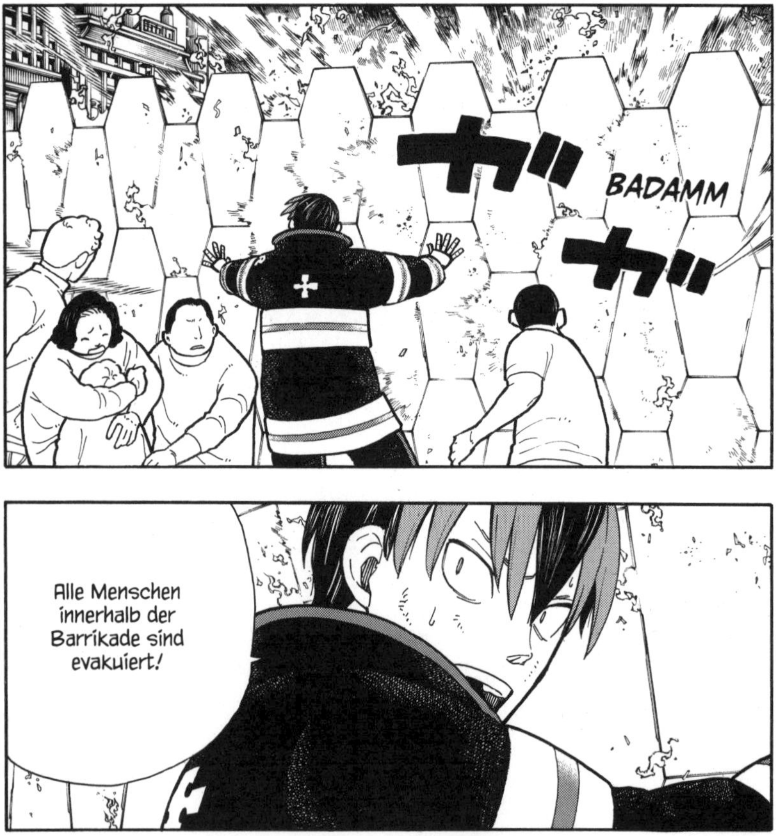
BADAMM
Alle Menschen innerhalb der Barrikade sind evakuiert!
Weiter so, Karin!
Jawohl!!
Rettet die Menschen und gebt ihnen Hoffnung!

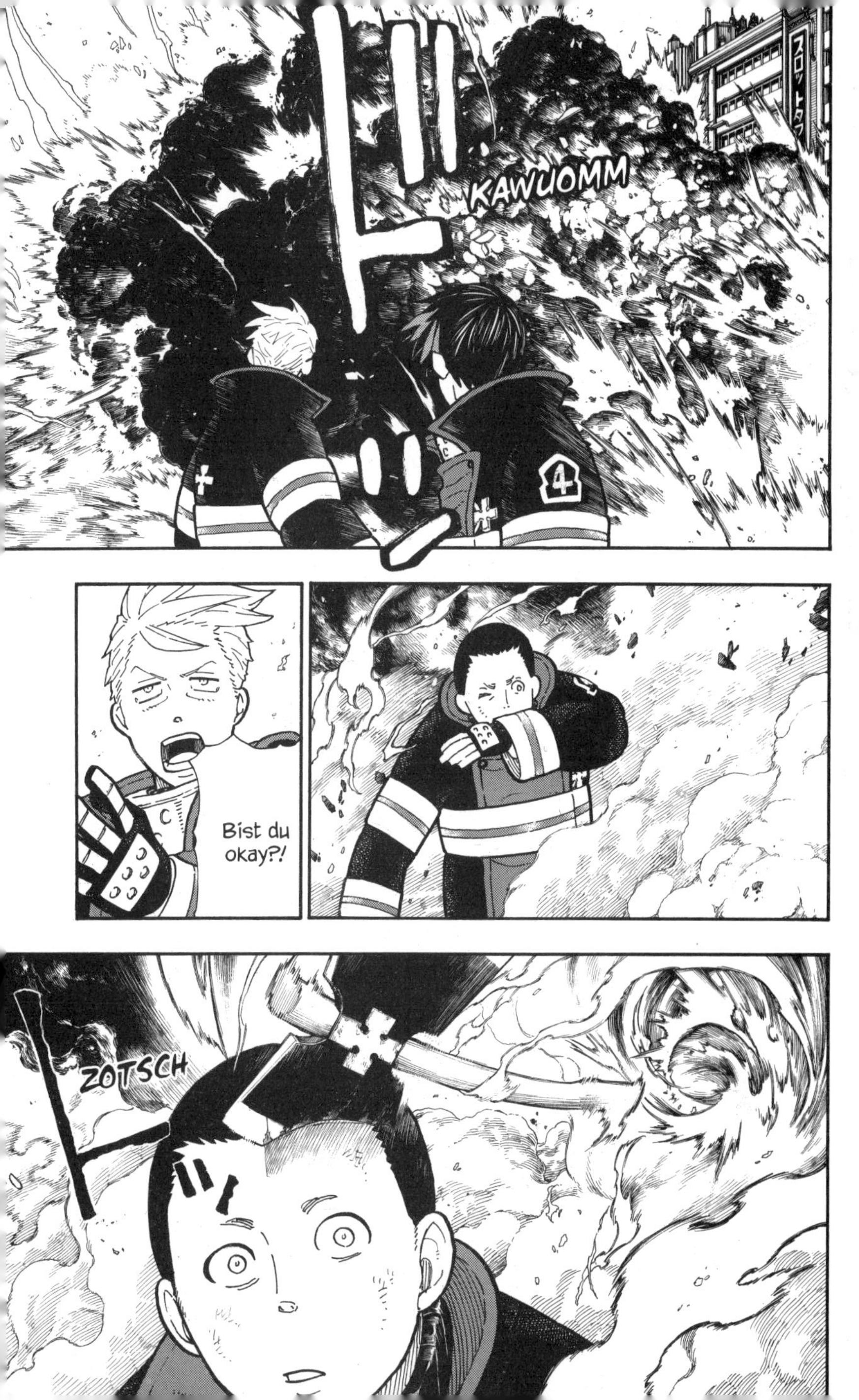
KAWUOMM
Bist du okay?!
ZOTSCH

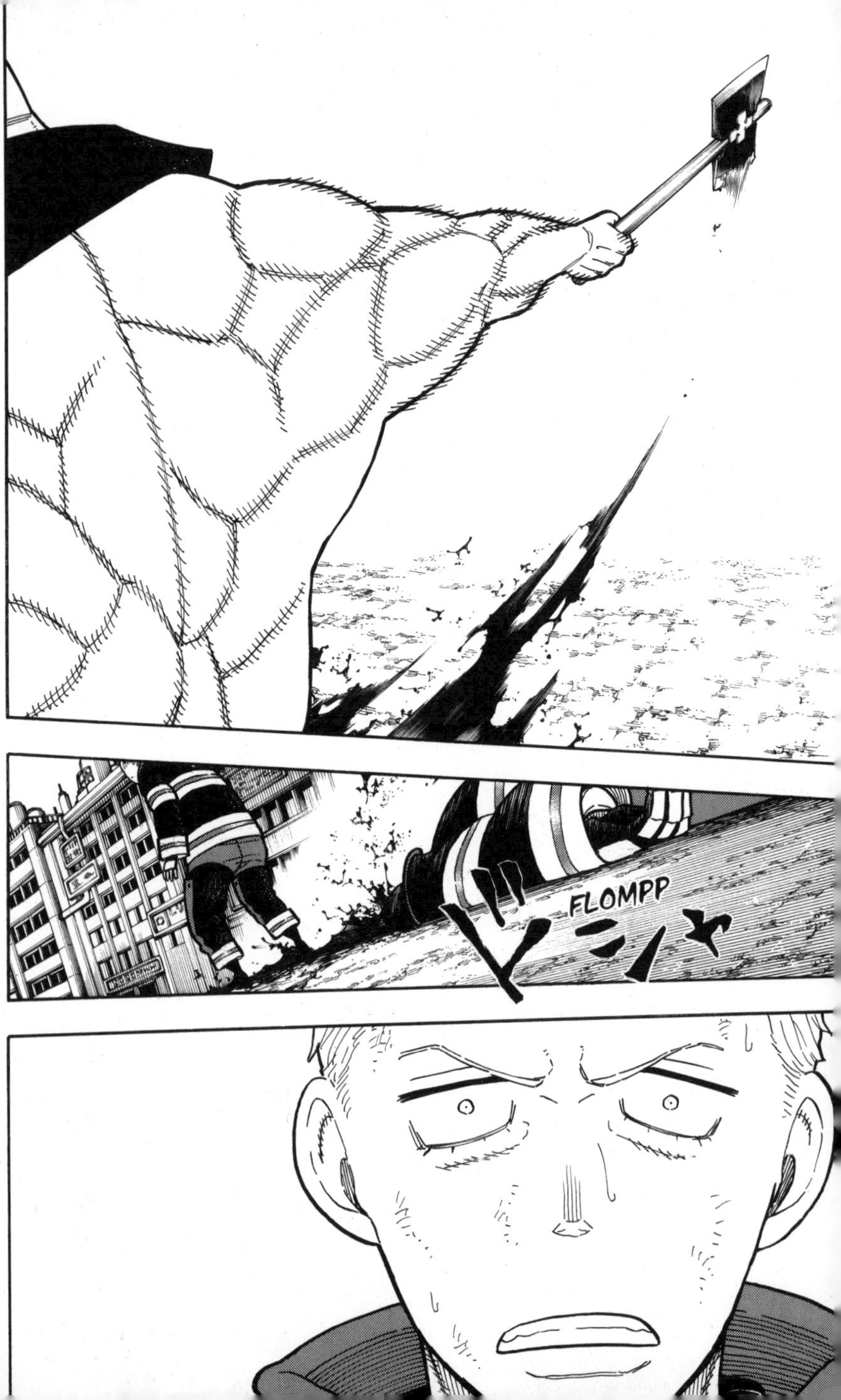
FLOMPP

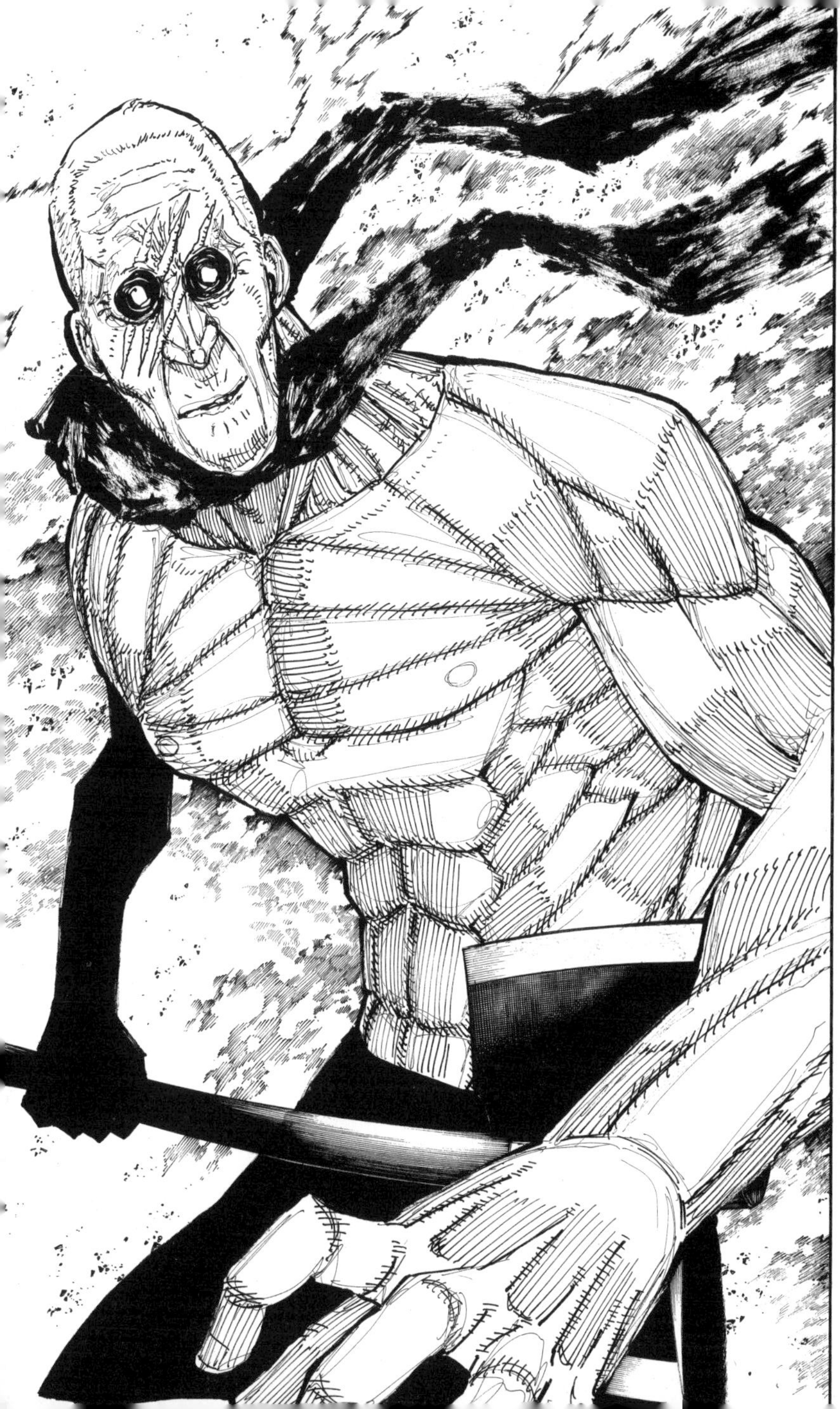

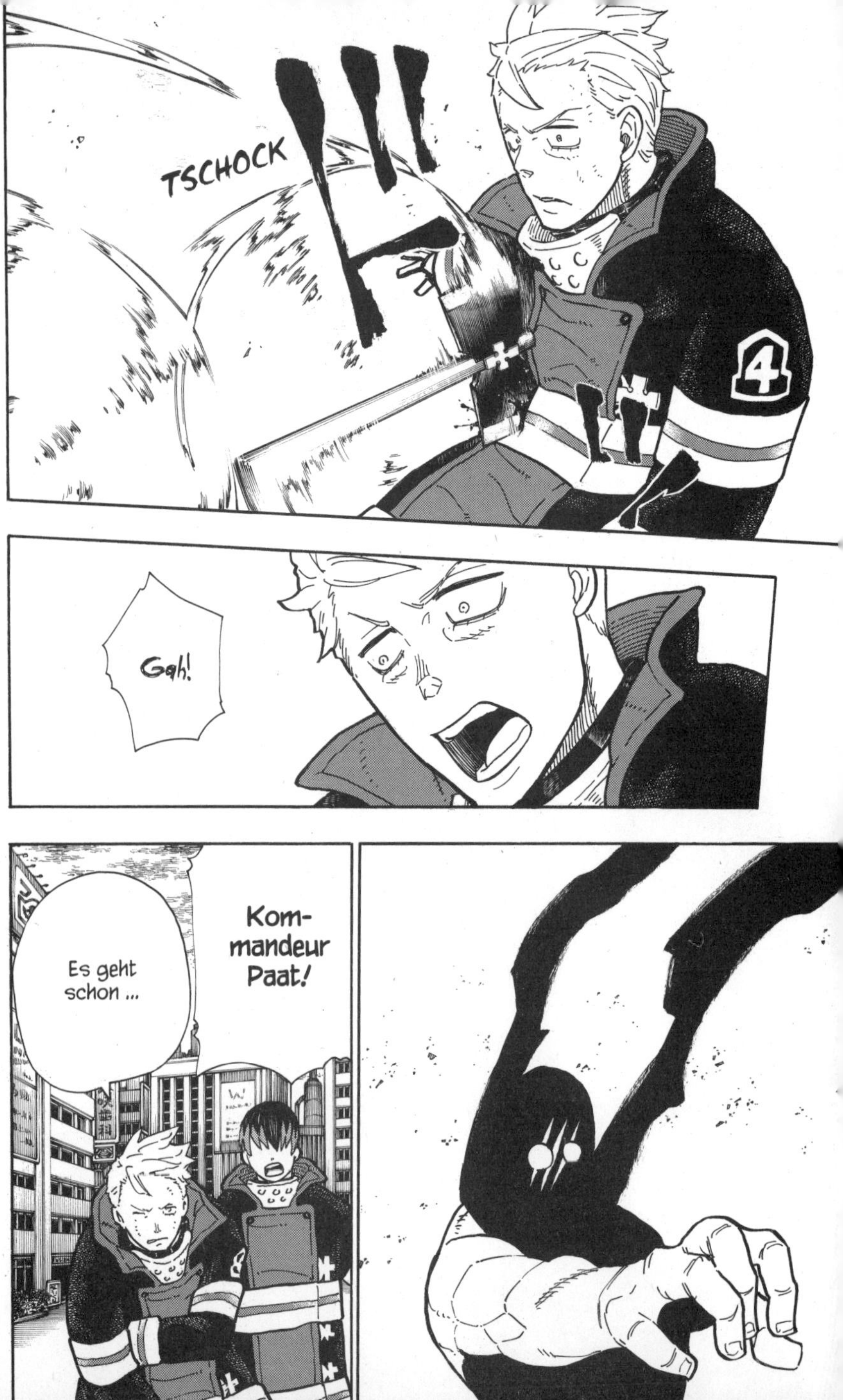
TSCHOCK
Gah!
Kommandeur Paat!
Es geht schon ...

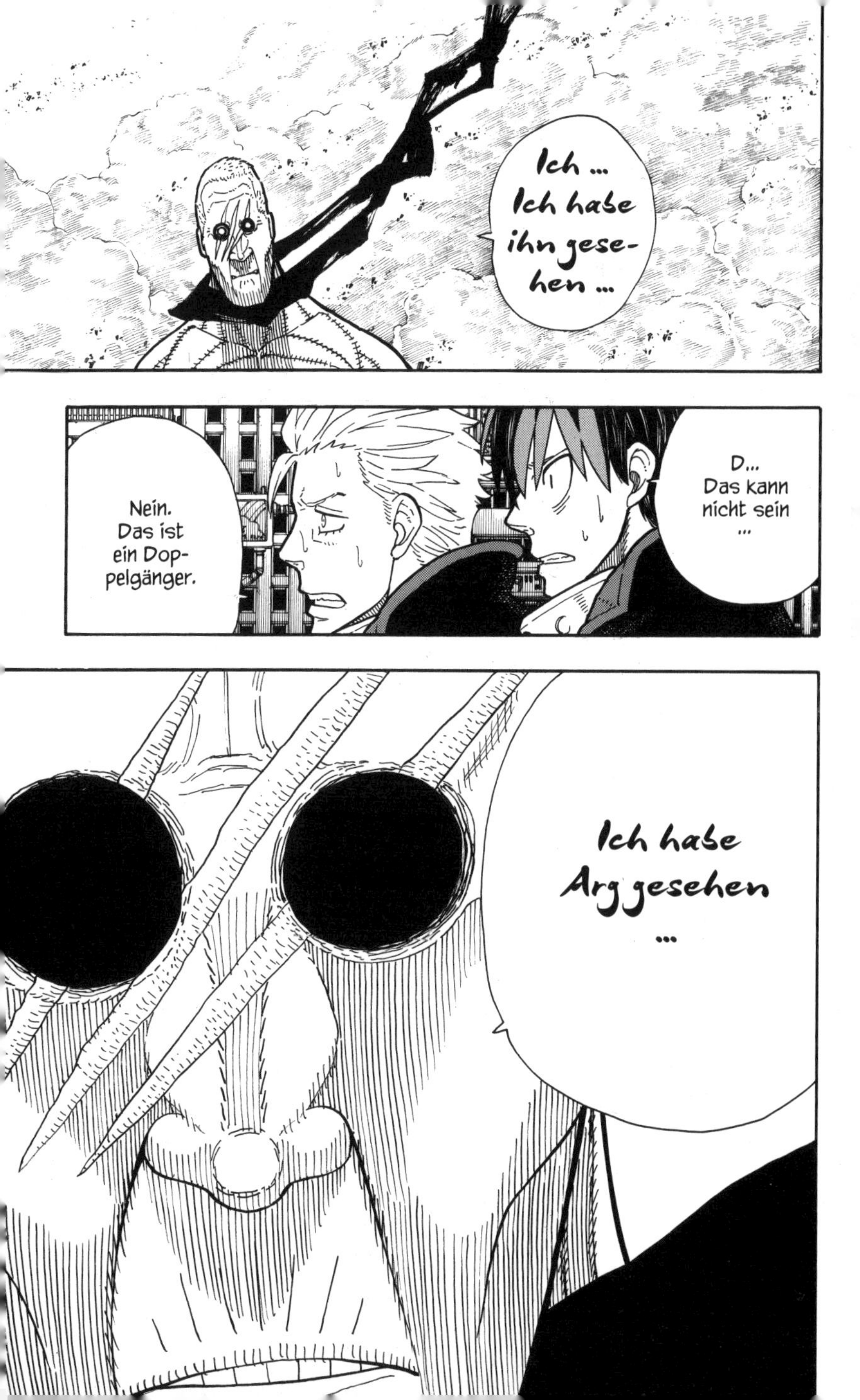
Ich ... Ich habe ihn gesehen ...
D... Das kann nicht sein ...
Nein. Das ist ein Doppelgänger.
Ich habe Arg gesehen ...

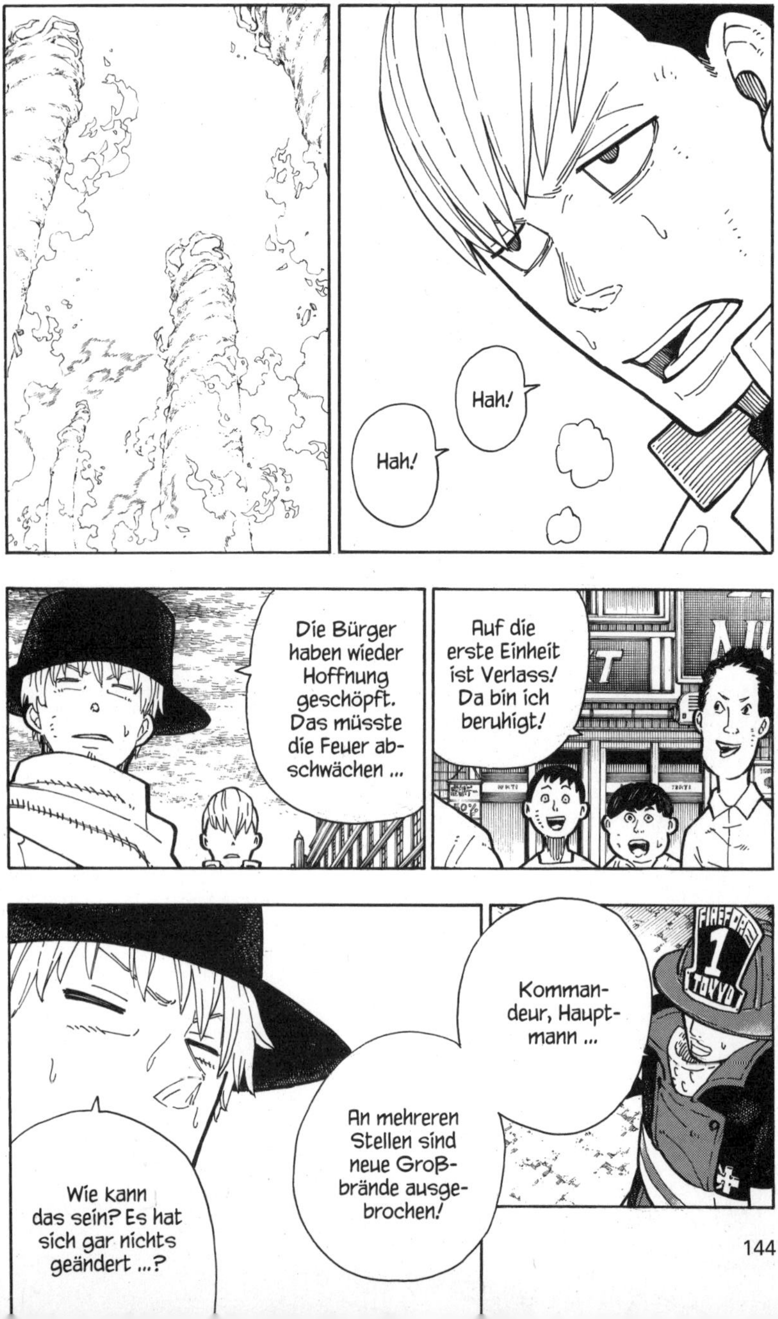
Hah!
Hah!
Auf die erste Einheit ist Verlass! Da bin ich beruhigt!
Die Bürger haben wieder Hoffnung geschöpft. Das müsste die Feuer abschwächen ...
Komman-deur, Haupt-mann ...
An mehreren Stellen sind neue Groß-brände ausge-brochen!
Wie kann das sein? Es hat sich gar nichts geändert ...?

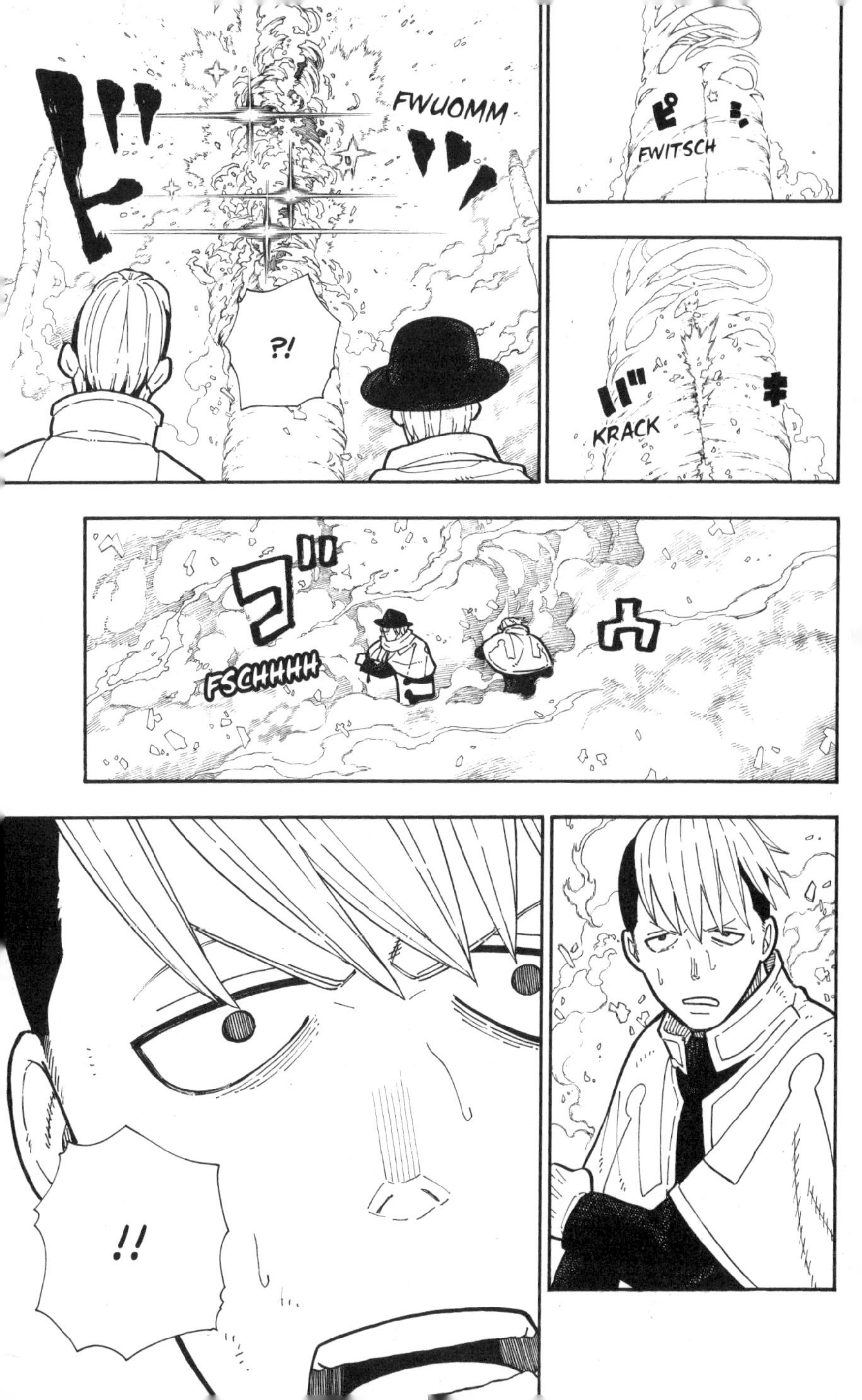

FWITSCH
FWUOMM
?!
KRACK
FSCHHHH
!!

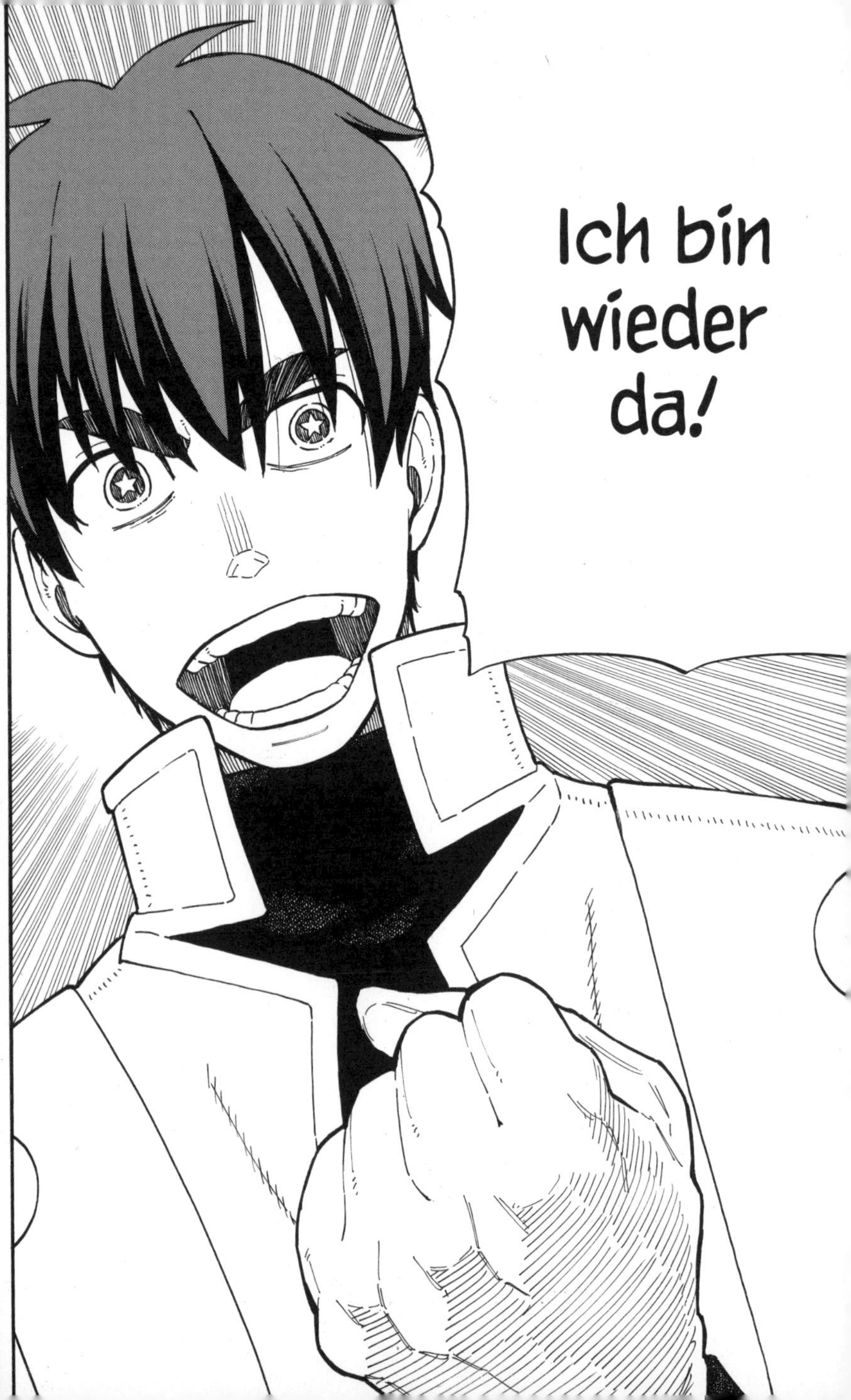
Ich bin wieder da!

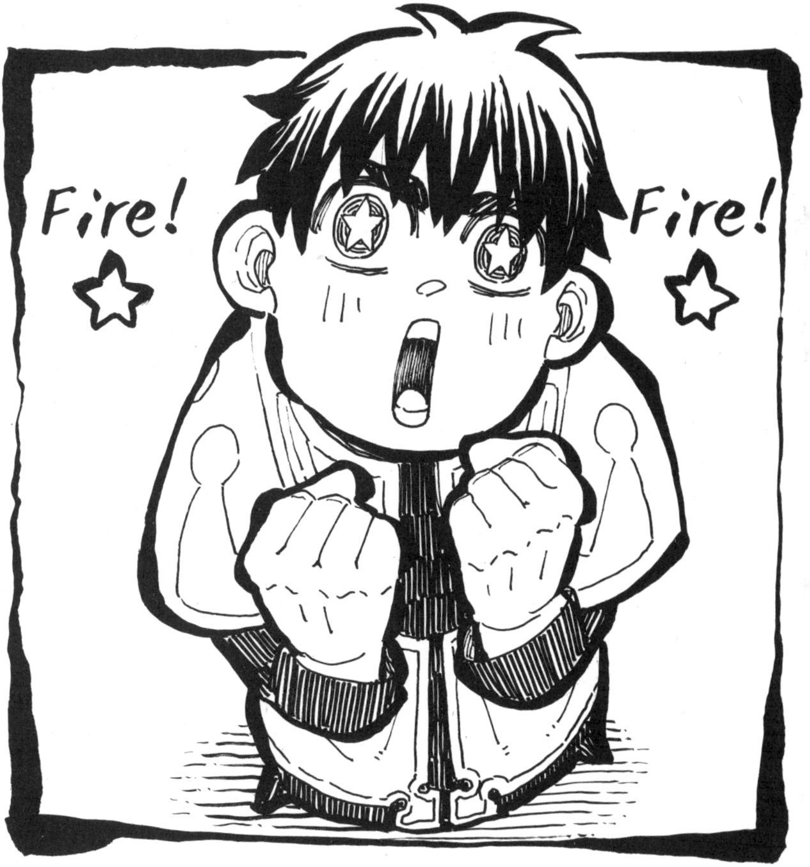

Kapitel 257:
Der heißblütige Bastard der Verzweiflung

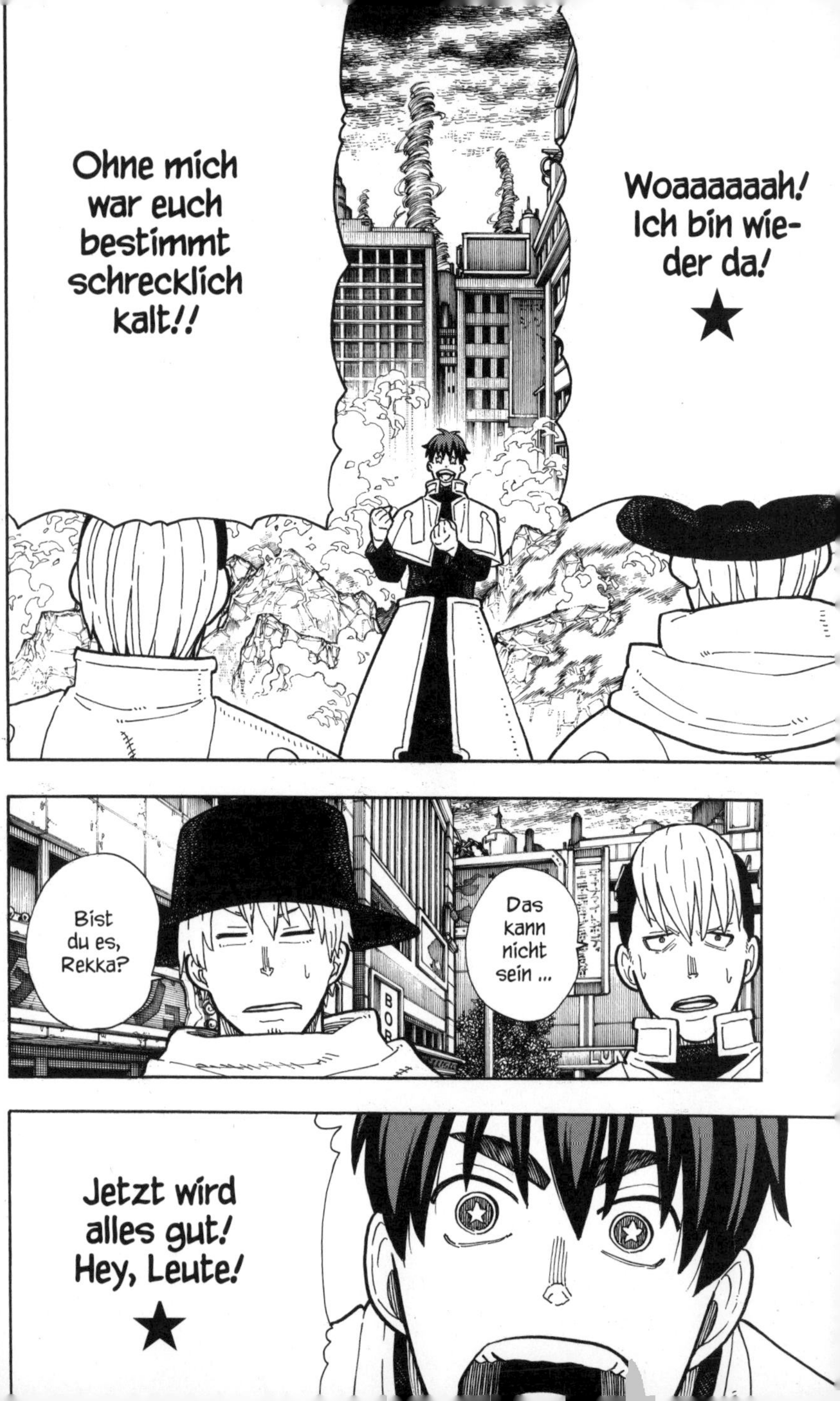
Woaaaaaah! Ich bin wie-der da! ★
Ohne mich war euch bestimmt schrecklich kalt!!
Das kann nicht sein ...
Bist du es, Rekka?
Jetzt wird alles gut! Hey, Leute! ★

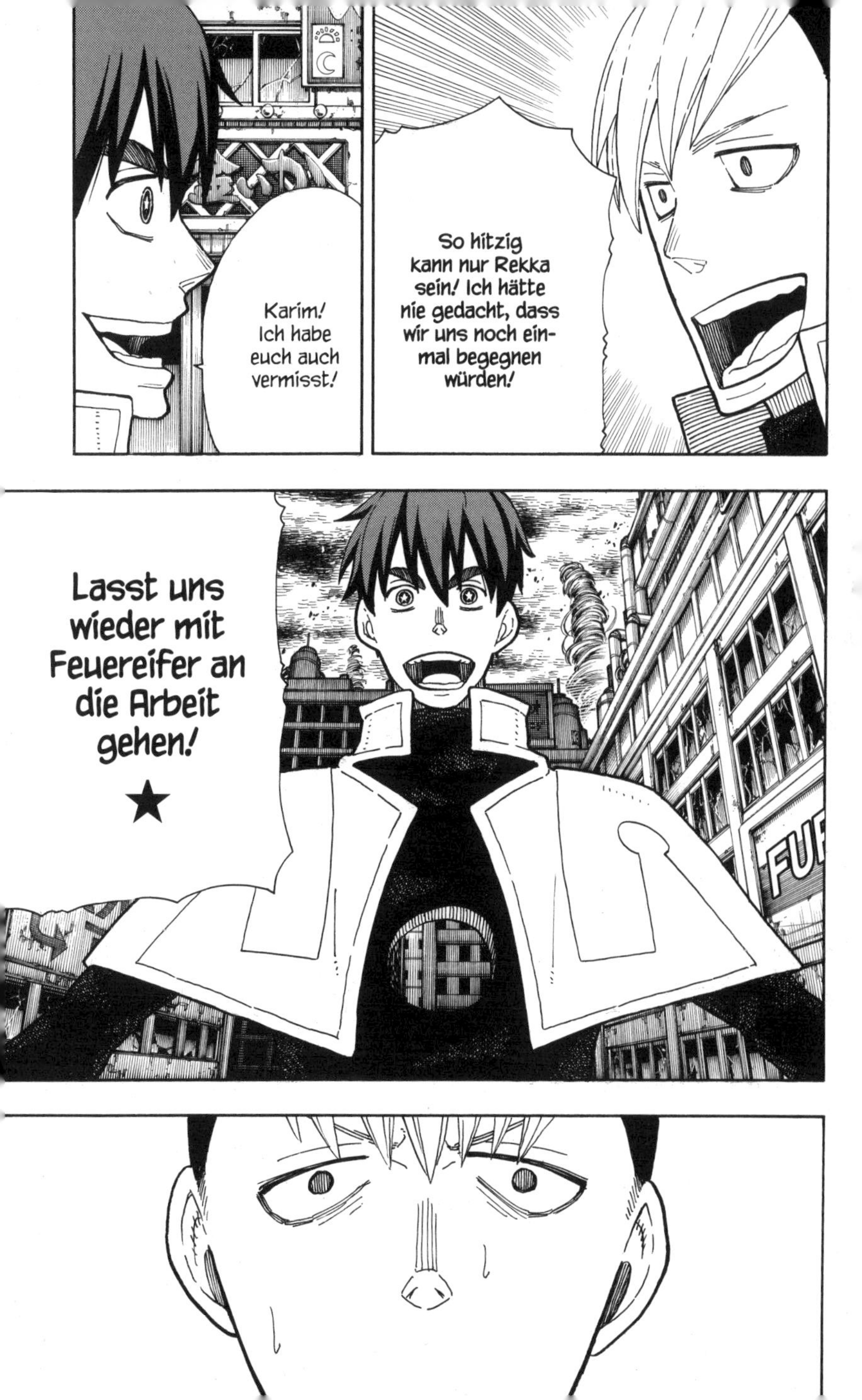
So hitzig kann nur Rekka sein! Ich hätte nie gedacht, dass wir uns noch einmal begegnen würden!
Karim! Ich habe euch auch vermisst!
Lasst uns wieder mit Feuereifer an die Arbeit gehen! ★

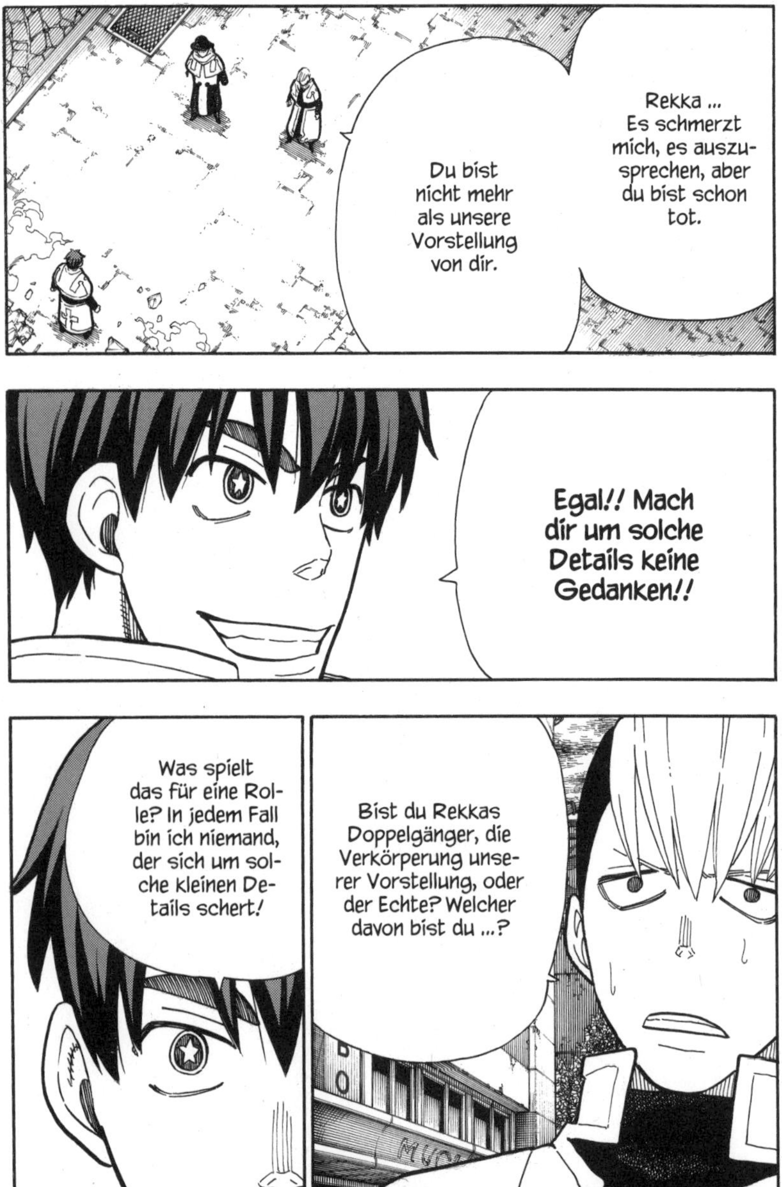
Rekka ... Es schmerzt mich, es auszusprechen, aber du bist schon tot.
Du bist nicht mehr als unsere Vorstellung von dir.
Egal!! Mach dir um solche Details keine Gedanken!!
Bist du Rekkas Doppelgänger, die Verkörperung unserer Vorstellung, oder der Echte? Welcher davon bist du ...?
Was spielt das für eine Rolle? In jedem Fall bin ich niemand, der sich um solche kleinen Details schert!

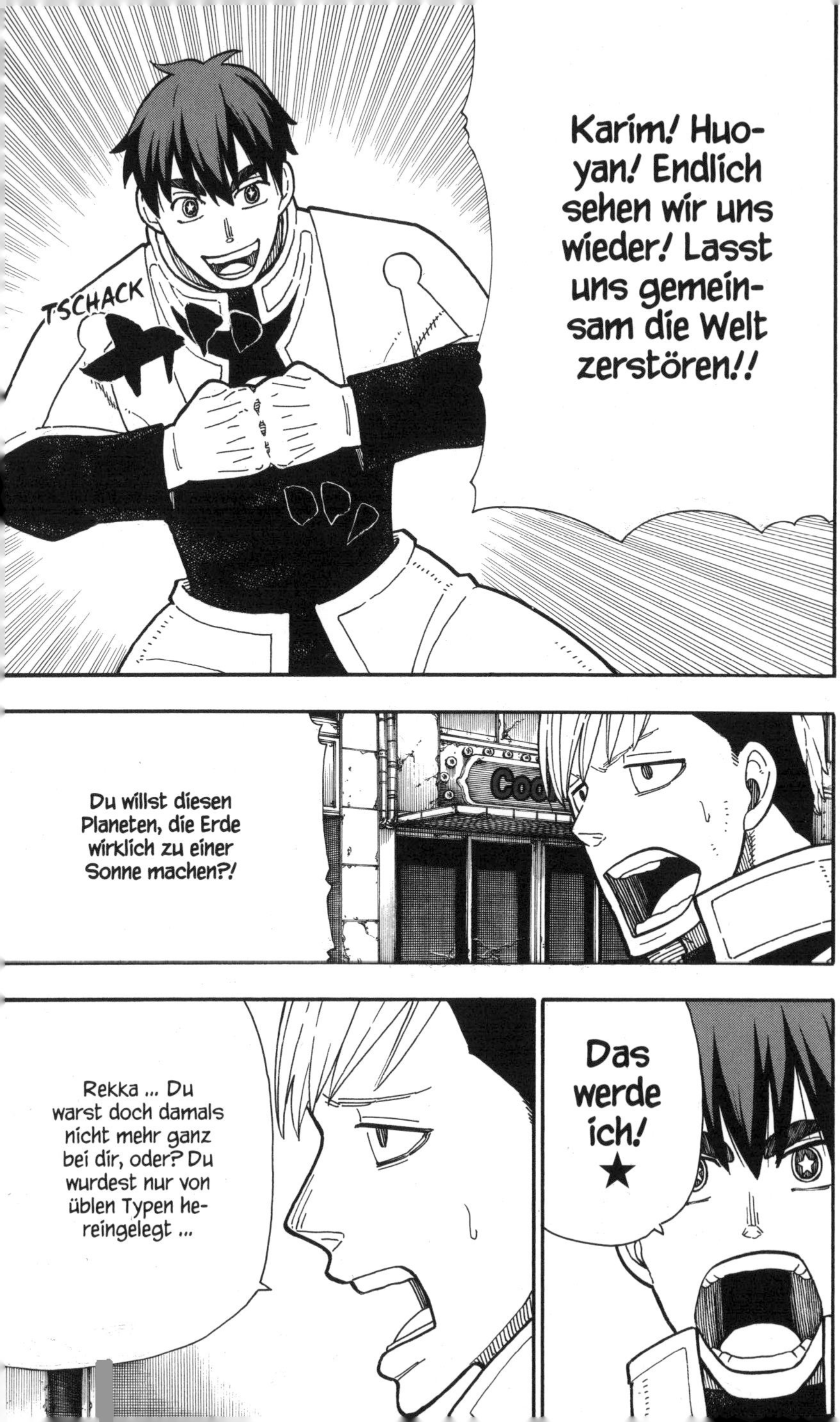
Karim! Huoyan! Endlich sehen wir uns wieder! Lasst uns gemeinsam die Welt zerstören!!
TSCHACK
Du willst diesen Planeten, die Erde wirklich zu einer Sonne machen?!
Das werde ich! ★
Rekka ... Du warst doch damals nicht mehr ganz bei dir, oder? Du wurdest nur von üblen Typen hereingelegt ...

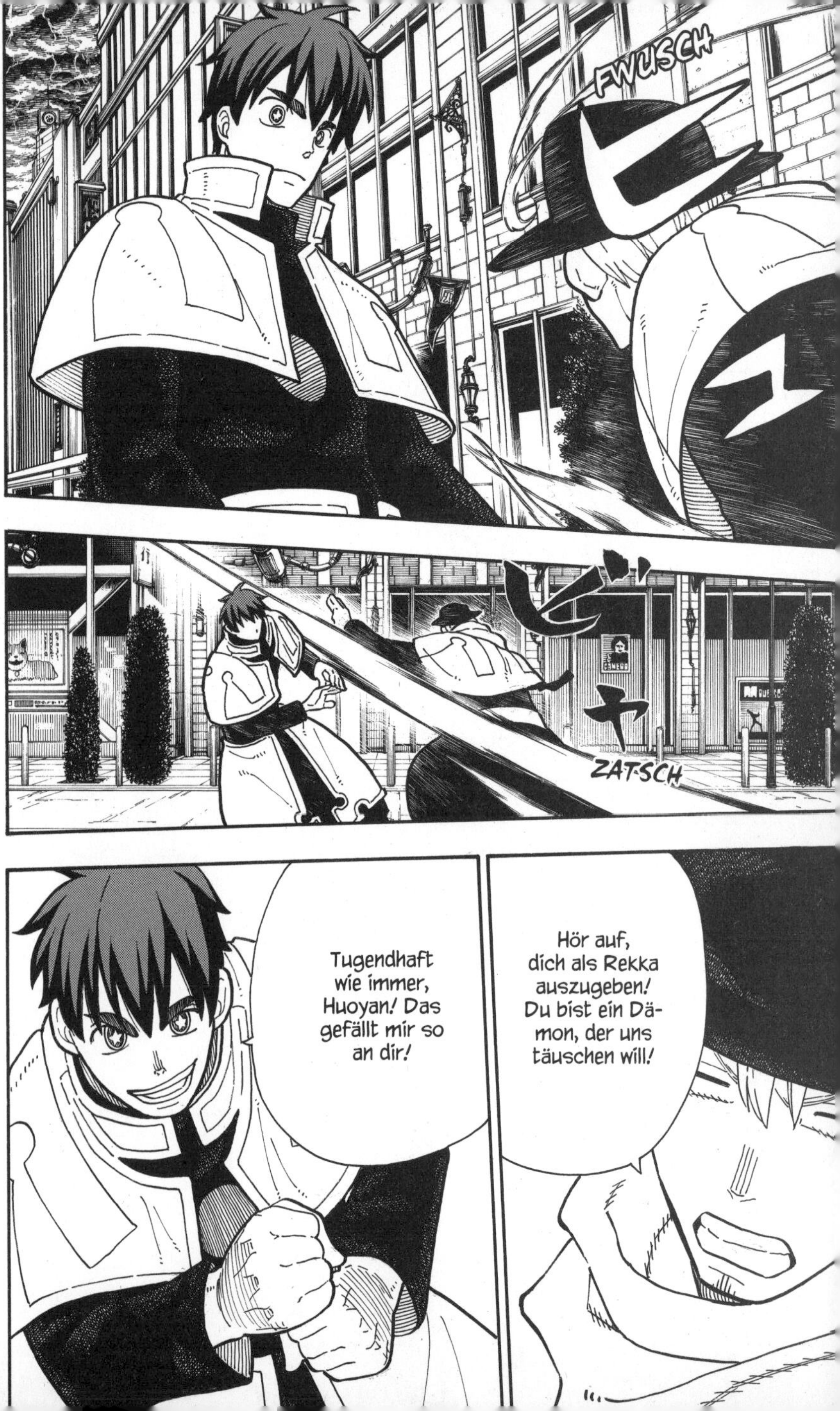
FWUSCH
ZATSCH
Hör auf, dich als Rekka auszugeben! Du bist ein Dämon, der uns täuschen will!
Tugendhaft wie immer, Huoyan! Das gefällt mir so an dir!

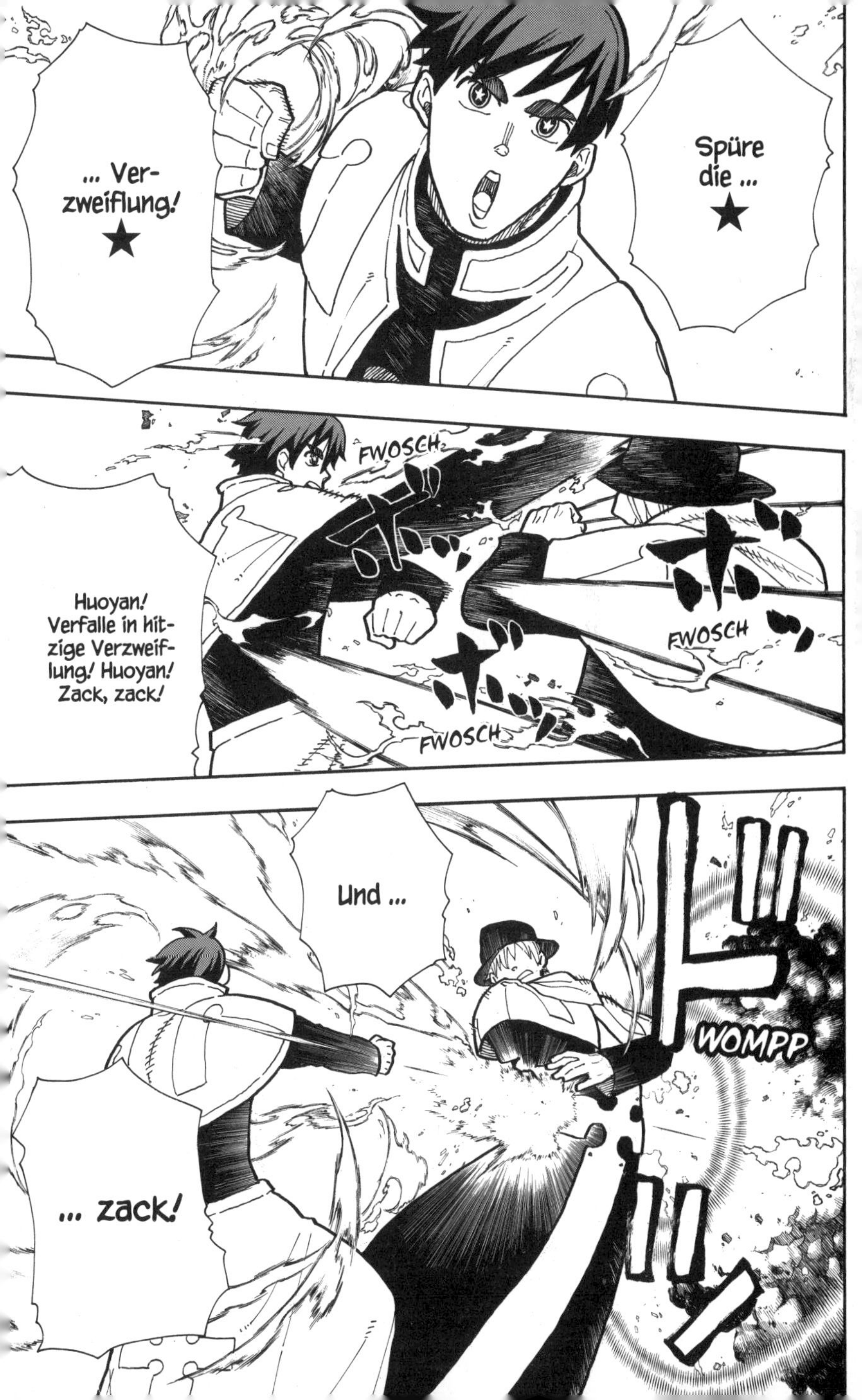
Spüre die ... ★
... Verzweiflung! ★
FWOSCH
FWOSCH
FWOSCH
Huoyan! Verfalle in hitzige Verzweiflung! Huoyan! Zack, zack!
WOMPP
Und ...
... zack!

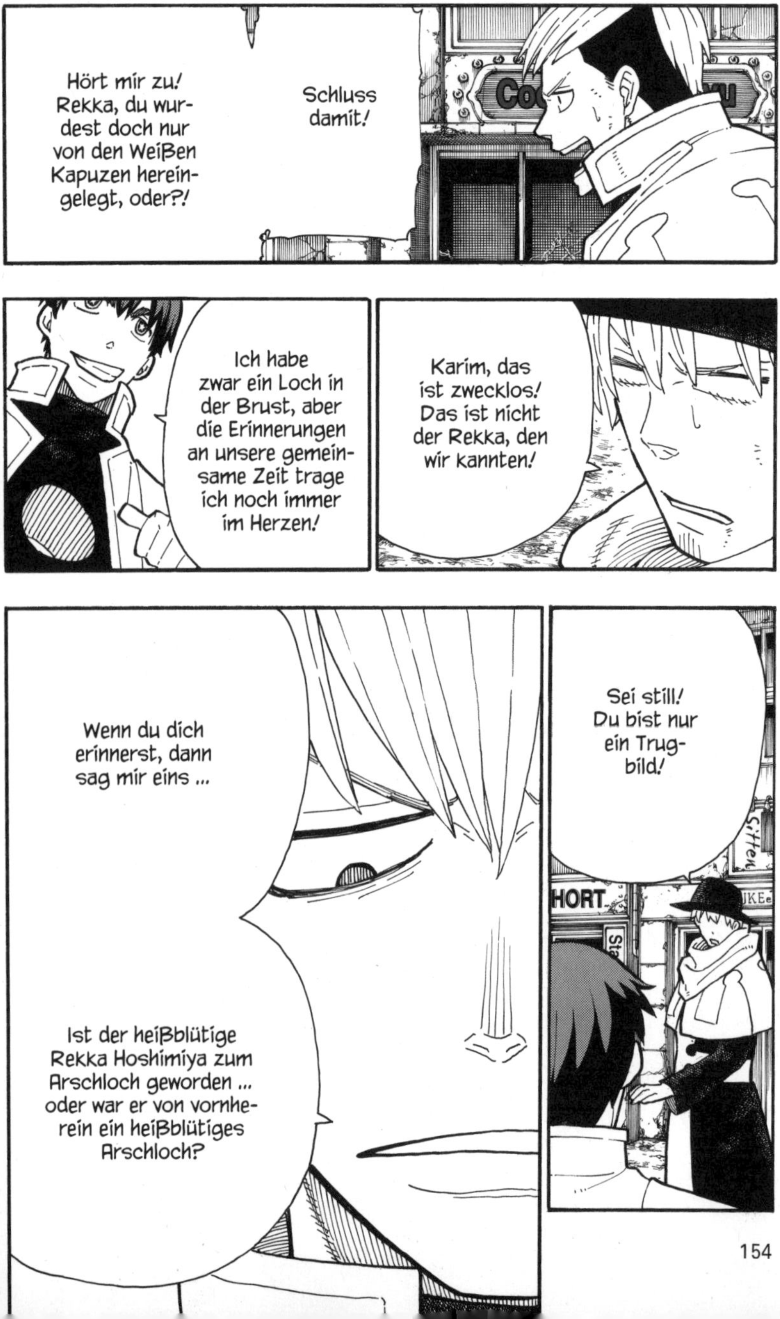
Schluss damit!
Hört mir zu! Rekka, du wurdest doch nur von den Weißen Kapuzen hereingelegt, oder?!
Karim, das ist zwecklos! Das ist nicht der Rekka, den wir kannten!
Ich habe zwar ein Loch in der Brust, aber die Erinnerungen an unsere gemeinsame Zeit trage ich noch immer im Herzen!
Sei still! Du bist nur ein Trugbild!
Wenn du dich erinnerst, dann sag mir eins ...
Ist der heißblütige Rekka Hoshimiya zum Arschloch geworden ... oder war er von vornherein ein heißblütiges Arschloch?

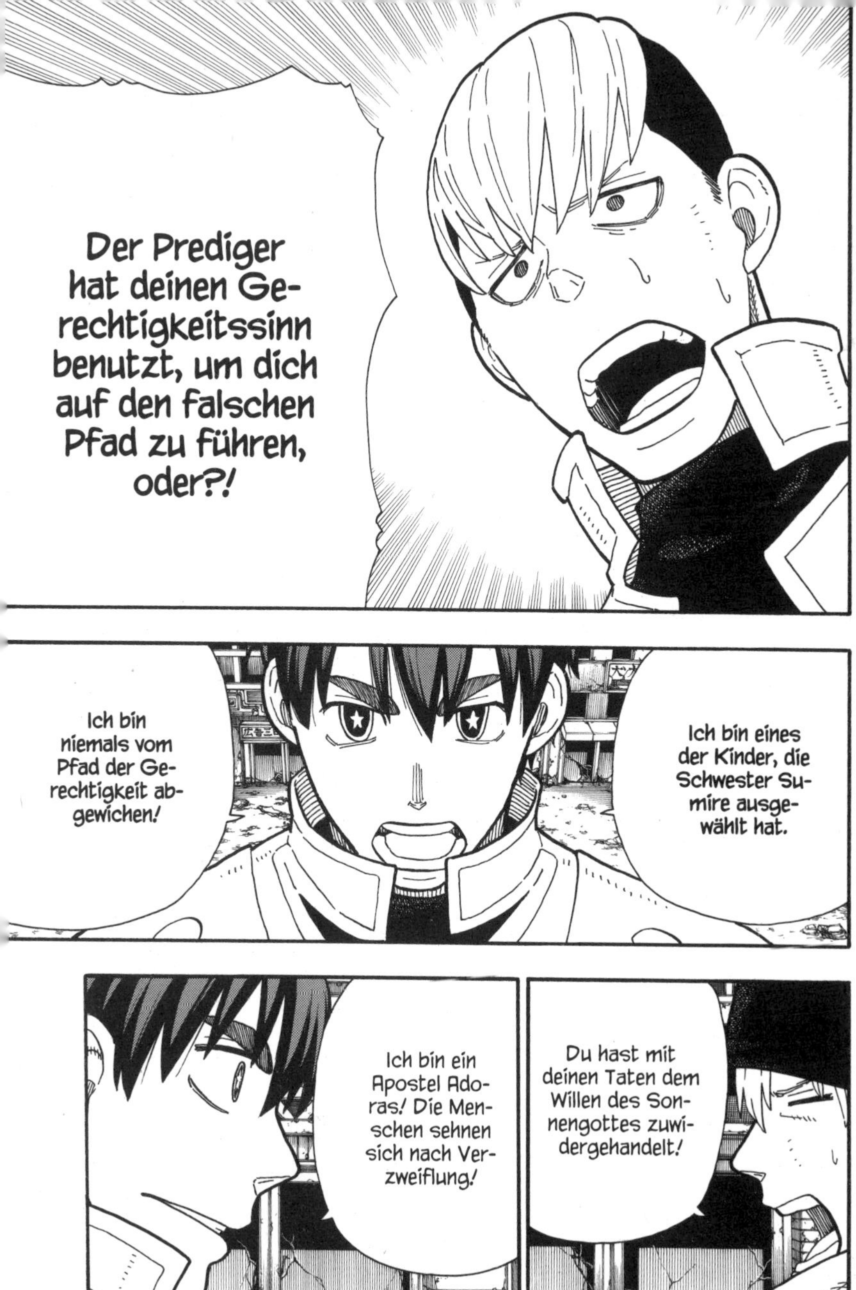
Der Prediger hat deinen Gerechtigkeitssinn benutzt, um dich auf den falschen Pfad zu führen, oder?!
Ich bin eines der Kinder, die Schwester Sumire ausgewählt hat.
Ich bin niemals vom Pfad der Gerechtigkeit abgewichen!
Du hast mit deinen Taten dem Willen des Sonnengottes zuwidergehandelt!
Ich bin ein Apostel Adoras! Die Menschen sehnen sich nach Verzweiflung!

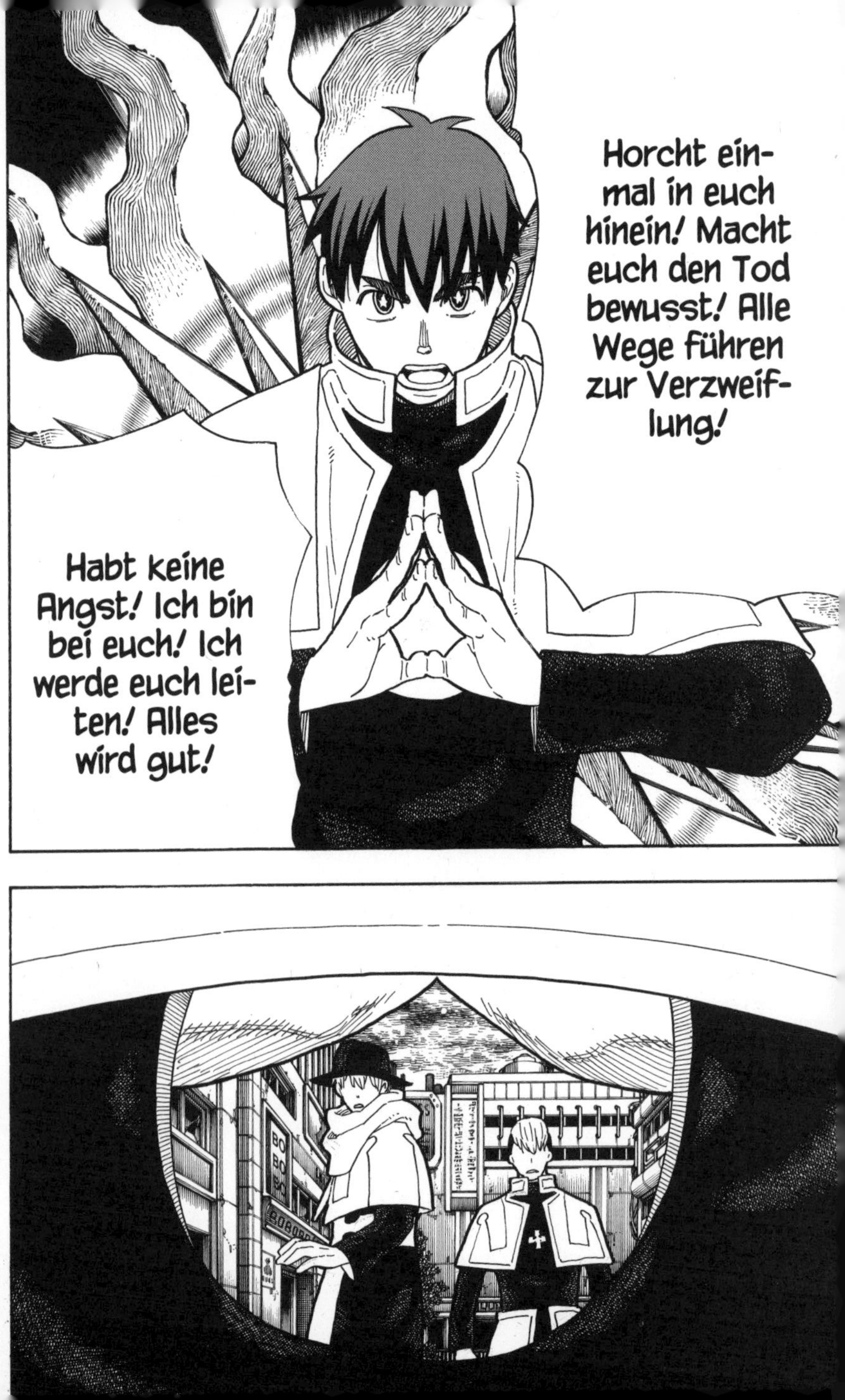
Horcht einmal in euch hinein! Macht euch den Tod bewusst! Alle Wege führen zur Verzweiflung!
Habt keine Angst! Ich bin bei euch! Ich werde euch leiten! Alles wird gut!

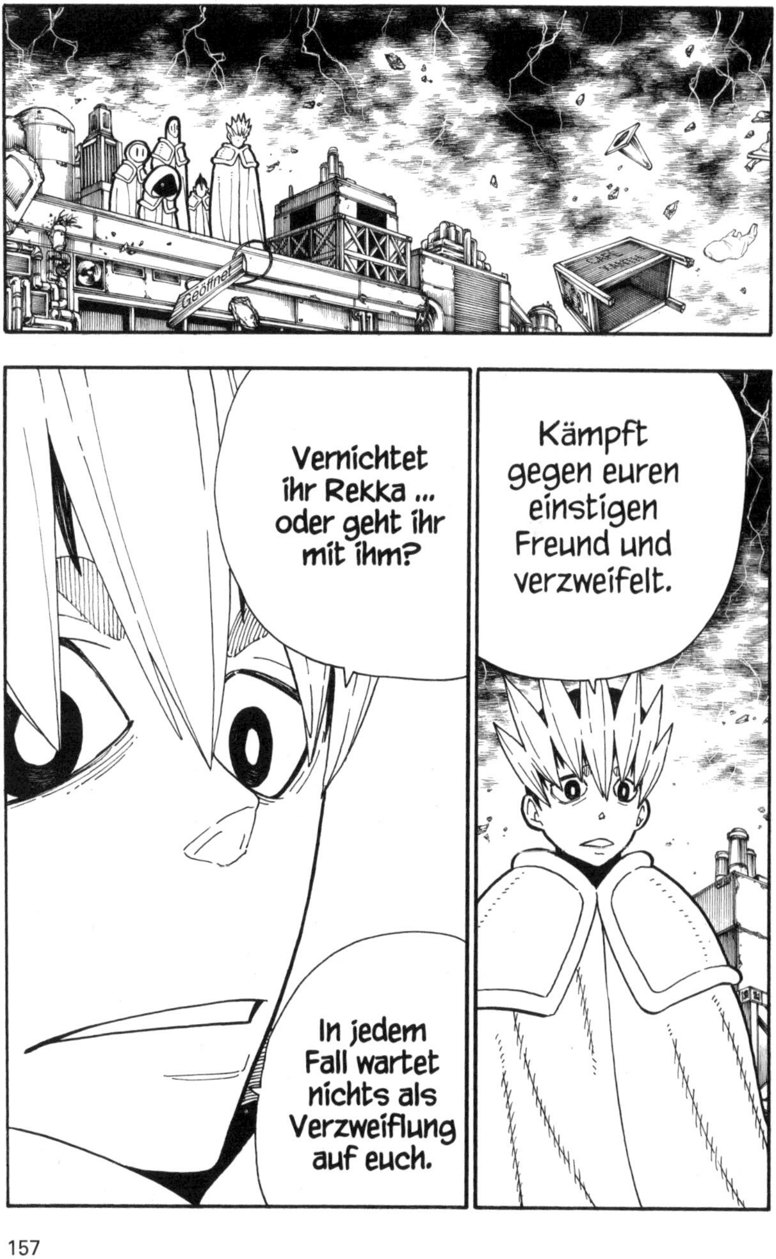
Geöffnet
Kämpft gegen euren einstigen Freund und verzweifelt.
Vernichtet ihr Rekka ... oder geht ihr mit ihm?
In jedem Fall wartet nichts als Verzweiflung auf euch.

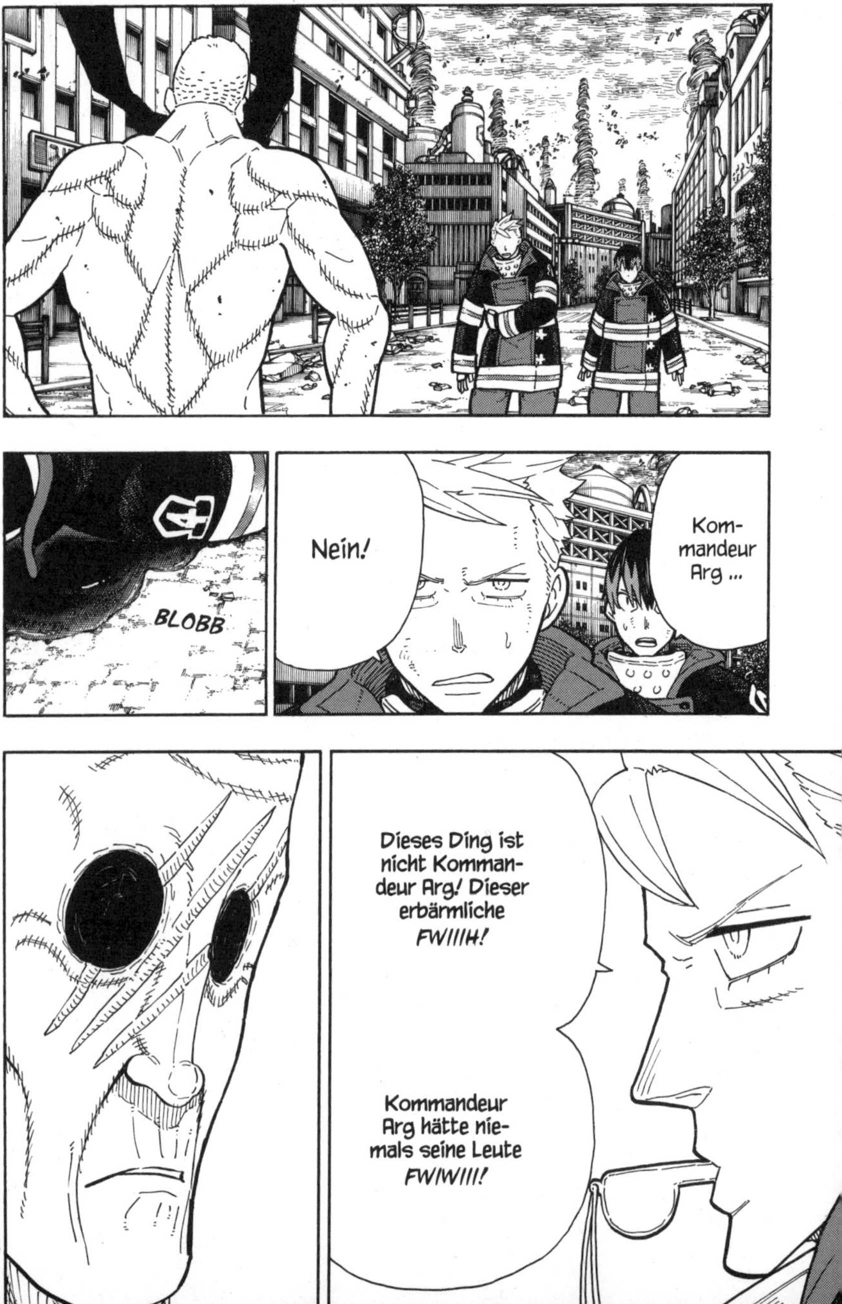
Kommandeur Arg ...
Nein!
BLOBB
Dieses Ding ist nicht Kommandeur Arg! Dieser erbärmliche FWIIIH!
Kommandeur Arg hätte niemals seine Leute FWIWIII!

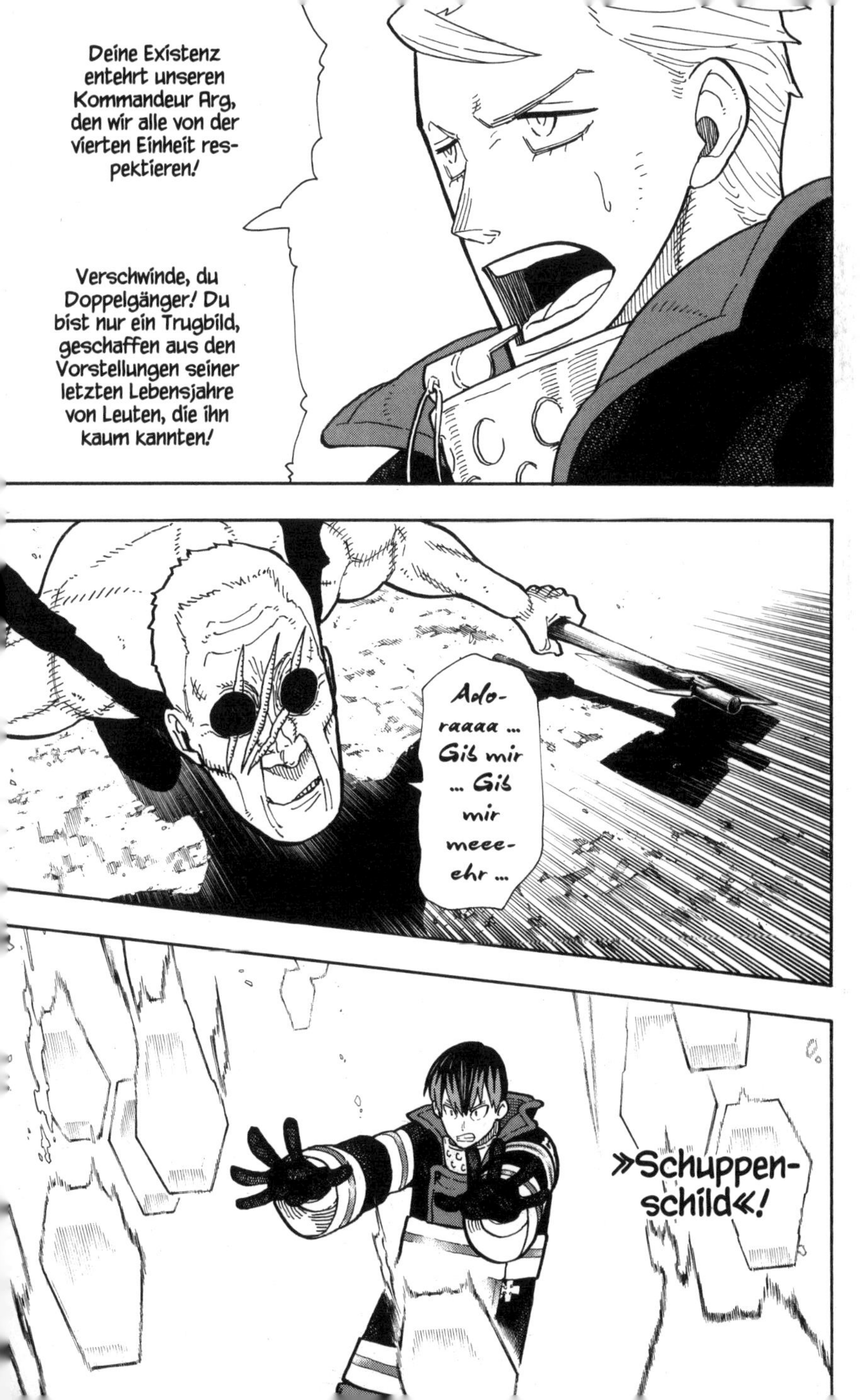
Deine Existenz entehrt unseren Kommandeur Arg, den wir alle von der vierten Einheit respektieren!
Verschwinde, du Doppelgänger! Du bist nur ein Trugbild, geschaffen aus den Vorstellungen seiner letzten Lebensjahre von Leuten, die ihn kaum kannten!
Adoraaaa … Gib mir … Gib mir meeeehr …
»Schuppenschild«!

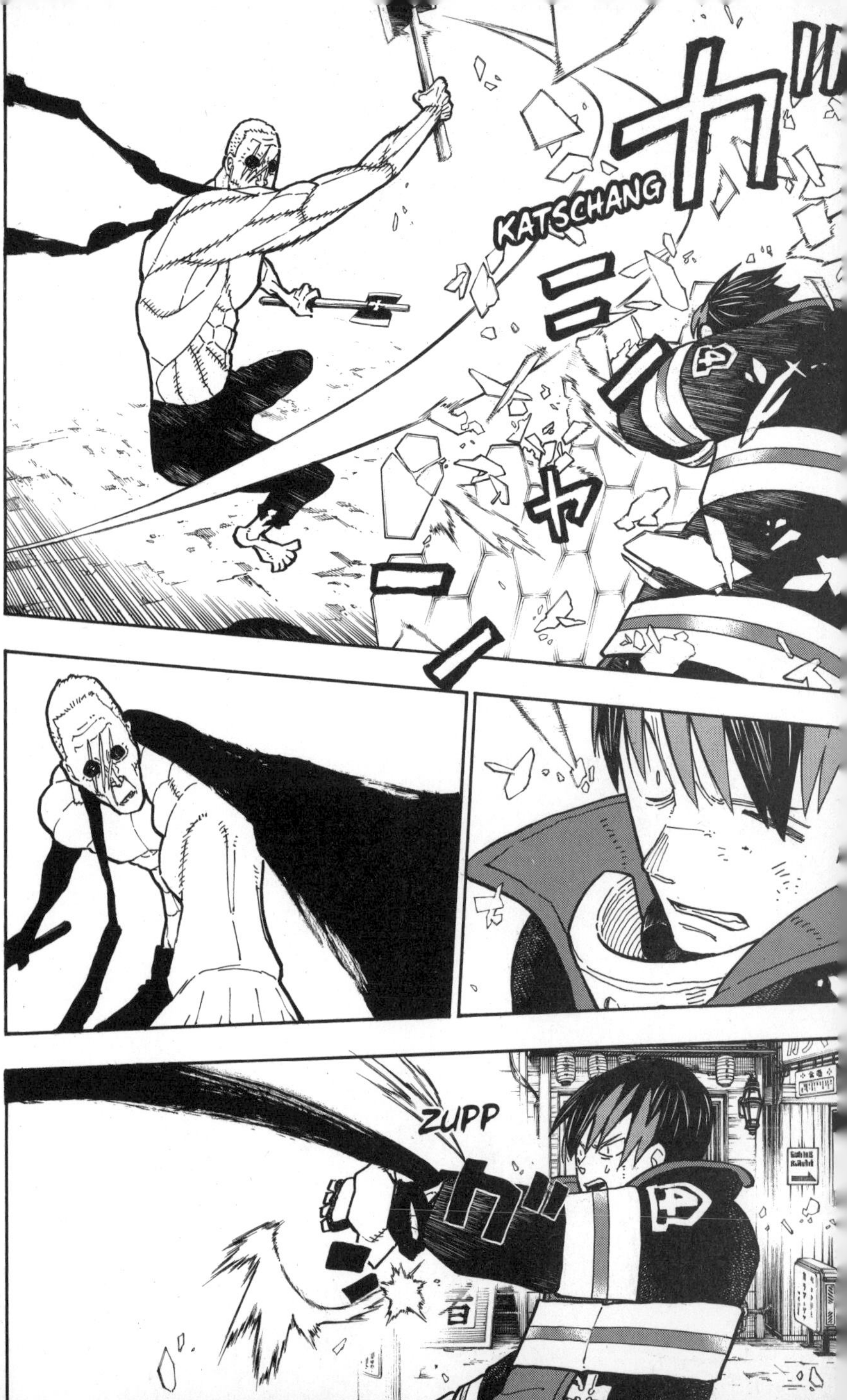
KATSCHANG
ZUPP

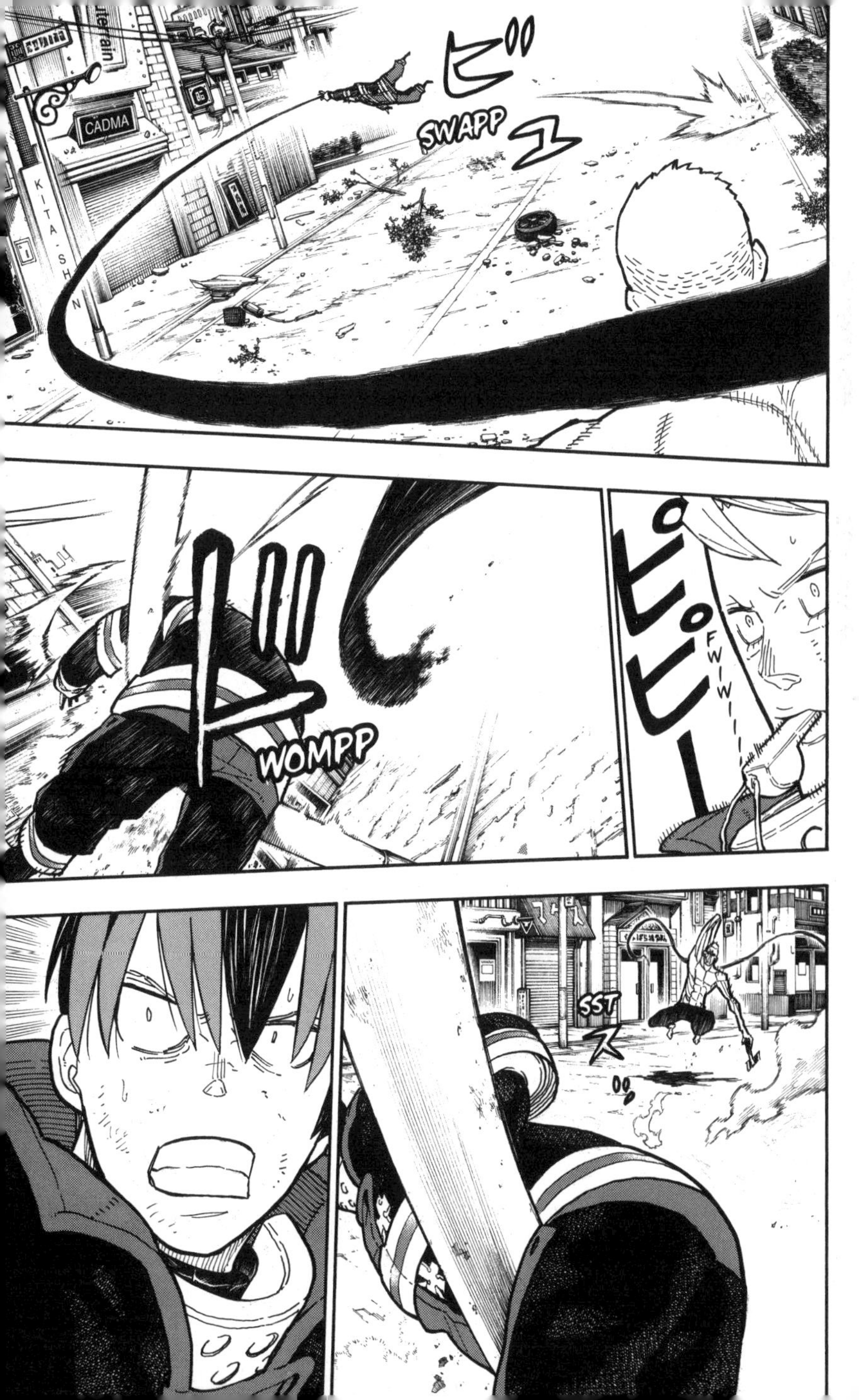
SWAPP
WOMPP
FWIWIII
SST

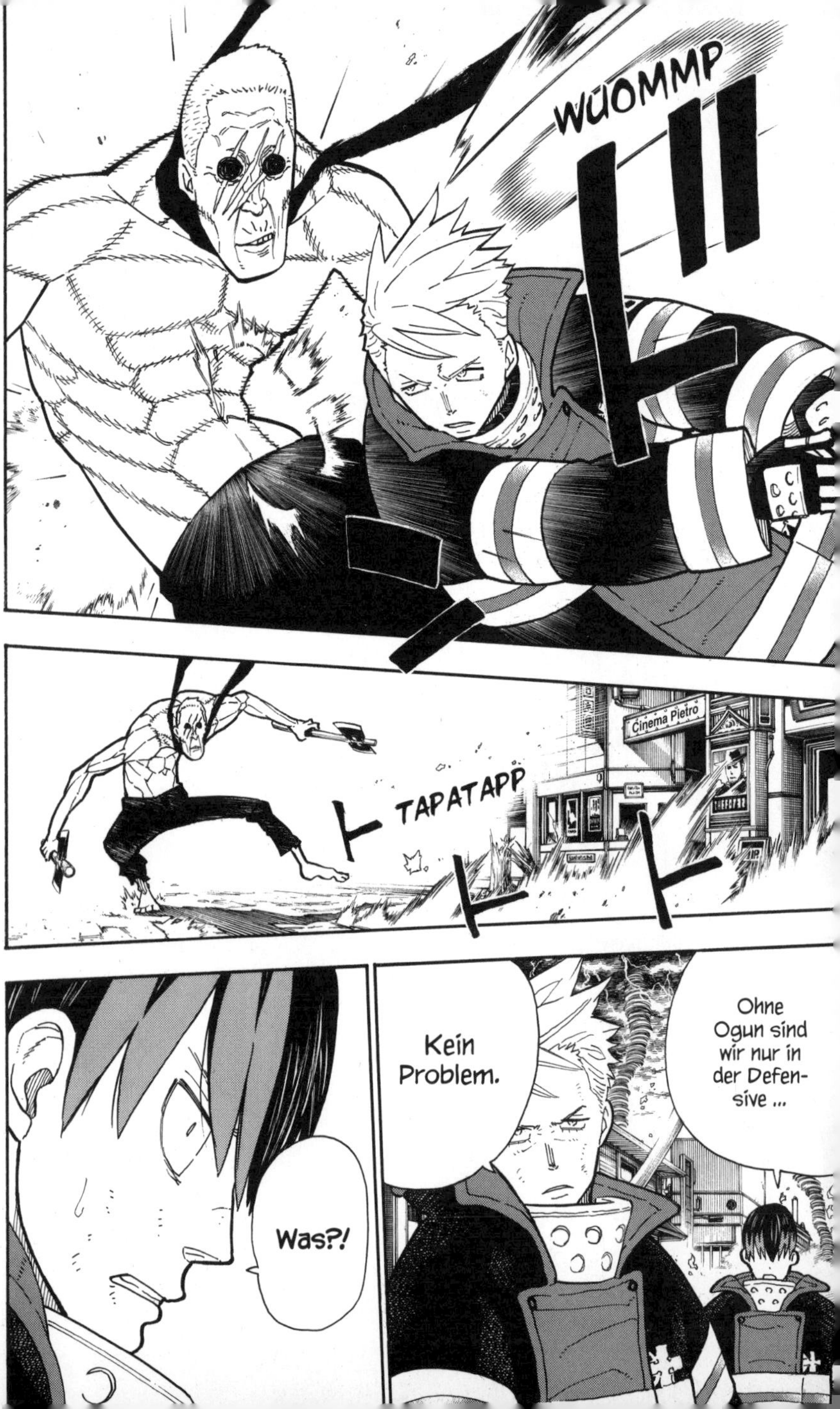
WUOMMP
TAPATAPP
Ohne Ogun sind wir nur in der Defensive ...
Kein Problem.
Was?!
Cinema Pietro

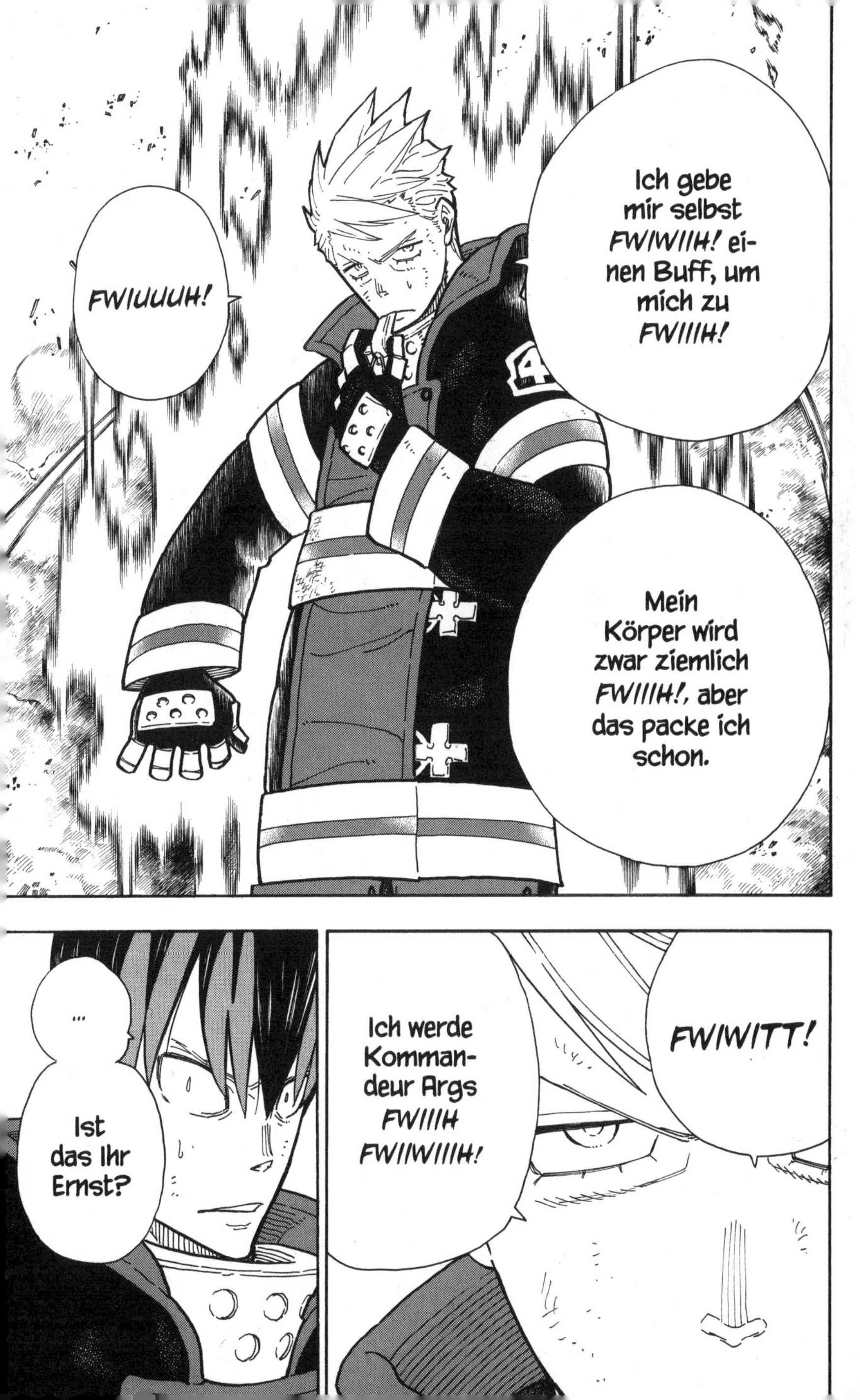
Ich gebe mir selbst FWIWIIH! einen Buff, um mich zu FWIIIH!
FWIUUUH!
Mein Körper wird zwar ziemlich FWIIIH!, aber das packe ich schon.
FWIWITT!
Ich werde Komman-deur Args FWIIIH FWIIWIIIH!
...
Ist das Ihr Ernst?

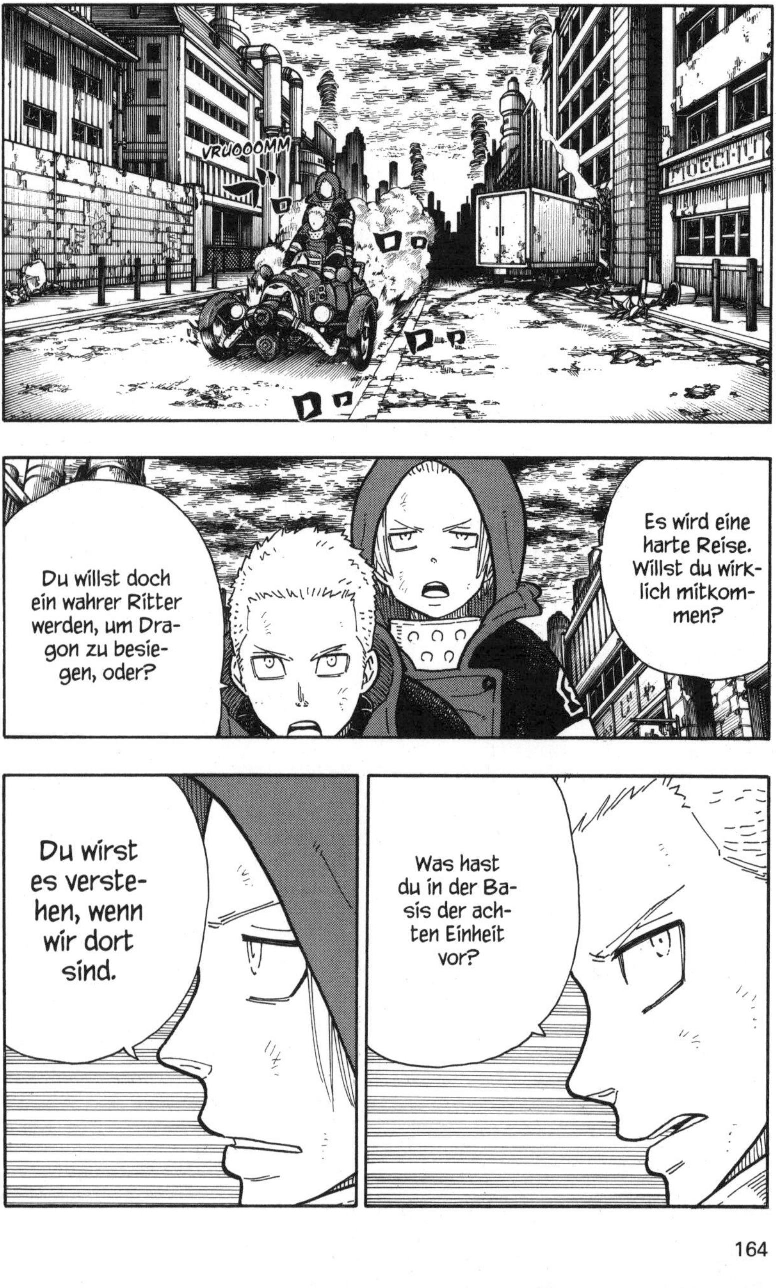
VRUOOOMM
Es wird eine harte Reise. Willst du wirklich mitkommen?
Du willst doch ein wahrer Ritter werden, um Dragon zu besiegen, oder?
Was hast du in der Basis der achten Einheit vor?
Du wirst es verstehen, wenn wir dort sind.

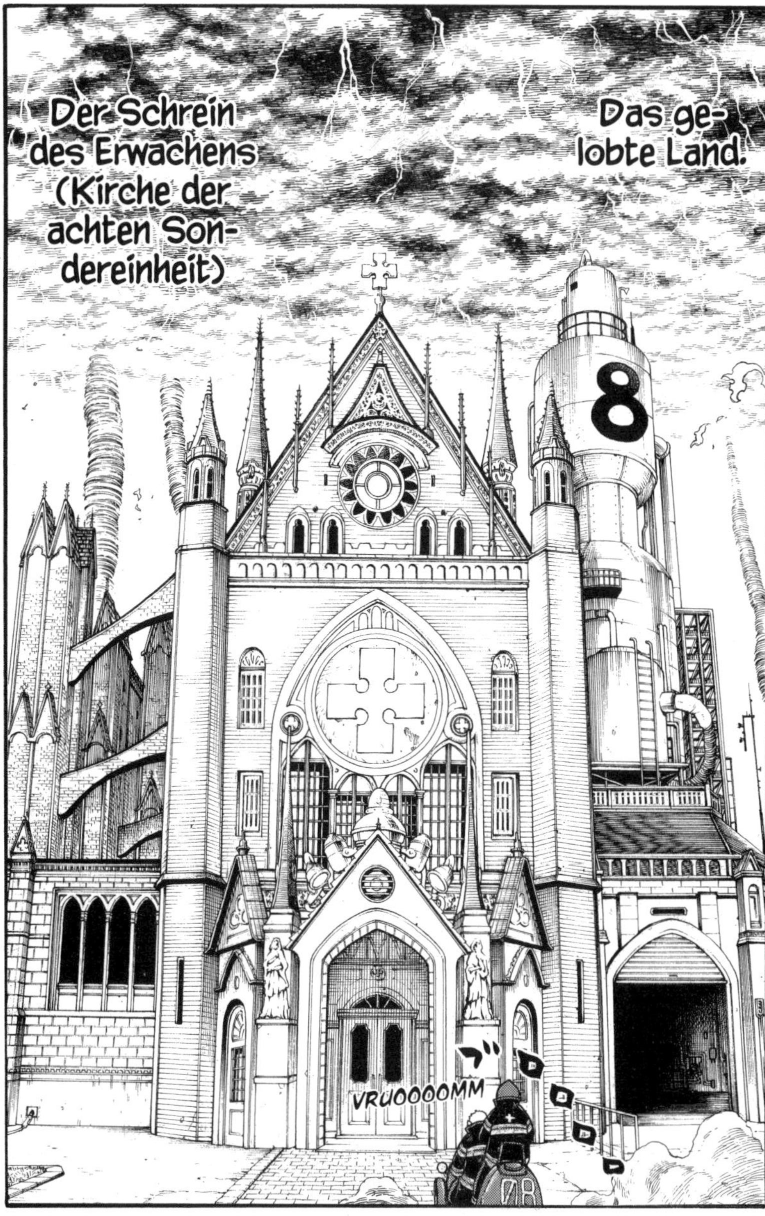
Das gelobte Land.
Der Schrein des Erwachens (Kirche der achten Sondereinheit)
8
VRUOOOOMM

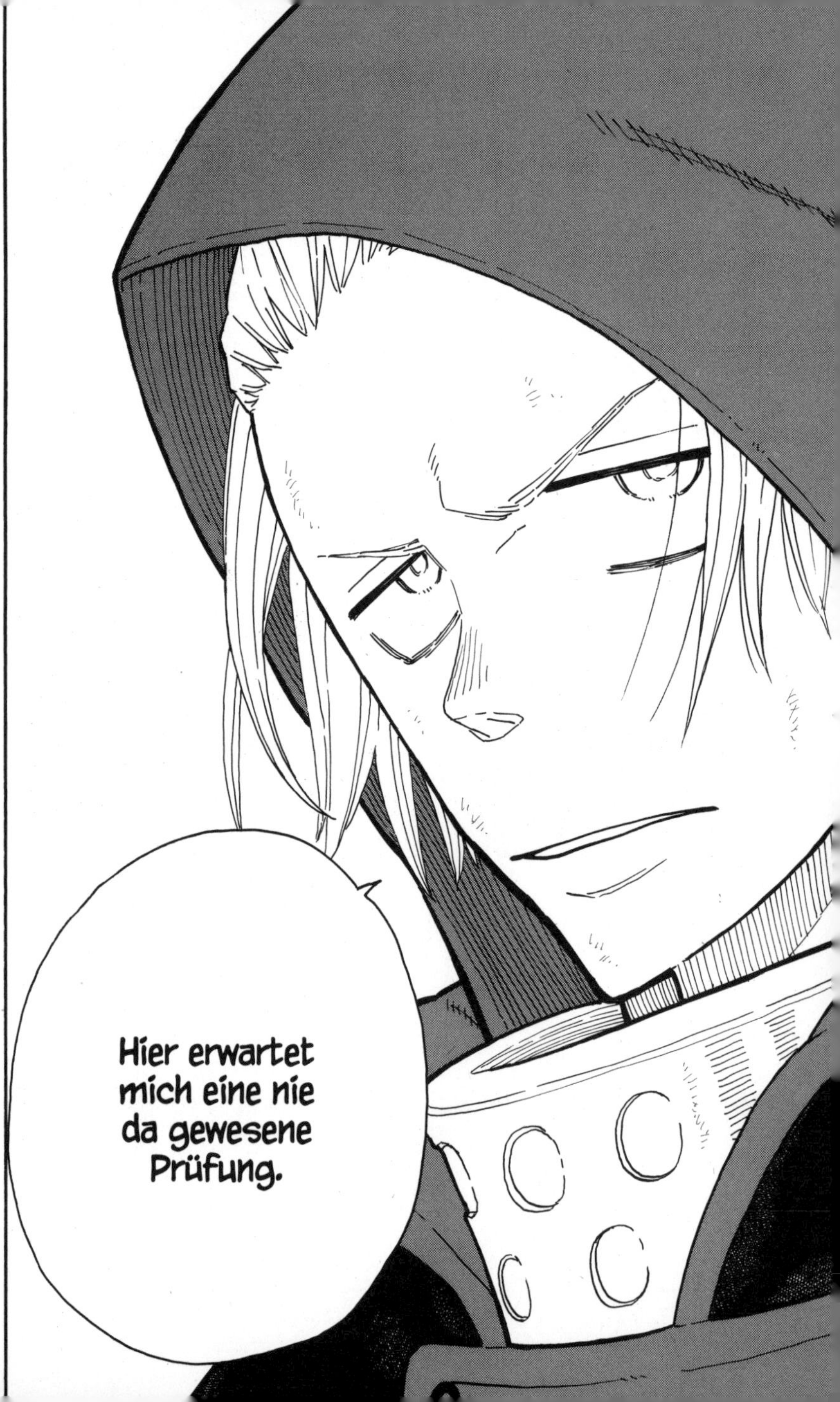
Hier erwartet mich eine nie da gewesene Prüfung.

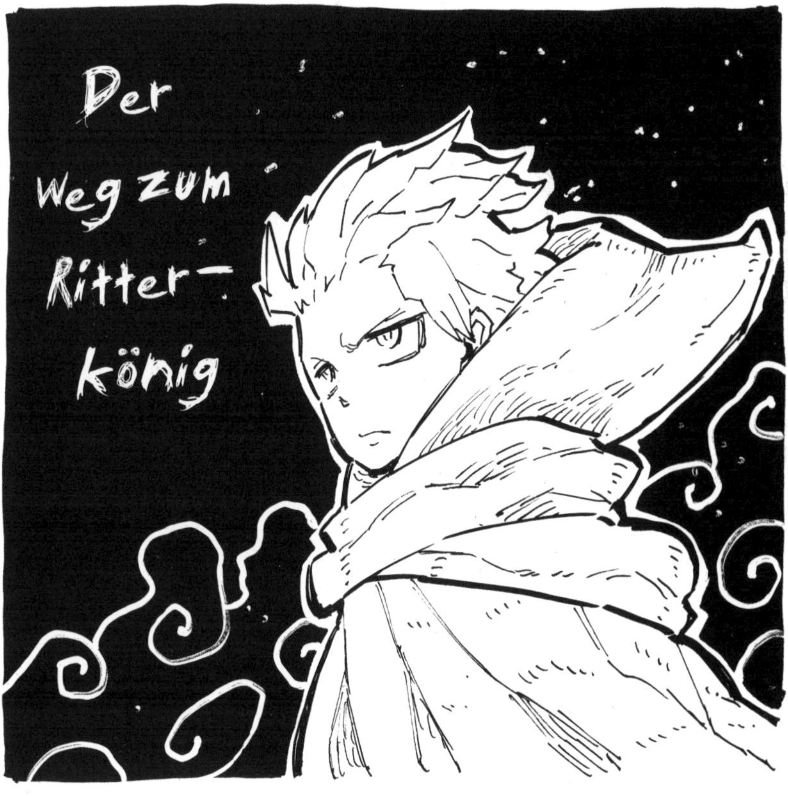

Kapitel 258: Die Prüfung zur Rettung der Welt

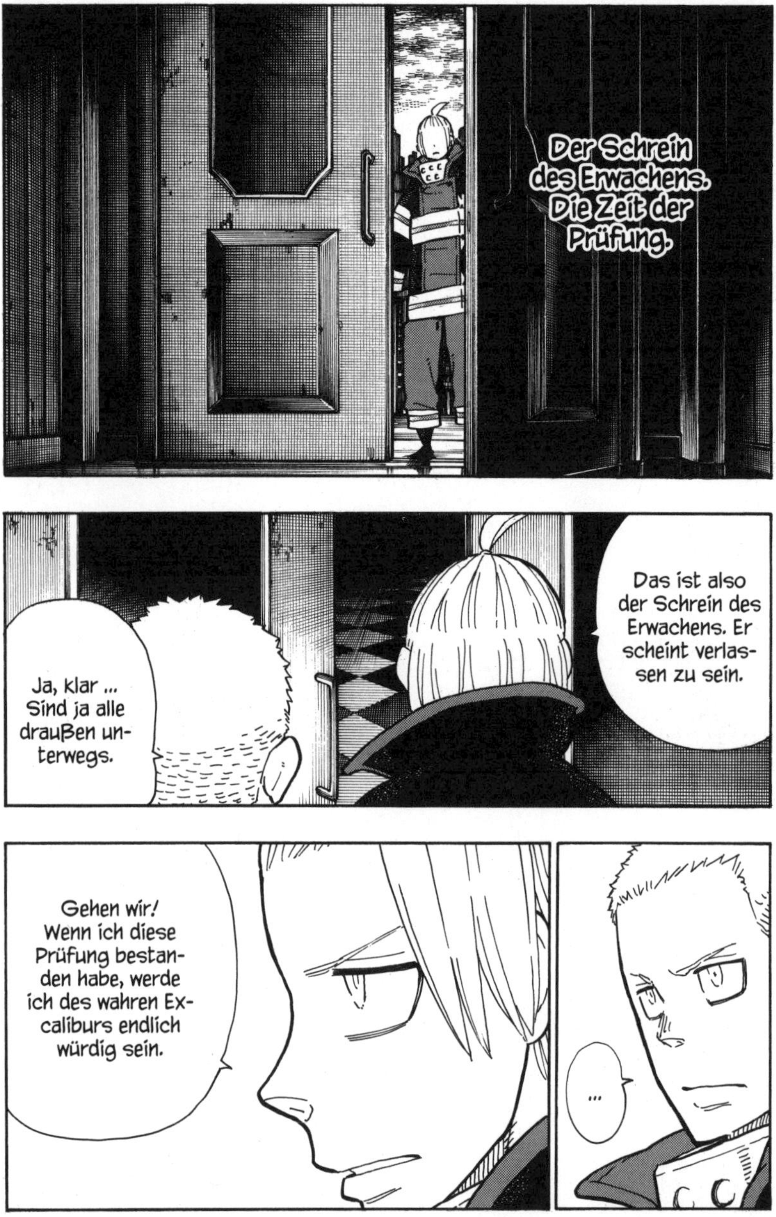
Der Schrein des Erwachens. Die Zeit der Prüfung.
Das ist also der Schrein des Erwachens. Er scheint verlassen zu sein.
Ja, klar ... Sind ja alle draußen unterwegs.
...
Gehen wir! Wenn ich diese Prüfung bestanden habe, werde ich des wahren Excaliburs endlich würdig sein.

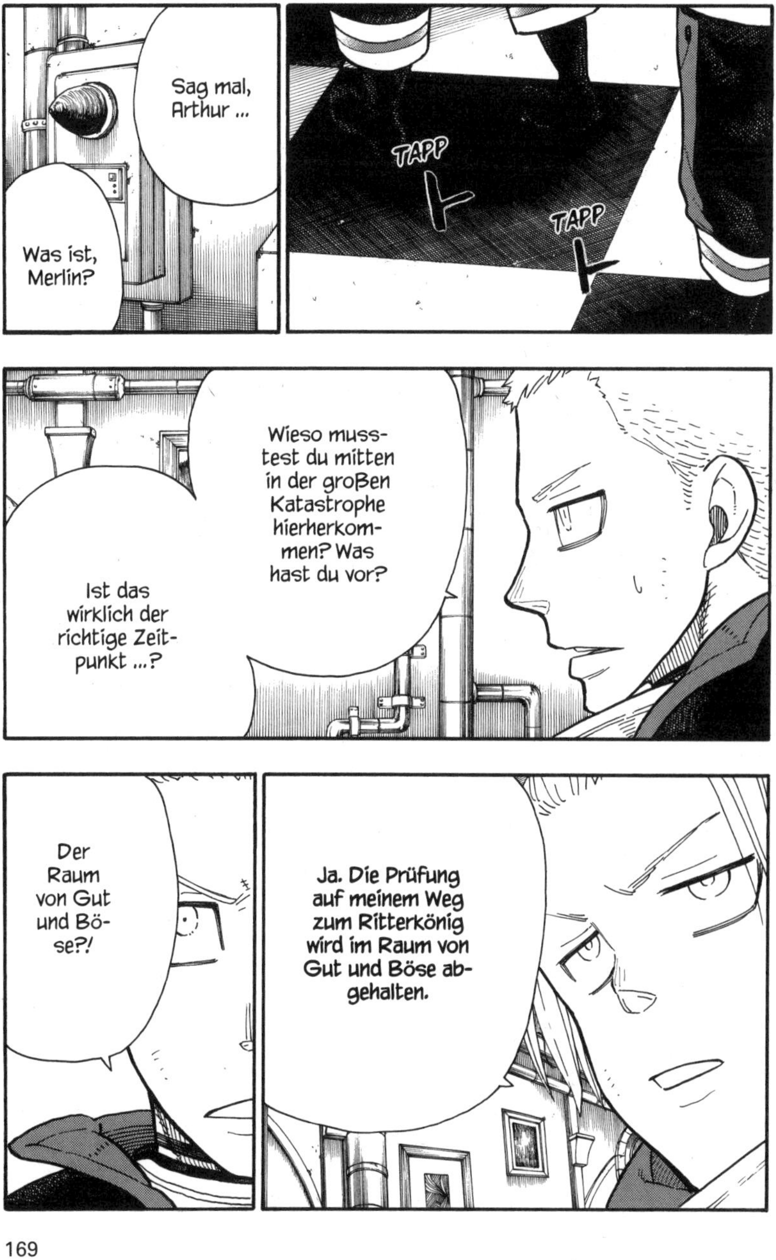
TAPP
TAPP
Sag mal, Arthur ...
Was ist, Merlin?
Wieso musstest du mitten in der großen Katastrophe hierherkommen? Was hast du vor?
Ist das wirklich der richtige Zeitpunkt ...?
Ja. Die Prüfung auf meinem Weg zum Ritterkönig wird im Raum von Gut und Böse abgehalten.
Der Raum von Gut und Böse?!

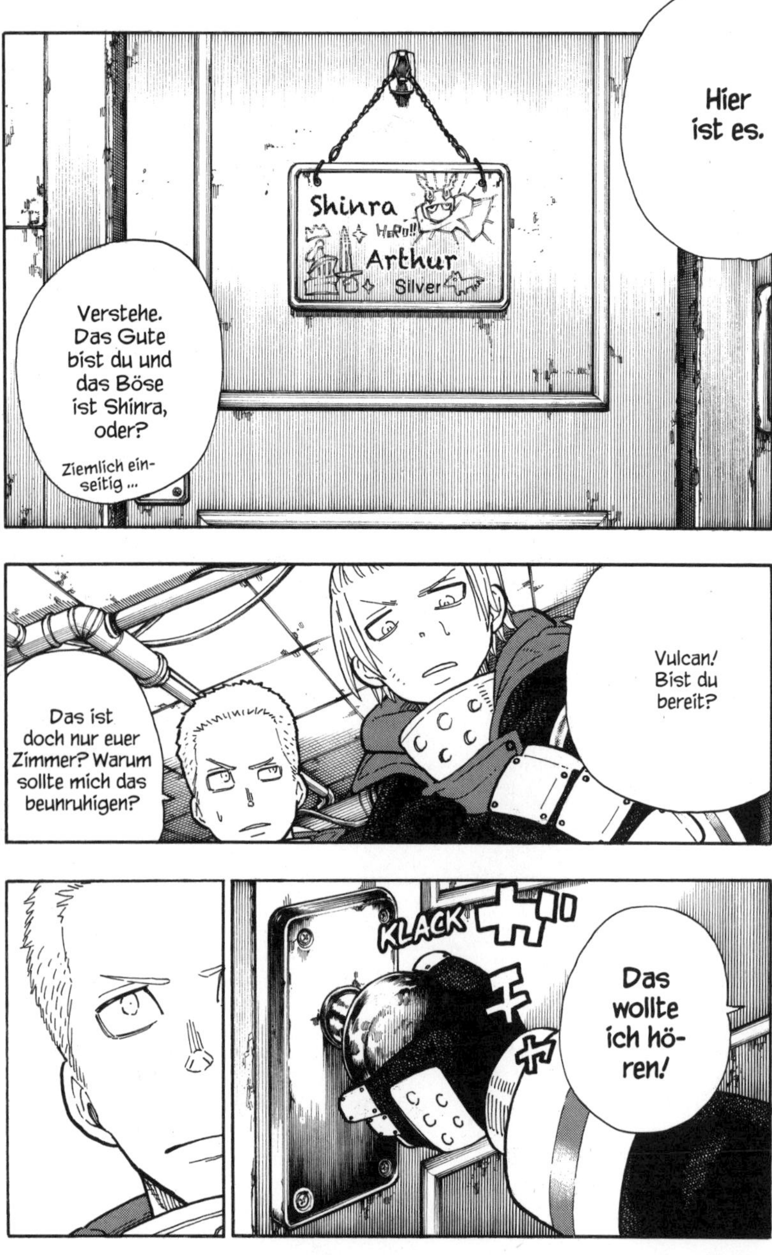
Hier ist es.
Shinra
HERO!!
Arthur
Silver
Verstehe. Das Gute bist du und das Böse ist Shinra, oder?
Ziemlich einseitig ...
Vulcan! Bist du bereit?
Das ist doch nur euer Zimmer? Warum sollte mich das beunruhigen?
KLACK
Das wollte ich hören!

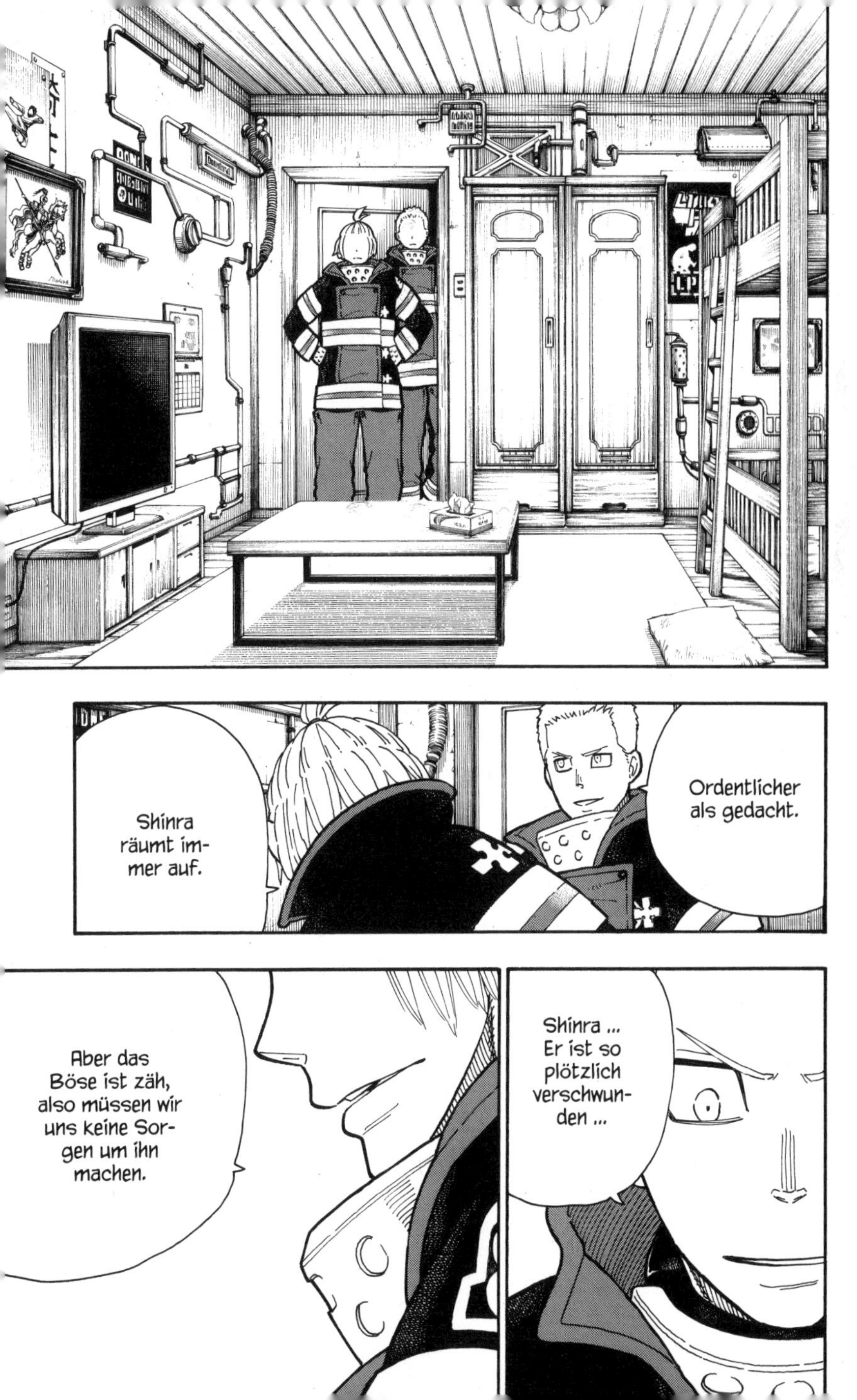
Ordentlicher als gedacht.
Shinra räumt immer auf.
Shinra ... Er ist so plötzlich verschwunden ...
Aber das Böse ist zäh, also müssen wir uns keine Sorgen um ihn machen.

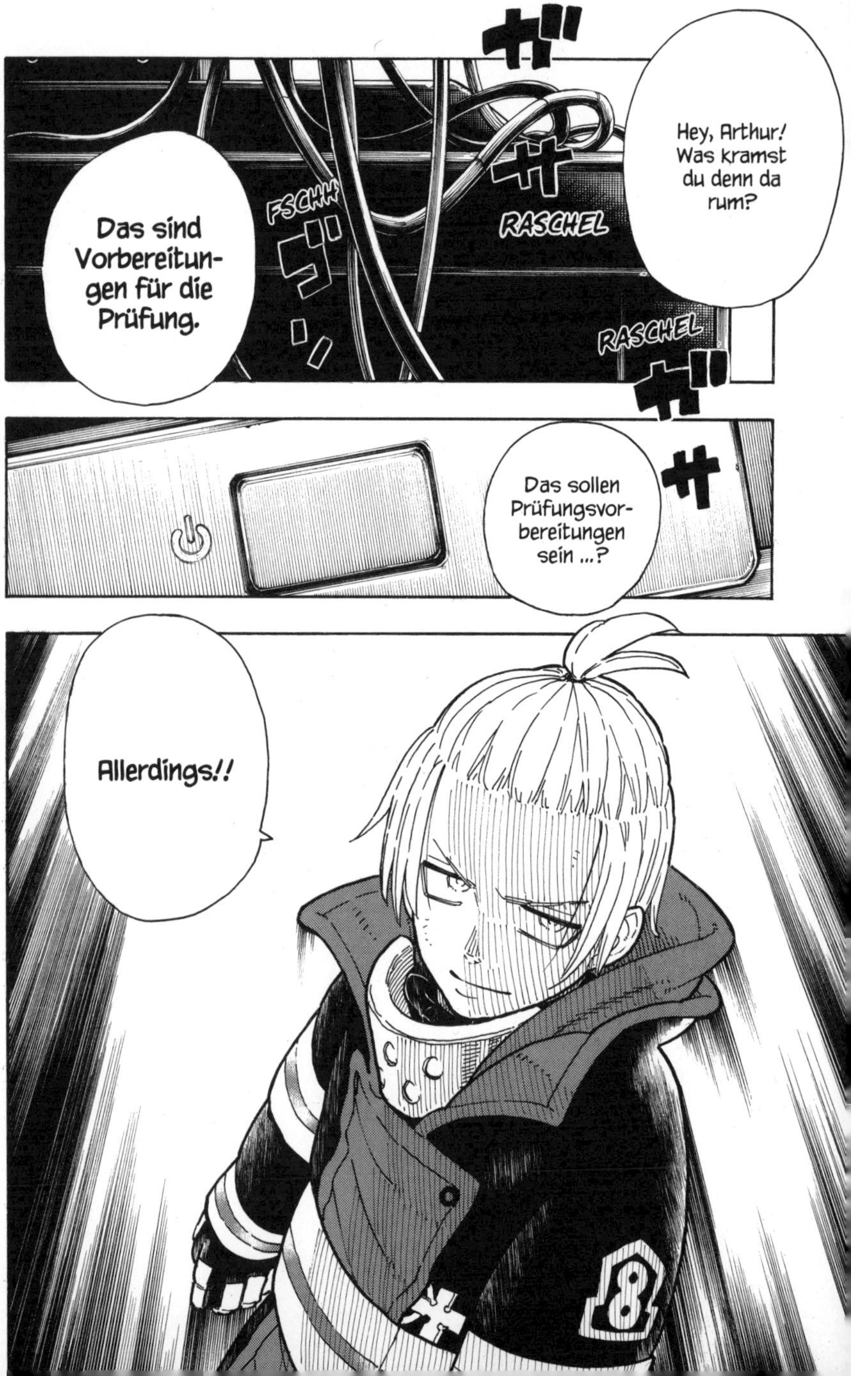
Hey, Arthur! Was kramst du denn da rum?
RASCHEL
FSCHHH
Das sind Vorbereitungen für die Prüfung.
RASCHEL
Das sollen Prüfungsvorbereitungen sein ...?
Allerdings!!

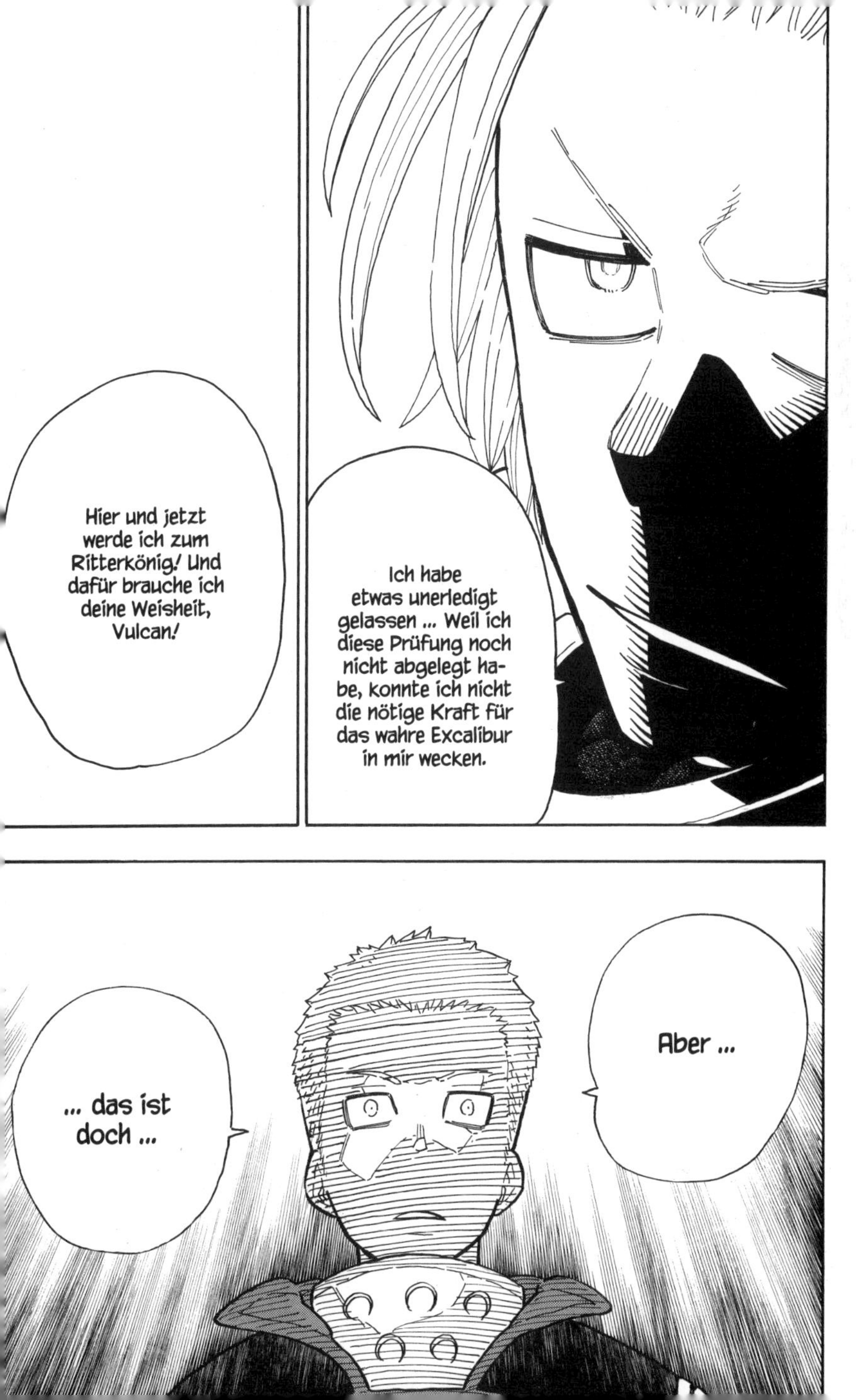
Ich habe etwas unerledigt gelassen ... Weil ich diese Prüfung noch nicht abgelegt habe, konnte ich nicht die nötige Kraft für das wahre Excalibur in mir wecken.
Hier und jetzt werde ich zum Ritterkönig! Und dafür brauche ich deine Weisheit, Vulcan!
Aber ...
... das ist doch ...

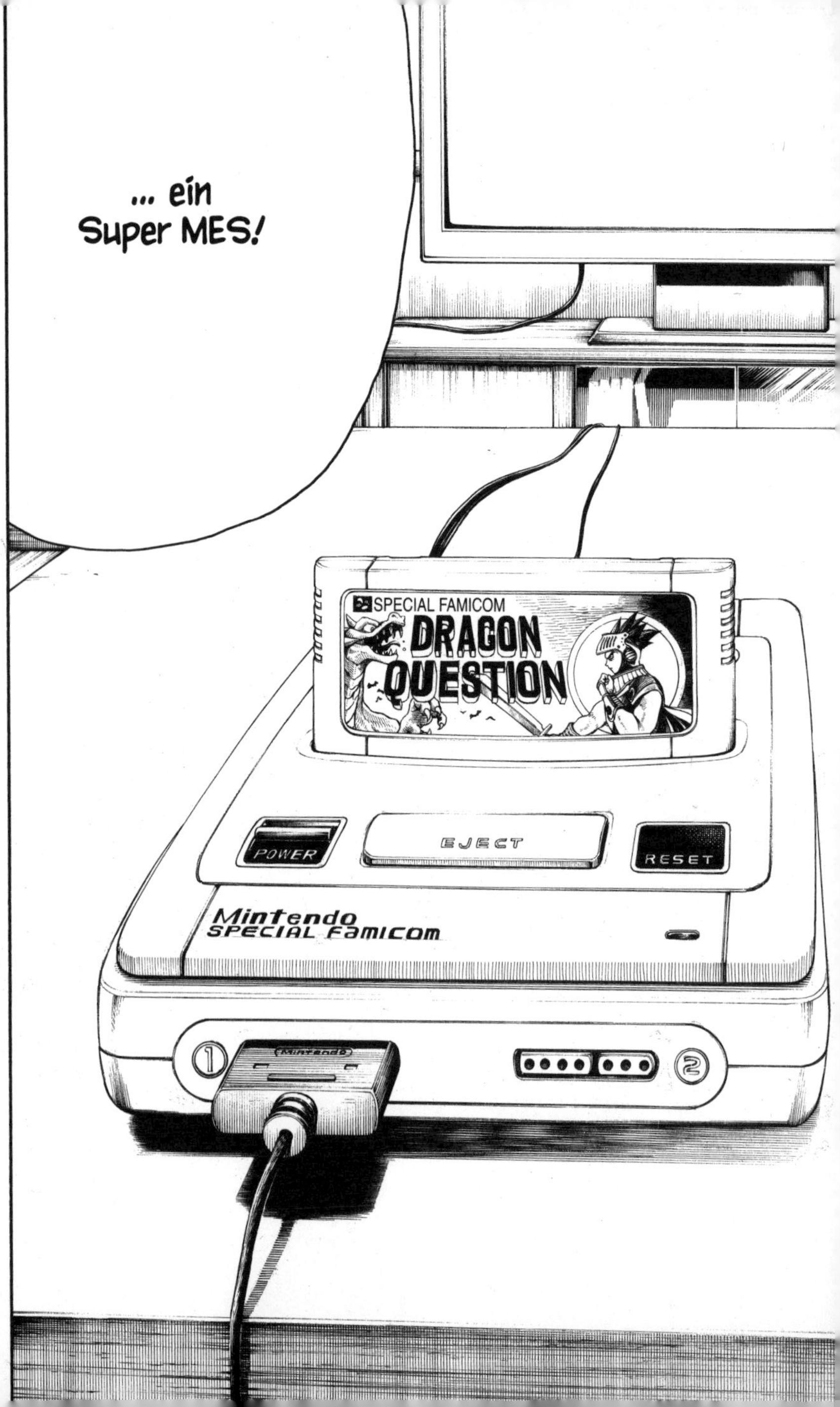
... ein
Super MES!
SPECIAL FAMICOM
DRAGON QUESTION
POWER
EJECT
RESET
Mintendo
SPECIAL Famicom
Mintendo

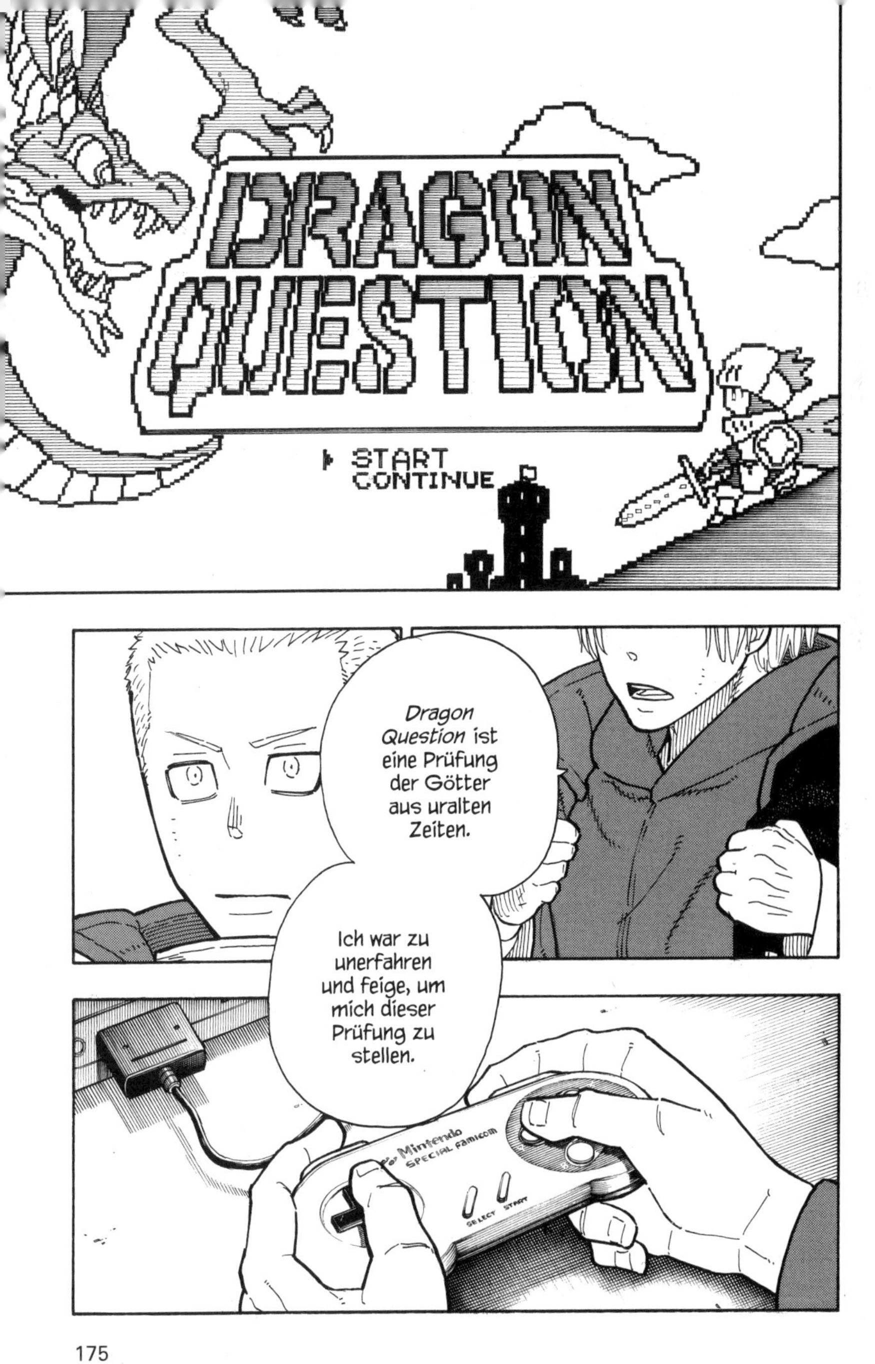
DRAGON QUESTION
START
CONTINUE
Dragon Question ist eine Prüfung der Götter aus uralten Zeiten.
Ich war zu unerfahren und feige, um mich dieser Prüfung zu stellen.
Nintendo
SPECIAL famicom
SELECT
START

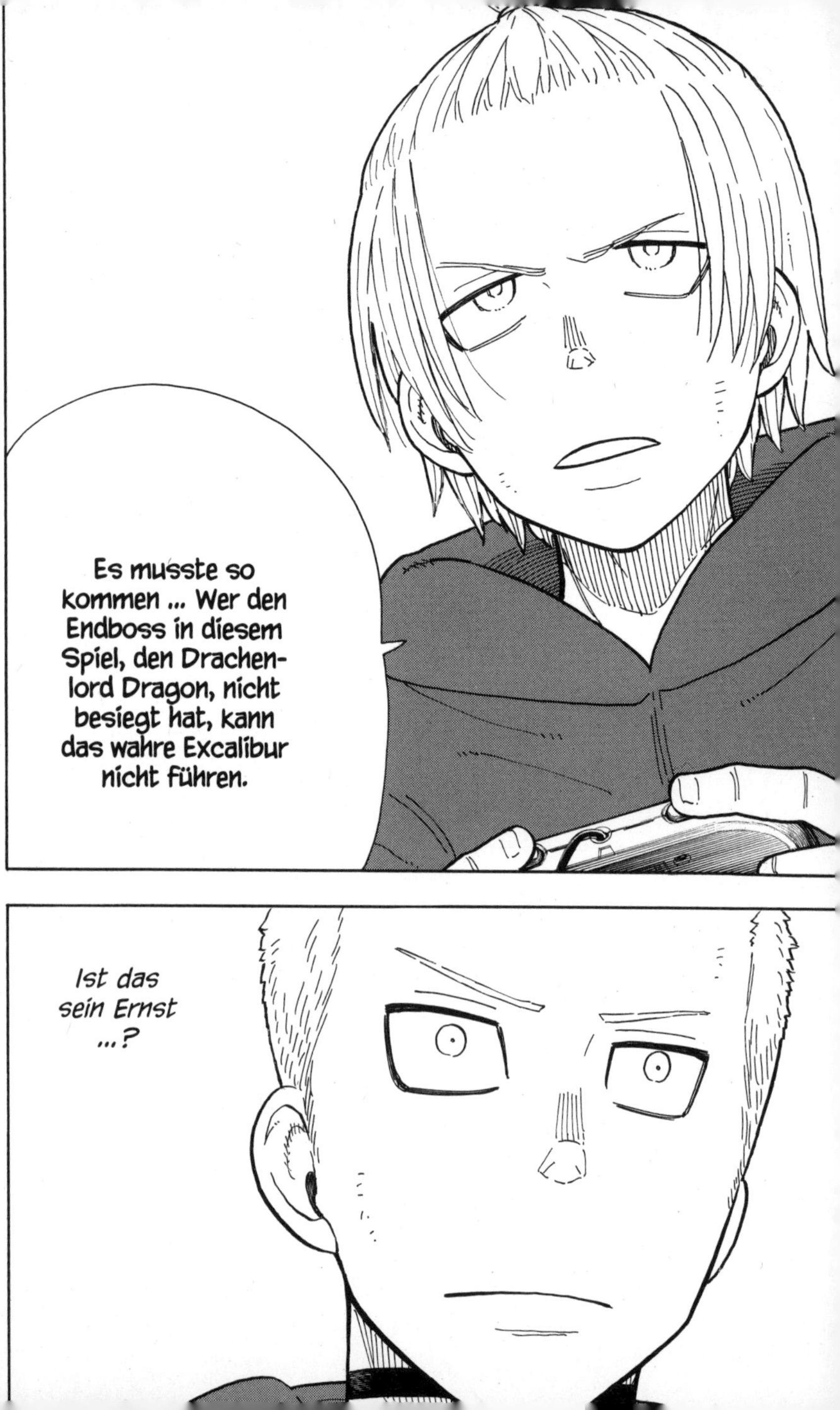
Es musste so kommen ... Wer den Endboss in diesem Spiel, den Drachenlord Dragon, nicht besiegt hat, kann das wahre Excalibur nicht führen.
Ist das sein Ernst ...?

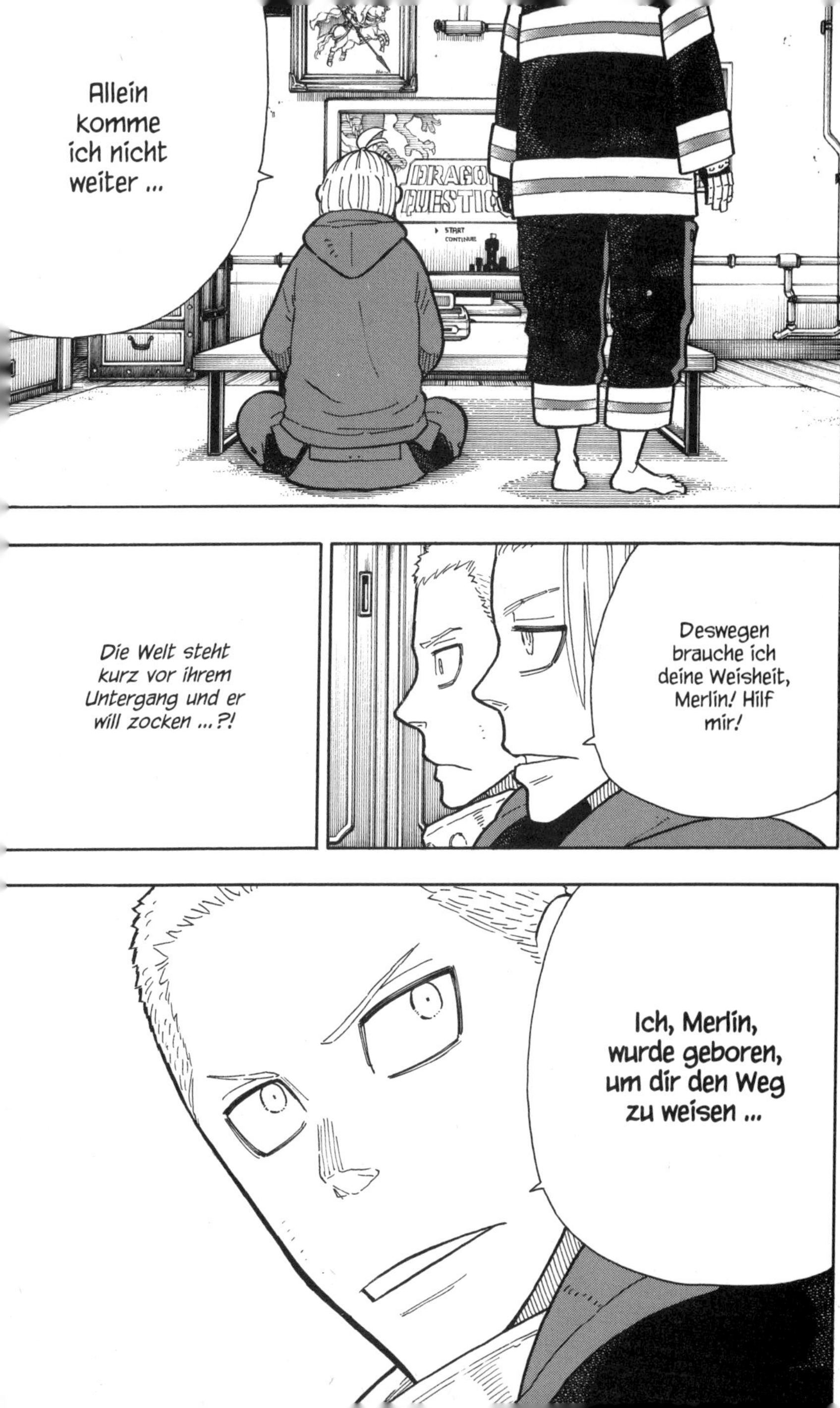
Allein komme ich nicht weiter ...
Deswegen brauche ich deine Weisheit, Merlin! Hilf mir!
Die Welt steht kurz vor ihrem Untergang und er will zocken ...?!
Ich, Merlin, wurde geboren, um dir den Weg zu weisen ...

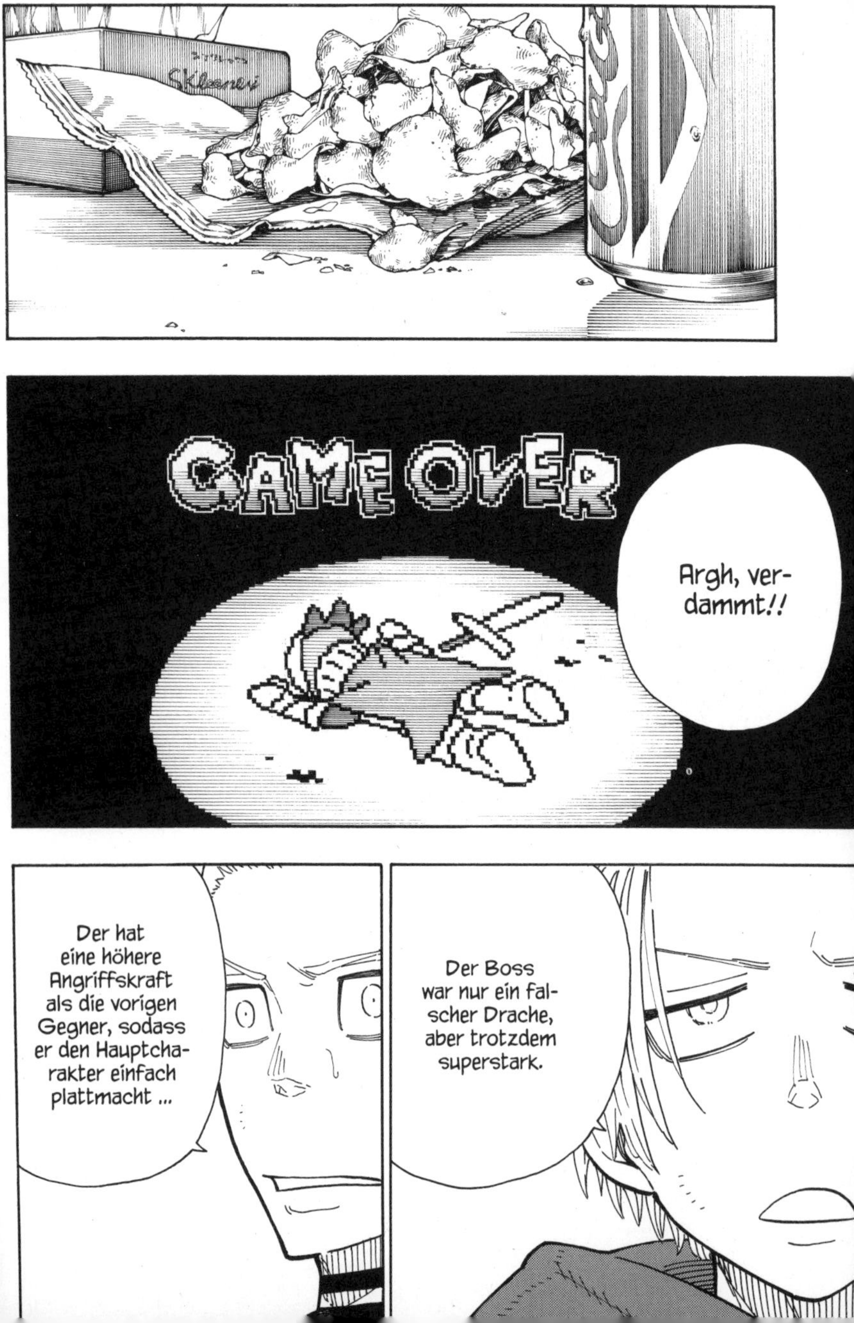
GAME OVER
Argh, verdammt!!
Der Boss war nur ein falscher Drache, aber trotzdem superstark.
Der hat eine höhere Angriffskraft als die vorigen Gegner, sodass er den Hauptcharakter einfach plattmacht ...

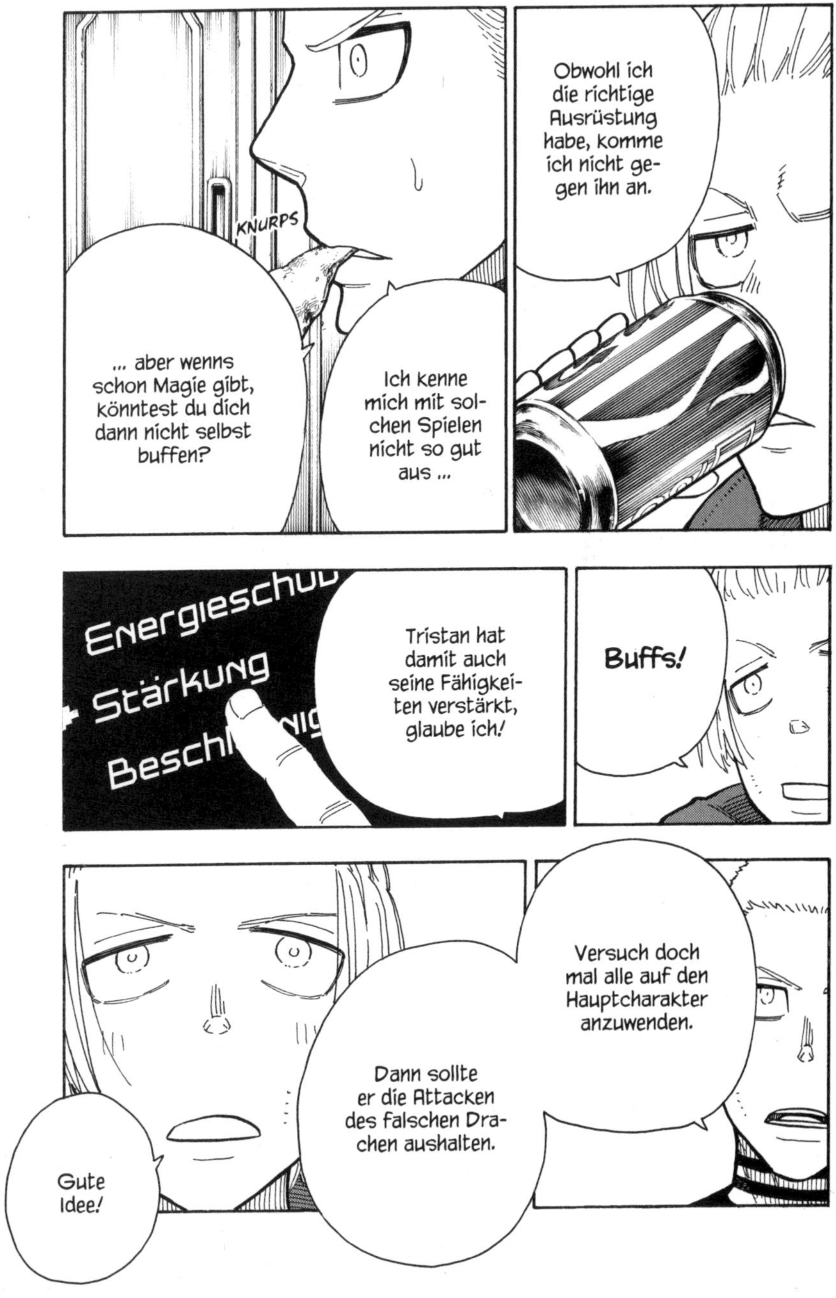

Obwohl ich die richtige Ausrüstung habe, komme ich nicht gegen ihn an.
KNURPS
Ich kenne mich mit solchen Spielen nicht so gut aus ...
... aber wenns schon Magie gibt, könntest du dich dann nicht selbst buffen?
Buffs!
Tristan hat damit auch seine Fähigkeiten verstärkt, glaube ich!
Energieschub
Stärkung
Versuch doch mal alle auf den Hauptcharakter anzuwenden.
Dann sollte er die Attacken des falschen Drachen aushalten.
Gute Idee!

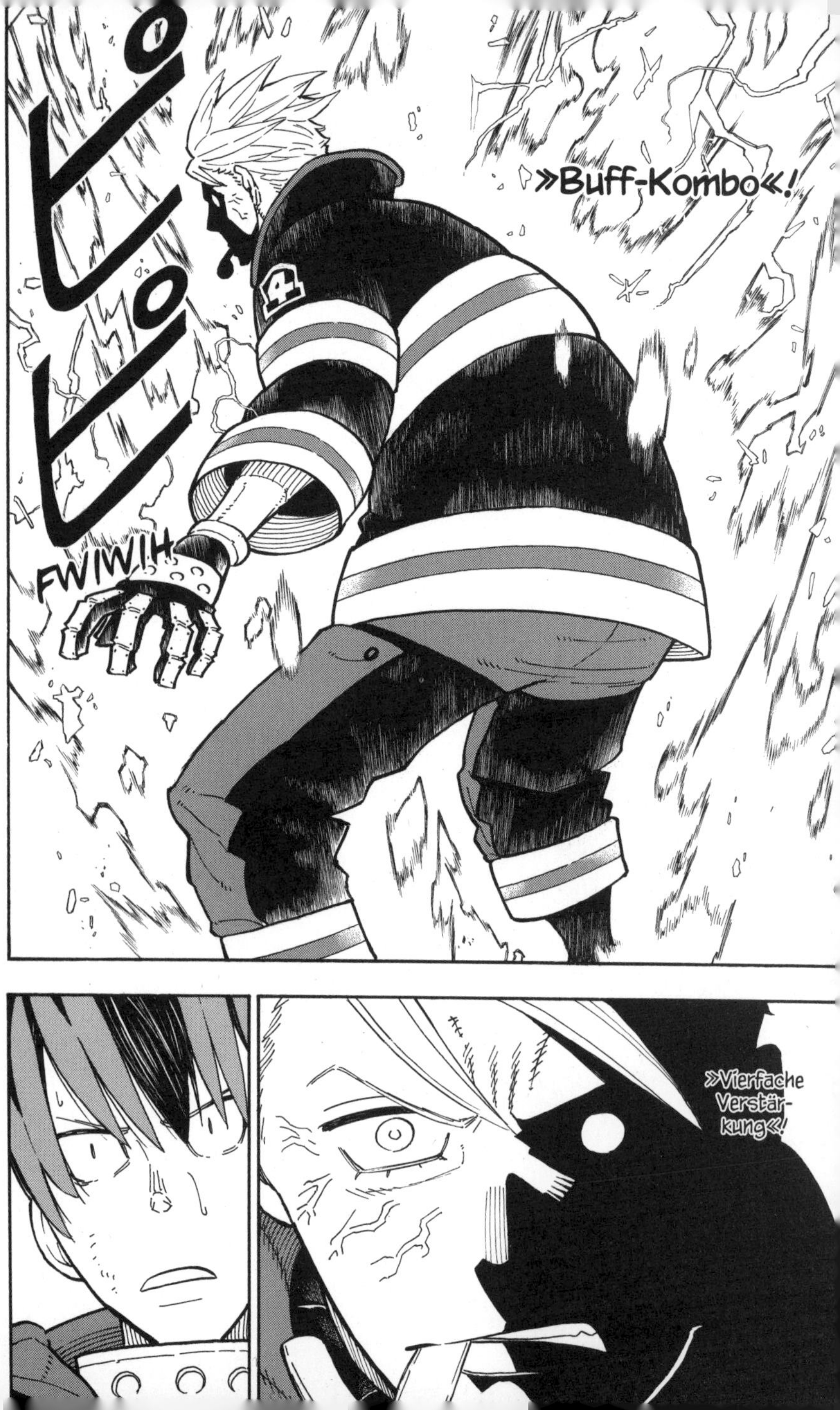

»Buff-Kombo«!
FWIWIH
»Vierfache Verstär-kung«!

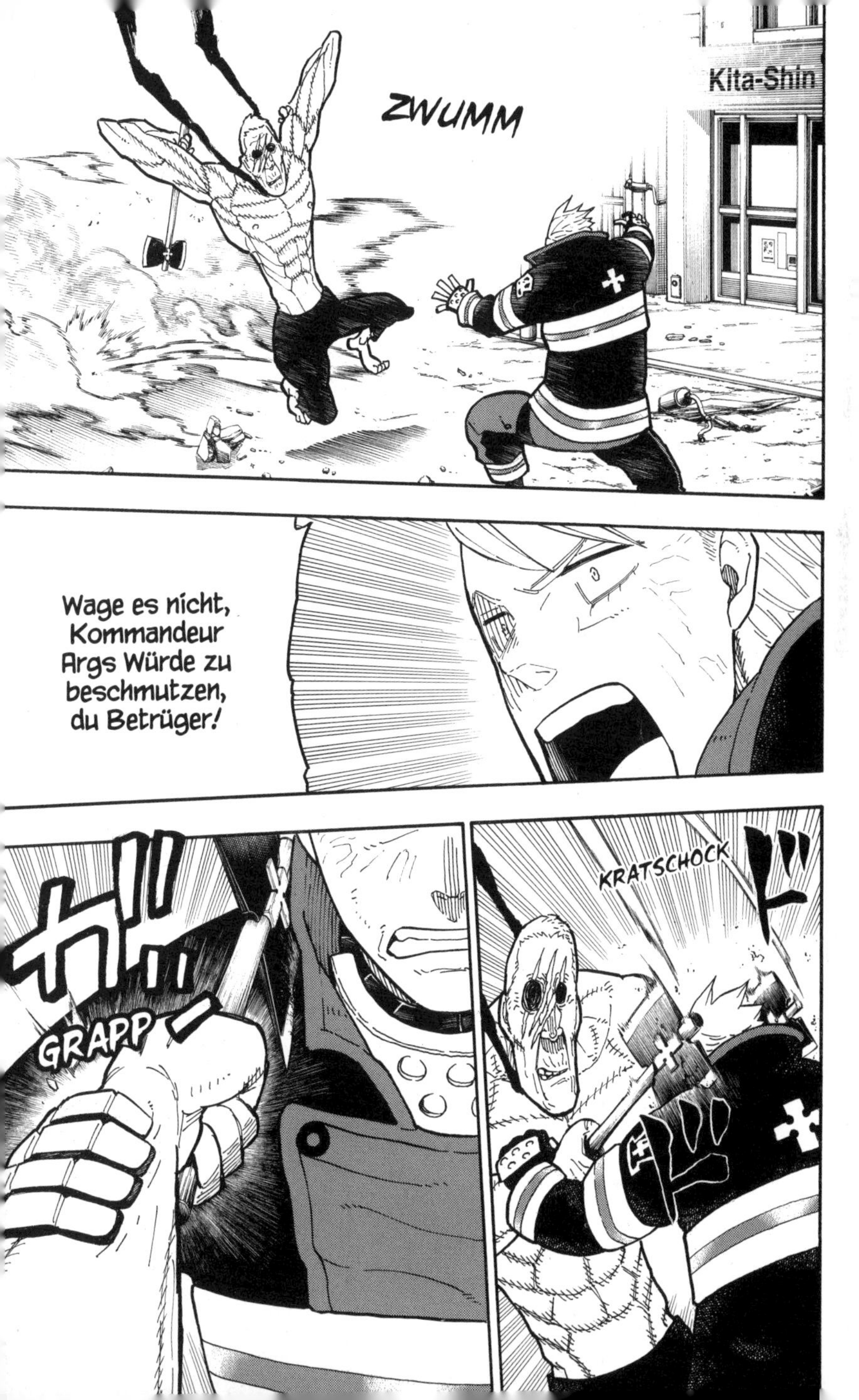
Kita-Shin
ZWUMM
Wage es nicht, Kommandeur Args Würde zu beschmutzen, du Betrüger!
KRATSCHOCK
ド
ガッ
GRAPP

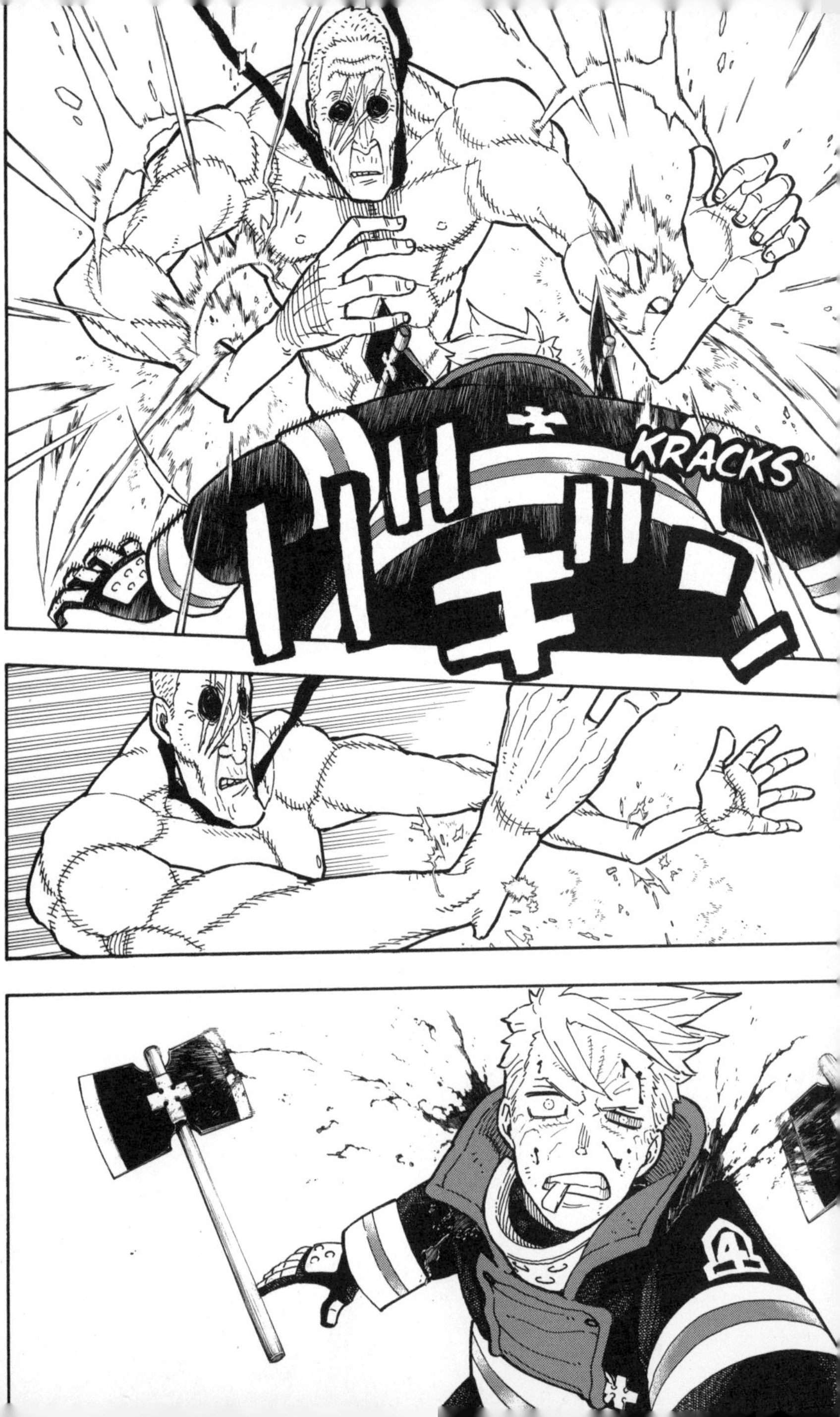
KRACKS
ドギーン

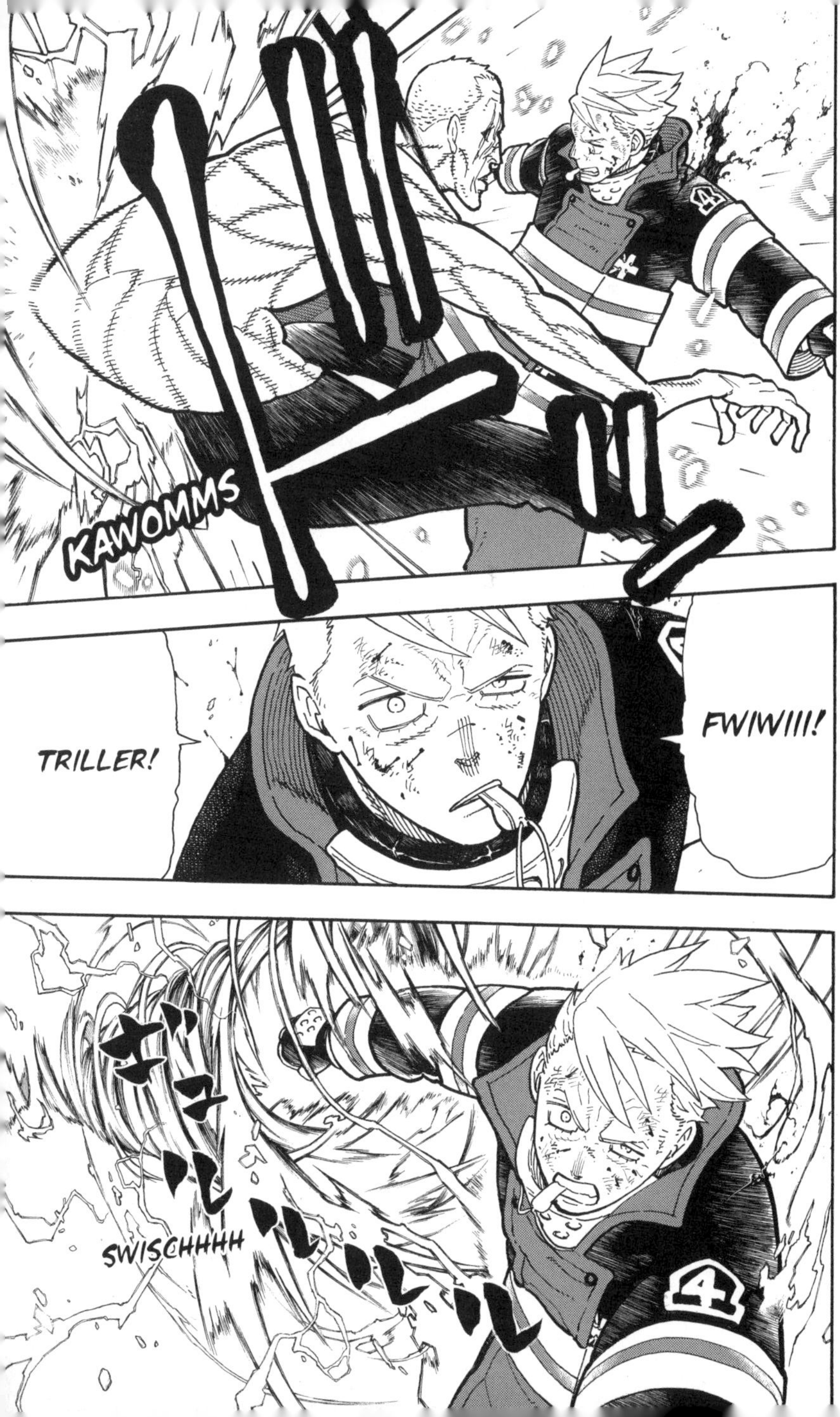
KAWOMMS
FWIWIII!
TRILLER!
SWISCHHHH

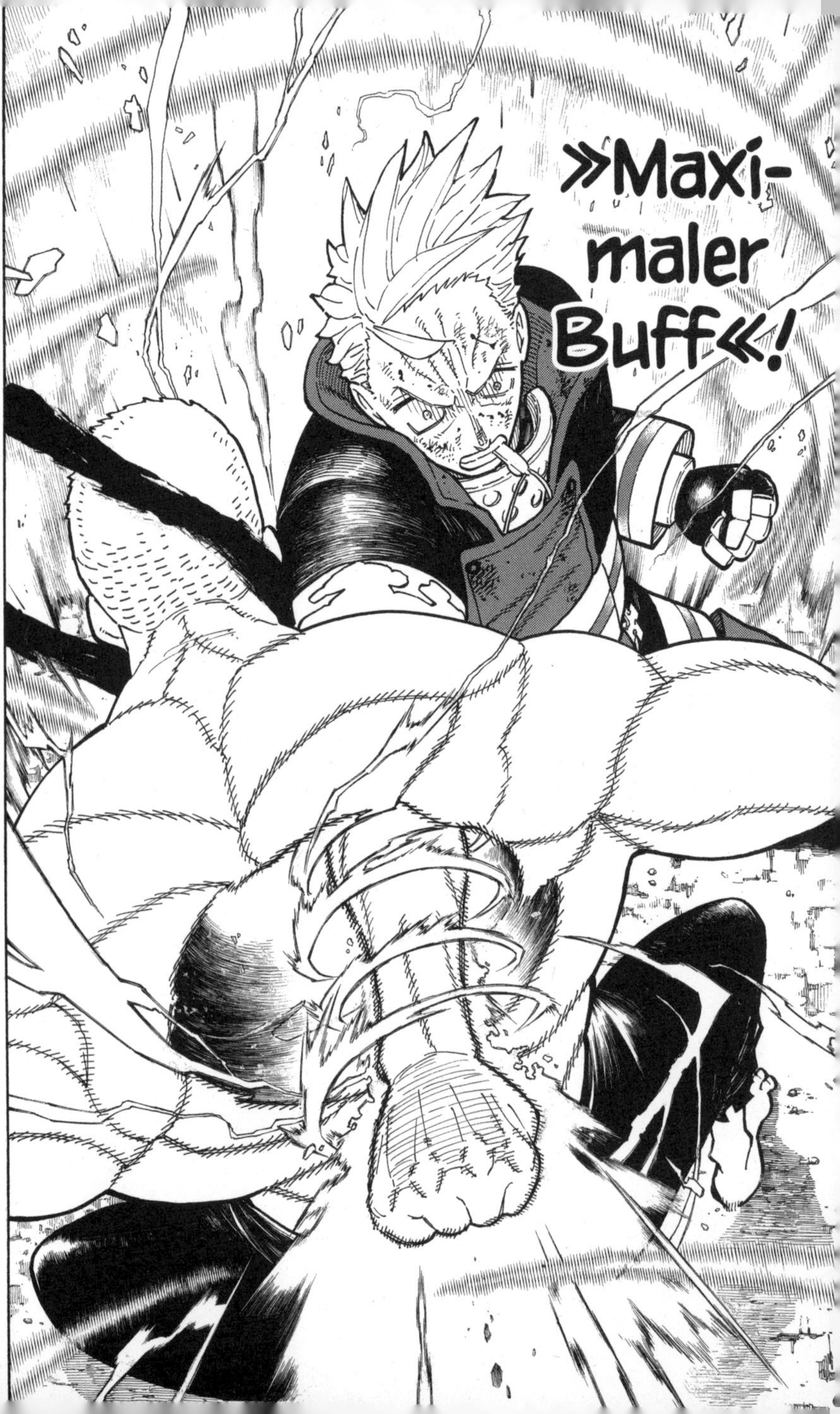
»Maxi-
maler
Buff«!

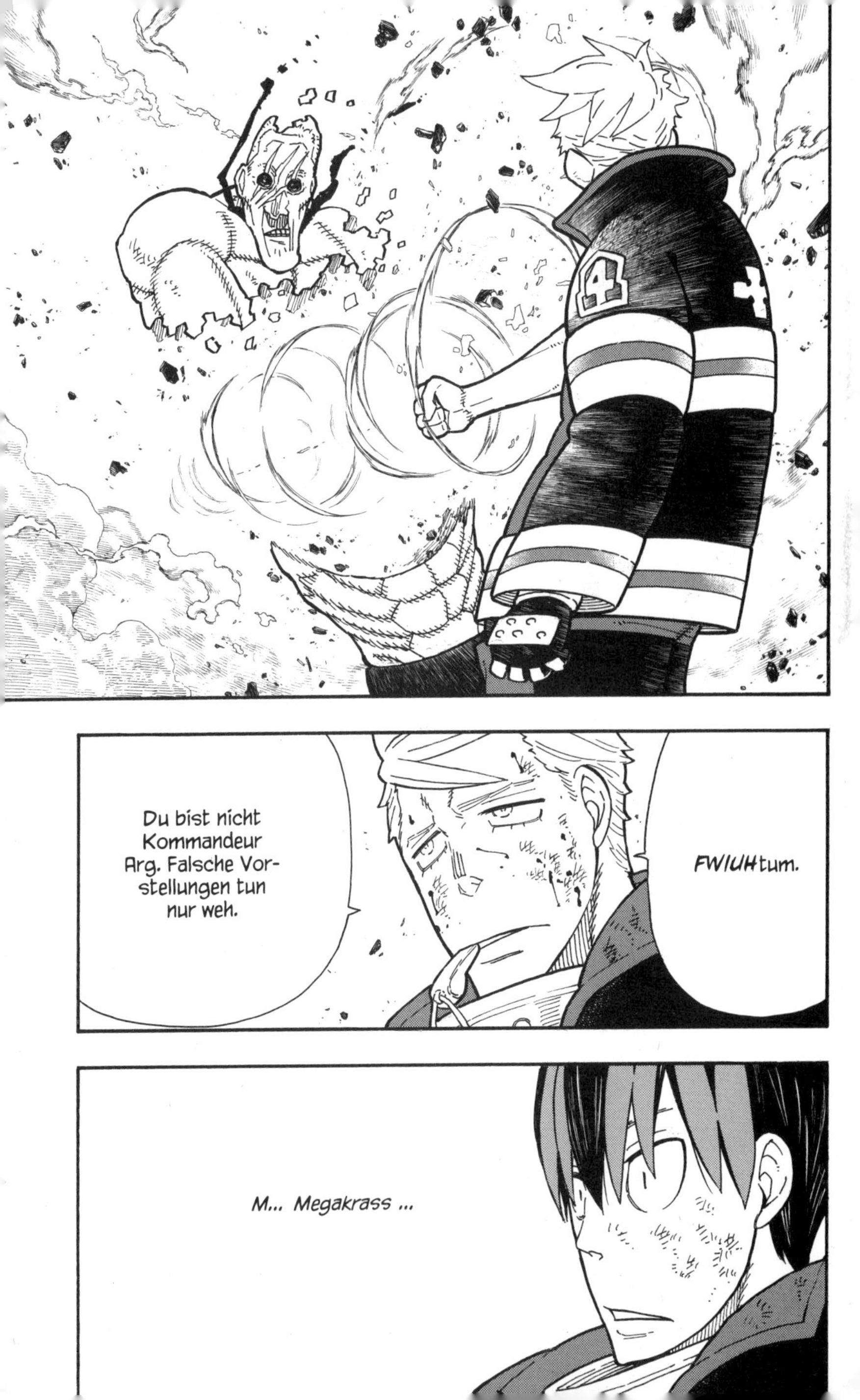
FWIUH tum.
Du bist nicht Kommandeur Arg. Falsche Vorstellungen tun nur weh.
M... Megakrass ...

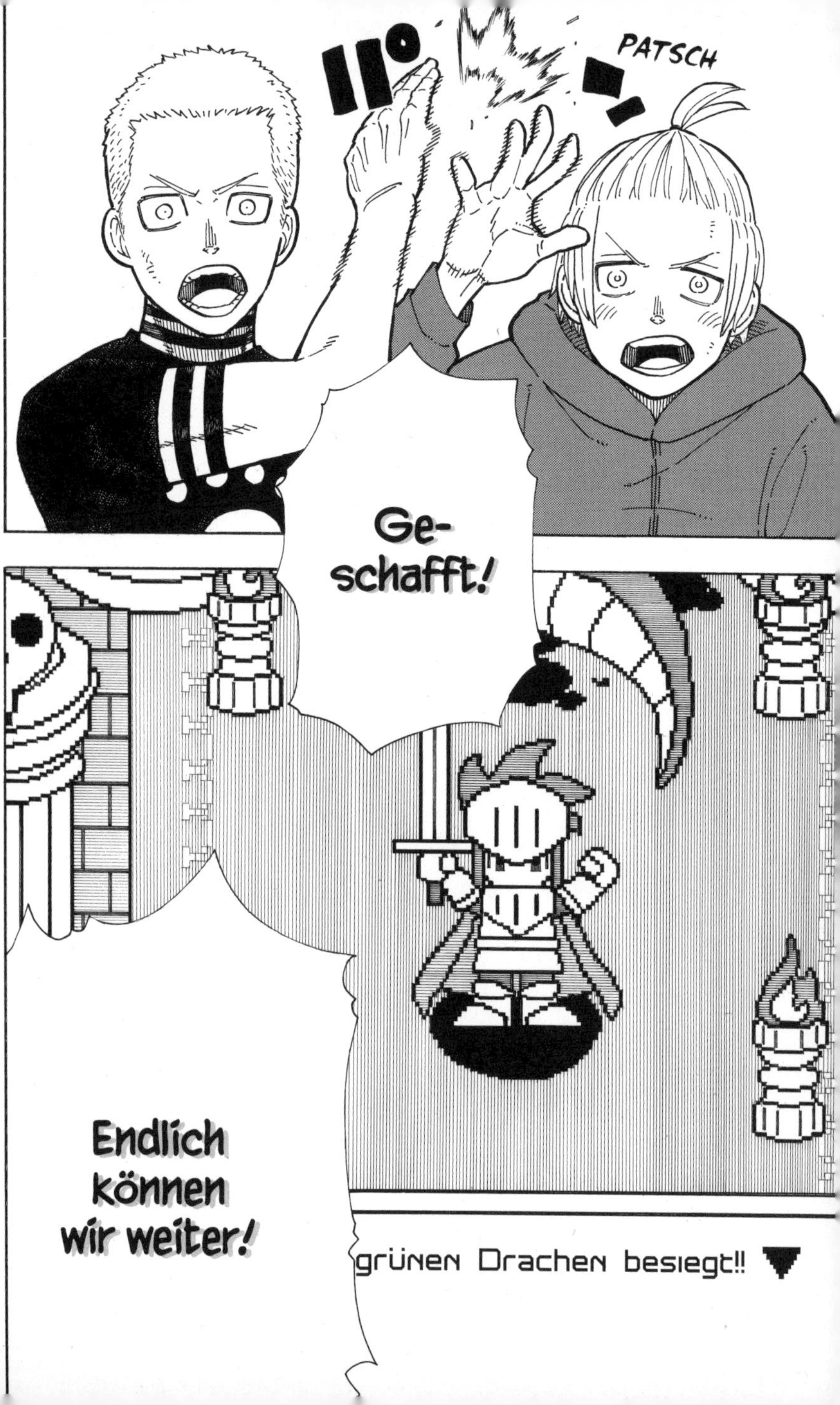
PATSCH
Ge-
schafft!
grünen Drachen besiegt!!
Endlich
können
wir weiter!

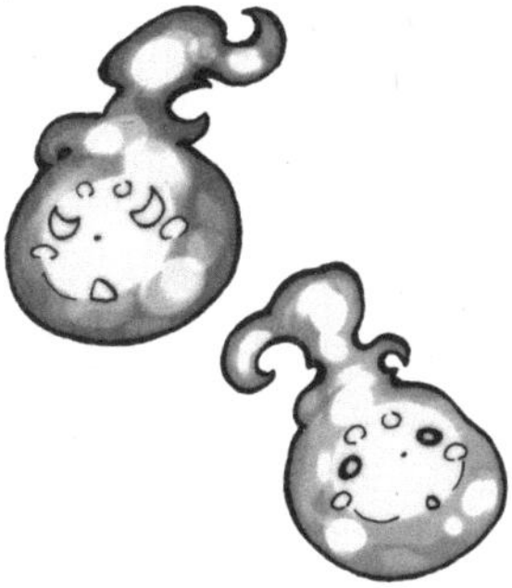

Fortsetzung folgt in Band 30!

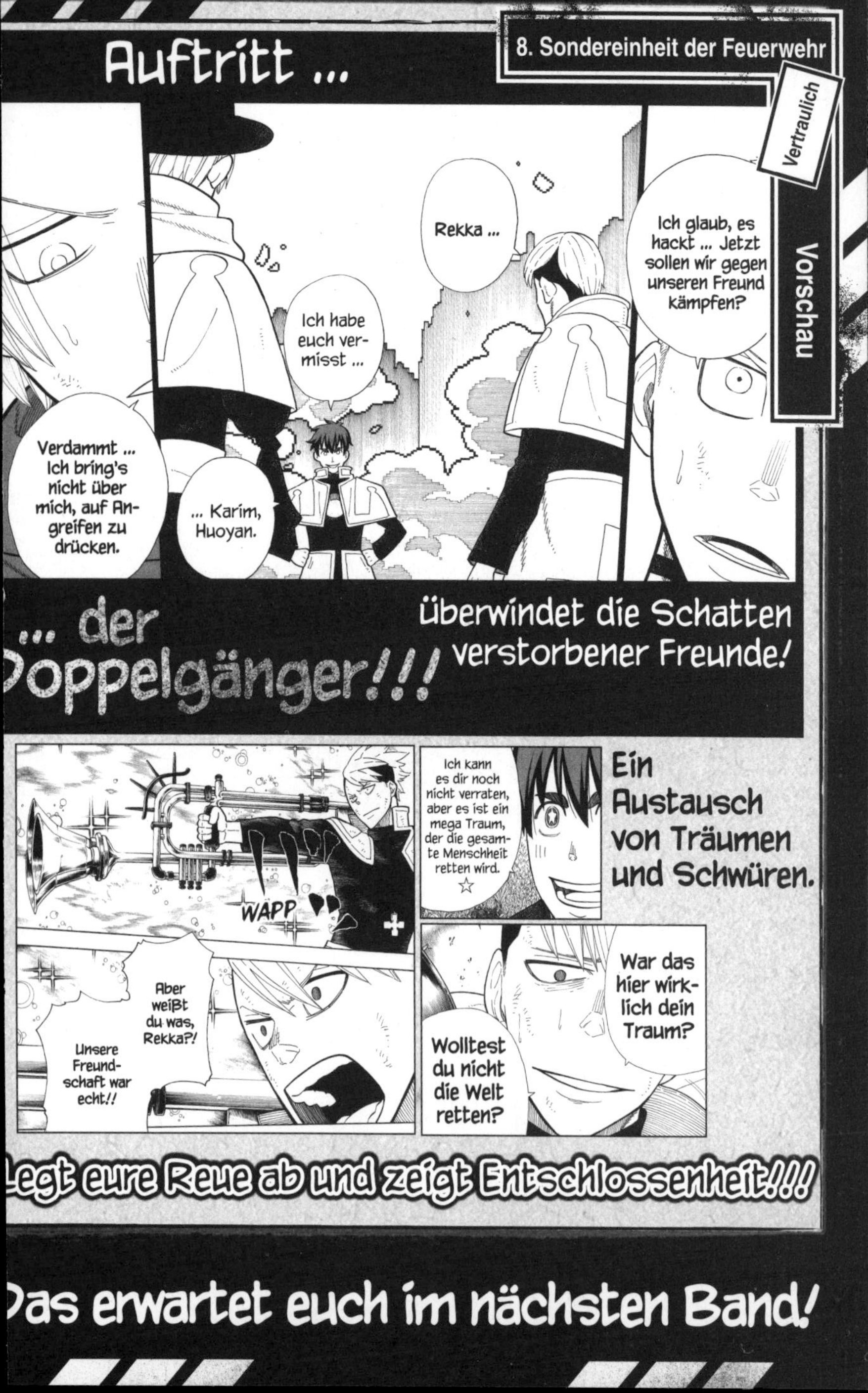
8. Sondereinheit der Feuerwehr
Vertraulich
Vorschau
Auftritt ...
Ich glaub, es hackt ... Jetzt sollen wir gegen unseren Freund kämpfen?
Rekka ...
Ich habe euch vermisst ...
... Karim, Huoyan.
Verdammt ... Ich bring's nicht über mich, auf Angreifen zu drücken.
... der Doppelgänger!!!
überwindet die Schatten verstorbener Freunde!
Ein Austausch von Träumen und Schwüren.
Ich kann es dir noch nicht verraten, aber es ist ein mega Traum, der die gesamte Menschheit retten wird. ☆
WAPP
War das hier wirklich dein Traum?
Wolltest du nicht die Welt retten?
Aber weißt du was, Rekka?!
Unsere Freundschaft war echt!!
Legt eure Reue ab und zeigt Entschlossenheit!!!
Das erwartet euch im nächsten Band!

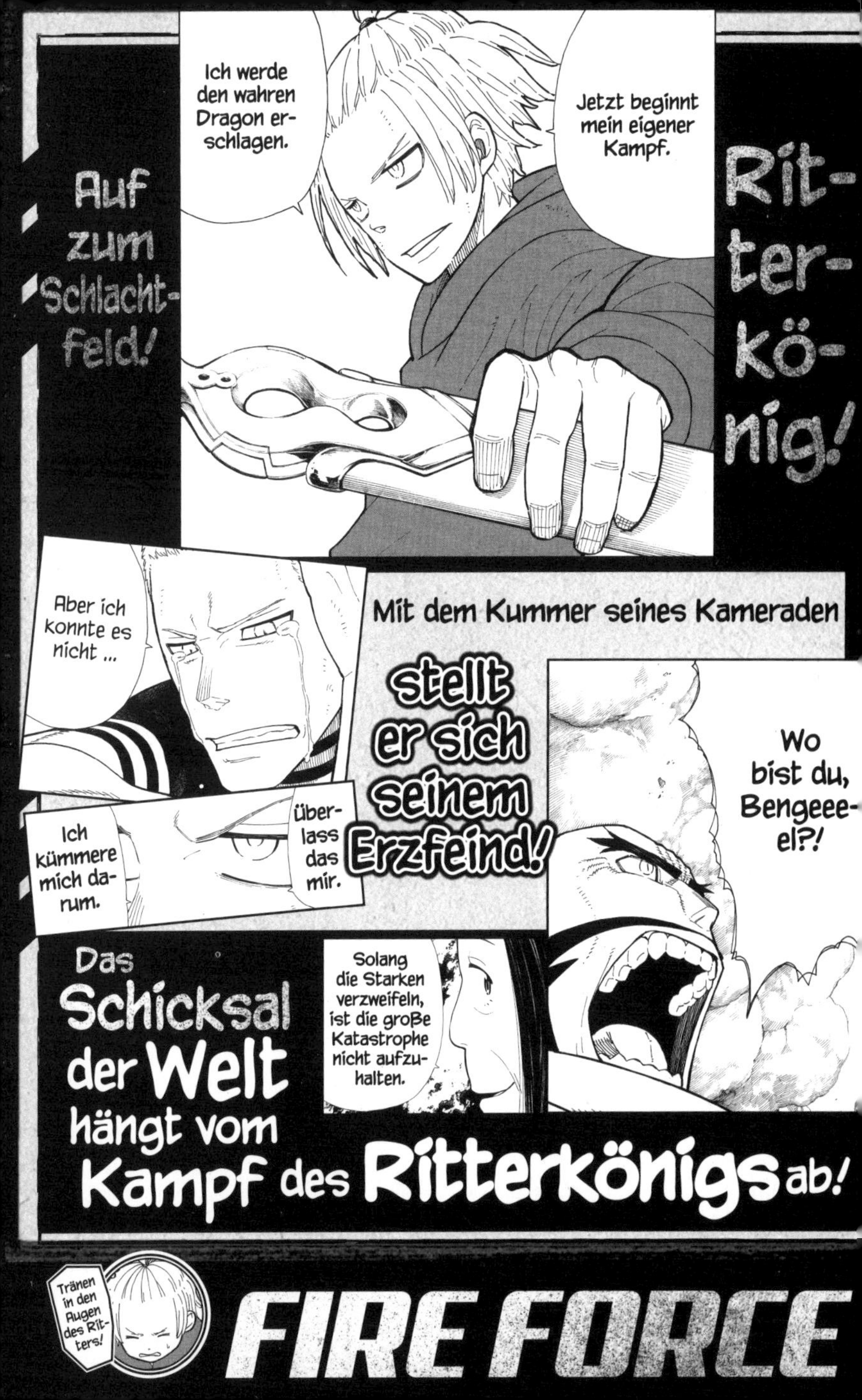

Jetzt beginnt mein eigener Kampf.
Ich werde den wahren Dragon erschlagen.
Ritterkönig!
Auf zum Schlachtfeld!
Mit dem Kummer seines Kameraden
Aber ich konnte es nicht ...
Wo bist du, Bengeeeel?!
stellt er sich seinem Erzfeind!
überlass das mir.
Ich kümmere mich darum.
Solang die Starken verzweifeln, ist die große Katastrophe nicht aufzuhalten.
Das Schicksal der Welt hängt vom Kampf des Ritterkönigs ab!
Tränen in den Augen des Ritters!
FIRE FORCE

Extra-Manga Atsushi-Bar

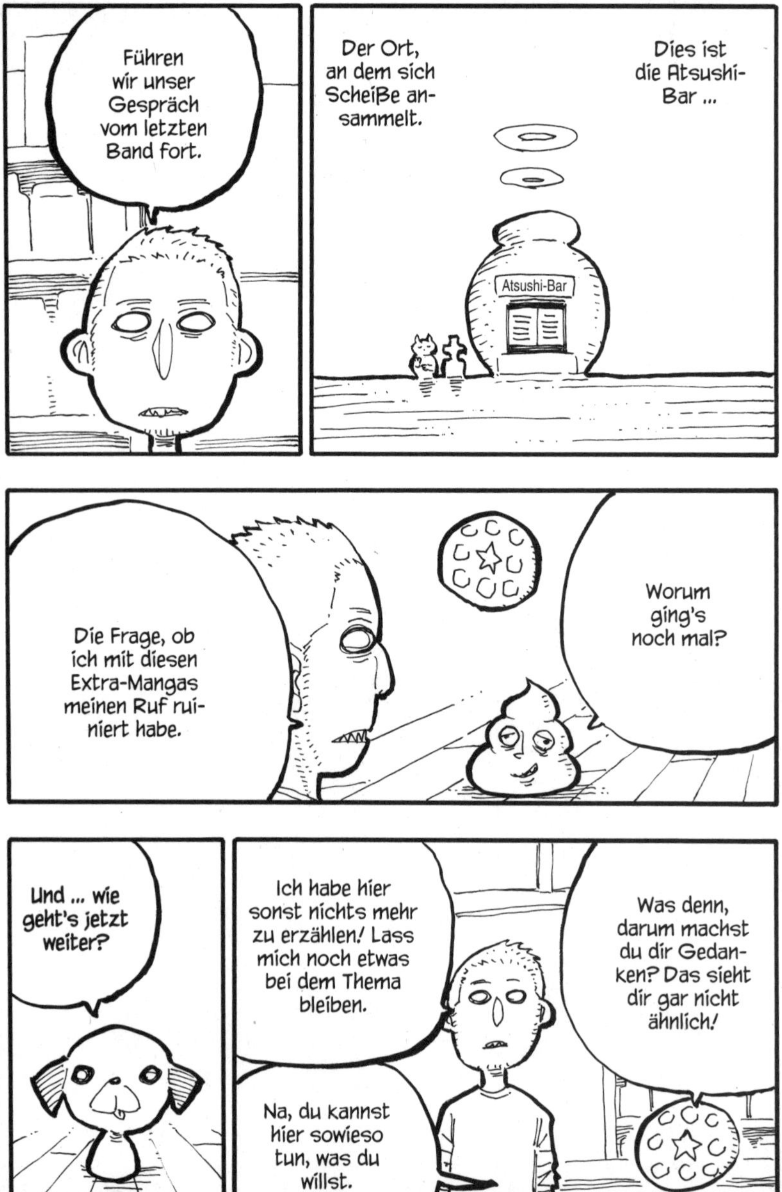

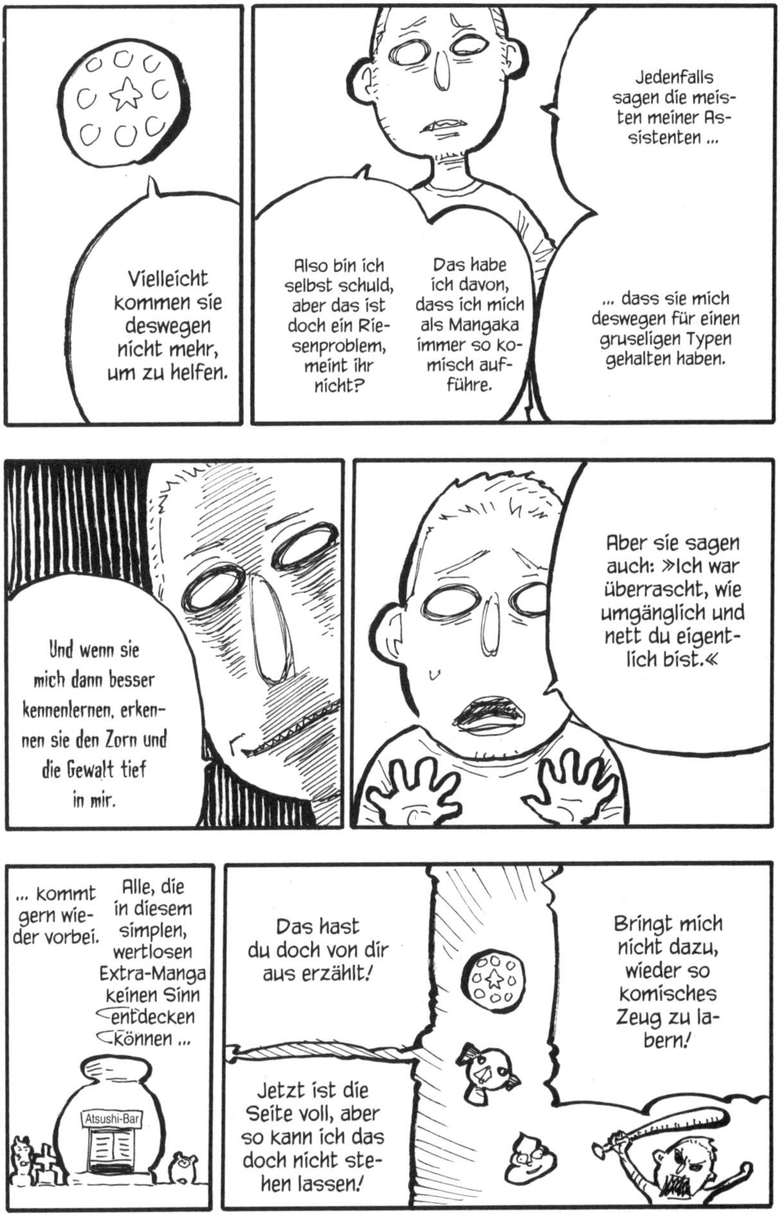
Jedenfalls sagen die meisten meiner Assistenten ...
... dass sie mich deswegen für einen gruseligen Typen gehalten haben.
Das habe ich davon, dass ich mich als Mangaka immer so komisch aufführe.
Also bin ich selbst schuld, aber das ist doch ein Riesenproblem, meint ihr nicht?
Vielleicht kommen sie deswegen nicht mehr, um zu helfen.
Aber sie sagen auch: »Ich war überrascht, wie umgänglich und nett du eigentlich bist.«
Und wenn sie mich dann besser kennenlernen, erkennen sie den Zorn und die Gewalt tief in mir.
Bringt mich nicht dazu, wieder so komisches Zeug zu labern!
Das hast du doch von dir aus erzählt!
Jetzt ist die Seite voll, aber so kann ich das doch nicht stehen lassen!
Alle, die in diesem simplen, wertlosen Extra-Manga keinen Sinn entdecken können ...
... kommt gern wieder vorbei.
Atsushi-Bar

TOKYOPOP GmbH
Hamburg

TOKYOPOP
2. Auflage, 2024
Deutsche Ausgabe/German Edition

Aus dem Japanischen von Miryll Ihrens

First published in Japan in 2021 by KODANSHA Ltd., Tokyo.
Publication rights for this German edition arranged
through KODANSHA LTD., Tokyo.

KODANSHA

Redaktion: Sabine Scholz
Lettering: Vibrant Publishing Studio
Herstellung: Shujun Wong
Druck und buchbinderische Verarbeitung:
CPI – Clausen & Bosse GmbH, Leck
Printed in Germany

MIX Papier FSC® C083411

Wir achten auf die Umwelt.
Dieses Produkt besteht aus FSC®-zertifizierten und anderen kontrollierten Materialien.

ISBN 978-3-8420-7389-0

www.tokyopop.de